HEYNE <

Das Buch

Robert Schwarz schildert die Lebensgeschichten von zehn Menschen, denen ein außergewöhnlich schweres Schicksal beschieden ist. In Hunderten von Channeling-Sitzungen fand er heraus, dass diese Menschen schon vor ihrer Geburt ihren Lebensweg auf der Seelenebene absichtlich geplant haben. *Mutige Seelen* ist ein trostvolles Buch, das Hoffnung macht, indem es zeigt, dass ein übergeordneter Seelenplan für unseren Weg auf Erden existiert.

Der Autor

Robert Schwartz, von Haus aus freischaffender Journalist und Marketingexperte, beschäftigt sich seit seinem spirituellen Erwachen im Jahr 2003 mit der Erforschung des Themas »Lebensplanung vor der Geburt«. Der Autor ist international gefragter Referent, gibt Selbsterfahrungs-Workshops und führt individuelle spirituelle Beratungen durch.

Robert Schwartz

Mutige Seelen

Planen wir unsere Lebensaufgabe bereits vor der Geburt?

Aus dem Amerikanischen
von Marion Zerbst

WILHELM HEYNE VERLAG
MÜNCHEN

Die amerikanische Originalausgabe erschien unter dem Titel
Courageous Souls im Verlag Whispering Winds Press, USA.

MIX
Papier aus verantwortungsvollen Quellen
FSC® C014496

Verlagsgruppe Random House FSC® N001967
Das für dieses Buch verwendete
FSC®-zertifizierte Papier *Holmen Book Cream*
liefert Holmen Paper, Hallstavik, Schweden.

2. Auflage
Taschenbucherstausgabe 03/2015

Printed in Germany 2015
Umschlaggestaltung: Guter Punkt, München,
unter Verwendung eines Motivs von
© Comstock Images / GettyImages
Redaktion: Diane Zilliges
Herstellung: Helga Schörnig
Gesetzt aus der Bembo bei Leingärtner, Nabburg
Druck und Bindung: GGP Media GmbH, Pößneck
ISBN 978-3-453-70266-0

www.heyne.de

Dieses Buch widme ich

Jon
Doris
Jennifer
Penelope
Bob
Sharon
Pat
Valerie
Jason
Christina

und ihren Angehörigen

sowie
meiner Familie

Bei jedem Paradigmenwechsel zeigt das Unmögliche
sich von seiner glaubwürdigsten Seite ...
und das Unvorstellbare wird zur Norm.

Rabbi Michael Berg
Werden wie Gott

Könnte man die Canyons vor den Stürmen schützen,
erblickte man niemals die Schönheit
ihrer Schluchten.

Dr. Elisabeth Kübler-Ross

Inhalt

Prolog

Am 25. Februar 1969 ging die 20-jährige Verwaltungsassistentin Christina, die an der Fakultät für Politikwissenschaften am Pomona College in Claremont (Kalifornien) arbeitete, zum Briefkasten, um die Post zu holen. Als sie eines der Pakete öffnete, explodierte eine Bombe, die sie quer durch den Raum schleuderte. Im Hausflur breitete sich eine Staub- und Rußwolke aus, drei Meter lange Holzteile bohrten sich wie Pfeile in die Zementwand hinter Christina. Die Flammen versengten ihr das Gesicht, sodass sie vorübergehend erblindete. Außerdem verlor sie bei der Detonation zwei Finger ihrer rechten Hand, ihre beiden Trommelfelle platzten.

Christina hatte dieses Erlebnis vor ihrer Geburt geplant – und sie weiß auch genau, warum.

Vorwort

Bis zum Mai des Jahres 2003 führte ich ein ziemlich unbefriedigendes Leben als selbstständiger Marketing- und Kommunikationsberater. Ich mochte meine Arbeit zum größten Teil, aber sie erfüllte mich nicht. Oft hatte ich das Gefühl, dass meine Klienten es kaum bemerken würden, wenn ich plötzlich nicht mehr da wäre – sie würden sich einfach einen anderen Dienstleister suchen. Vor allem aber war mein Leben kein individueller Ausdruck meiner *Seele*. Als spirituell veranlagter Mensch sehnte ich mich danach, in dieser Welt etwas zu bewegen, genau das, wozu nur ich allein in der Lage war. Aber ich hatte keine Ahnung, was das sein sollte.

Ich war all die üblichen Wege gegangen, auf denen Menschen nach dem Sinn und Ziel ihrer Existenz suchen; aber ich kam damit nicht mehr weiter. Da hatte ich plötzlich eine Idee: Warum sollte ich nicht ein Medium um Rat fragen? Obwohl ich fest an Gott glaubte, hatte ich bisher noch nie einen bewussten, direkten Kontakt mit dem Göttlichen erlebt. Es konnte also nicht schaden, es einmal auszuprobieren, ich hatte schließlich nichts zu verlieren. Ich sah mich ein bisschen in der Szene um und fand schließlich ein Medium, das mir vertrauenerweckend erschien.

Meine Sitzung mit dem Medium fand am 7. Mai 2003 statt. Ich weiß das Datum heute noch genau, denn mit diesem Tag veränderte sich mein Leben von Grund auf. Ich erzählte dem Medium nicht viel über mich, sondern schilderte nur meine allgemeinen Lebensumstände. Daraufhin erklärte mir die Frau, dass wir Menschen Geistführer haben – körperlose Wesen, mit deren Hilfe wir bereits vor unserer irdischen Inkarnation unser Leben planen. Sie brachte mich mit meinen Geistführern in Kontakt. Und diese Wesen wussten tatsächlich alles über mich: Sie waren nicht nur darüber im Bild, was ich in meinem bisherigen Leben getan hatte, sondern kannten auch alle meine Gedanken und Gefühle. So erinnerten sie mich beispielsweise an ein Gebet, das ich vor etwa fünf Jahren besonders intensiv gesprochen hatte. In einer sehr schweren Krise hatte ich Gott angefleht: »Lieber Gott, allein schaffe ich das nicht. Bitte schick mir Hilfe.« Meine Geistführer erklärten mir, dass ich daraufhin tatsächlich verstärkt Unterstützung aus der geistigen Welt erhalten hätte. »Dein Gebet ist erhört worden«, sagten sie. Das alles erstaunte mich.

Da ich den Sinn des Leidens, das ich erlebt hatte, verstehen wollte, fragte ich meine Geistführer nach dem Grund für die wichtigsten Schwierigkeiten in meinem bisherigen Leben. Sie erklärten mir, dass ich all diese Probleme schon vor meiner Geburt geplant hätte – und zwar nicht, um zu leiden, sondern um innerlich daran zu wachsen. Diese Information erschütterte mich zutiefst. Auf der bewussten Ebene hatte ich damals noch keine Ahnung von vorgeburtlicher Lebensplanung; und doch spürte ich intuitiv, dass die Geistwesen recht hatten.

Obwohl es mir damals noch nicht bewusst war, öffnete mir diese Sitzung bei dem Medium die Augen. Erst später begriff ich, dass dieses innere Erwachen eigentlich eine *Erinnerung* war. Ich erinnerte mich daran, dass ich eine unsterbliche Seele bin und dass ich mir für dieses irdische Leben einiges vorgenommen hatte.

In den nächsten Wochen lebte ich ganz normal weiter, obwohl ich die Aussagen meiner Geistführer ständig im Kopf herumbewegte. Ich wusste nicht, wie ich damit umgehen sollte. Eines Nachmittags machte ich bei der Arbeit eine kleine Pause und ging spazieren – und dabei hatte ich ein noch intensiveres Erlebnis als zuvor in der Sitzung mit dem Medium. *Ich empfand plötzlich eine überwältigende, uneingeschränkte Liebe zu allen Menschen, die ich sah!* Eine so intensive, reine, grenzenlose Liebe hatte ich vorher noch nie erlebt.

Intuitiv wusste ich, was da in mir vorging: Ich befand mich in einem Zustand intensiver Kommunikation mit meiner Seele. *»Diese Liebe, das bist du«,* wollte sie mir damit sagen. Heute glaube ich, dass meine Seele mir diese Liebeserfahrung zuteilwerden ließ, um mir meine spätere Arbeit zu erleichtern.

Von da an begann ich alles über Esoterik und Spiritualität zu lesen, was mir in die Finger kam. Immer wieder dachte ich über das Thema der vorgeburtlichen Lebensplanung nach. Bis dahin hatte ich die Schwierigkeiten in meinem Leben immer nur als zufälliges, sinnloses Leiden betrachtet. Wenn ich gewusst hätte, dass ich all diese Probleme vorausgeplant hatte, wären sie mir als sinnvoll erschienen! Schon allein dieses Wissen hätte mir mein Leiden sehr erleichtert. Und wenn ich die Hintergründe meines Lebensplans gekannt hätte, hätte ich aus den Ereignissen leichter etwas lernen können. Statt Angst, Wut oder Selbstmitleid zu empfinden, hätte ich mich auf mein inneres Wachstum konzentriert und wäre vielleicht sogar dankbar für die Herausforderungen gewesen.

Während dieser inneren Entdeckungsreise lernte ich eine Frau kennen, die die Fähigkeit besaß, ihre Seele zu channeln. Sie ließ mich mit ihrer Seele über vorgeburtliche Lebenspläne sprechen. Ich hatte keine Ahnung von Channeling und war ziemlich verblüfft, als die Frau in Trance fiel und ein anderes

Bewusstsein durch sie zu sprechen begann. Während fünf Sitzungen redete ich insgesamt 15 Stunden mit ihr.

Meine Gespräche mit der Seele dieses Mediums bestätigten und ergänzten alles, was ich bis dahin über Spiritualität gelesen hatte. Ihre Seele erzählte mir von ihrer eigenen vorgeburtlichen Lebensplanung und erklärte, warum sie sich dazu entschlossen hatte, in diesem Leben bestimmte Schwierigkeiten zu meistern. Das war für mich die Bestätigung eines Phänomens, das nur sehr wenigen Menschen bekannt ist. Durch meine eigenen schmerzlichen Erfahrungen hatte ich ein feines Gespür für das Leiden anderer Menschen entwickelt und wünschte mir nichts sehnlicher, als ihnen zu helfen. Die Idee, dass man andere wissen lassen konnte, dass auch sie ihr Leben schon vor ihrer Geburt geplant hatten, begeisterte mich. Ich selbst hatte erfahren, wie leicht sich das Leben mit diesem Wissen plötzlich anfühlen konnte. Daher beschloss ich, ein Buch über dieses Thema zu schreiben.

Zuerst dachte ich, dieser Gedanke sei mir erst in diesem Leben gekommen. Doch in Wirklichkeit war das mein vorgeburtlicher Lebensplan, an den ich mich jetzt wieder erinnerte. Ich erlebte Dutzende von Sitzungen mit begabten Medien, bei denen ich mit vielen weisen Geistwesen über die schwierigsten Situationen in meinem Leben und über das Thema der vorgeburtlichen Lebensplanung sprach. In diesem Buch erzähle ich Ihnen, was ich daraus gelernt habe.

Inzwischen verstehe ich, warum ich mir bestimmte Lebensprobleme ausgesucht habe: Ich wollte mich auf eine Reise begeben, auf der sich vielleicht auch Sie befinden. Auch ich hatte manchmal das Gefühl, ein Opfer des Universums zu sein, und gab anderen die Schuld an den »schlimmen« Dingen, die mir passierten. In meinen Herausforderungen sah ich nur sinnloses Leid; und wenn ich sie nicht so bewältigen konnte, wie ich es mir vorgestellt hatte, zweifelte ich an meinem Selbstwert. Heute aber, mit meinem Wissen über die vorgeburtliche Lebensplanung, ist mir klar, dass man seine Schwierigkeiten auch aus einer ganz anderen Perspektive betrachten kann. In diesem Buch möchte ich Ihnen all das nahebringen, was ich selbst zwingend lernen musste.

Es erfordert viel Mut, die Pläne zu verwirklichen, die man vor seiner Geburt gefasst hat. Ich möchte Ihnen mit diesem Buch bewusst machen, wie tapfer Sie Tag für Tag und Sekunde für Sekunde Ihr Leben meistern. Denn mit jedem Atemzug bekräftigen Sie Ihre Entscheidung, Ihre Lebenskrisen und -probleme dankbar anzunehmen und etwas daraus zu lernen. Mit einer solchen Einstellung werden Sie den Weg zu Ihrer Seele finden.

Einführung

Um möglichst umfassende Informationen zur vorgeburtlichen Lebensplanung zu erhalten, arbeitete ich mit vier sehr begabten Medien zusammen. Gemeinsam sammelten wir die Aussagen, die eine ganze Zahl von Menschen während der Channel-Sitzungen erhielt. Zehn dieser Lebensgeschichten werden in diesem Buch erzählt. Doch zunächst möchte ich Ihnen erklären, wie ich diese Menschen kennenlernte und wie wir mithilfe der Medien ihren vorgeburtlichen Plänen auf die Spur kamen. Außerdem möchte ich ein paar allgemeine Informationen zum Thema Medien und Channeling geben. In Kapitel 1 werden Sie dann erfahren, warum wir als Seelen den Entschluss fassen, uns auf der Erde zu inkarnieren und uns bestimmten Herausforderungen zu stellen.

Wie ich meine Interviewpartner fand

Ich gabe Suchmeldungen im Internet auf, in denen ich nach Menschen fragte, die etwas über vorgeburtliche Lebensplanung wussten oder sich mit mir über den tieferen Sinn ihrer Probleme unterhalten wollten. Daraufhin erhielt ich sehr viele Antworten und wählte meine Interviewpartner so aus, dass mir am Ende ein möglichst breites Spektrum verschiedener Persönlichkeiten und Erfahrungen zur Verfügung stehen würde. Die meisten meiner Gesprächspartner hatten den Wunsch, anderen Menschen zu helfen, die in den gleichen Schwierigkeiten steckten wie sie. Alle zehn Personen, die ich in diesem Buch porträtiere, sagten, dass sie sich über ein Feedback von meinen Lesern freuen würden. Sie finden ihre Kontaktdaten in Anhang A.

Acht meiner zehn Interviewpartner hatten ihre schwierigste Lebenssituation als primäre Erfahrung geplant – das heißt, sie hatten sich dieses Erlebnis in ihrer vorgeburtlichen Lebensplanung von vornherein fest vorgenommen und wussten, dass es mit aller Wahrscheinlichkeit eintreten würde. Eine meiner Gesprächspartnerinnen (Doris, Kapitel 2) plante ihre Lebenskrise als sekundäre Erfahrung – das heißt, ob diese Situation eintreten würde oder nicht, hing von ihrer Reaktion auf ein primäres Lebensproblem ab. Eine Person (Bob, Kapitel 4) hat sich ihre schwierige Situation nicht schon vor der Geburt ausgesucht, sondern nach einem unerwarteten Ereignis bei ihrer Geburt kurzerhand einen neuen Lebensplan entwickelt. Von den vielen vorgeburtlichen Lebensplänen, die ich untersucht habe, waren diese beiden die einzigen, bei denen die wichtigste Lebenskrise nicht als primäre Erfahrung geplant war. Ich habe diese Lebensgeschichten absichtlich in mein Buch aufgenommen, weil es mir wichtig war, zu zeigen, dass wir als Seelen auch mögliche Abzweigungen auf unserem Lebensweg erkennen und diese für unsere persönliche Weiterentwicklung nutzen können.

Während Sie dies lesen, werden Sie sich vielleicht fragen, ob Sie Ihre eigenen schwierigen Lebenssituationen auch schon vor der Geburt geplant haben. Die Ergebnisse meiner Recherchen deuten darauf hin, dass wir uns tatsächlich die meisten unserer Probleme selbst aussuchen. Je schwieriger die Herausforderung, umso wahrscheinlicher ist es, dass wir uns bereits vor der Geburt dafür entschieden haben. Allerdings gibt es auch eine Ausnahme von dieser Regel, und zwar betrifft sie Erlebnisse, vor denen unsere Intuition uns warnt. Wenn wir solche Eingebungen unserer inneren Stimme ignorieren, können ungeplante Schwierigkeiten auf uns zukommen. Deshalb sollten wir unbedingt auf die inneren »Warnsignale« achten und sie befolgen.

Meine Aussage ist ganz sicher nicht, dass *alle* Schwierigkeiten vorausgeplant sind. Als inkarnierte Seelen auf dieser Erde können wir uns frei entscheiden und haben auch die Möglichkeit, Probleme zu erschaffen, die nicht Teil unseres vorgeburtlichen Lebensplans sind. Die Betonung liegt auf dem Wort *erschaffen*. Ich glaube nämlich, dass wir alles, was wir erleben, selbst erschaffen. Ungeplante Probleme begegnen uns, wenn wir sie mit unserer Schwingung anziehen, weil wir die Weisheit brauchen, die wir durch die schwierige Situation erlangen können. (In solchen Fällen würde unsere Intuition uns auch nicht davor warnen.) Wir wachsen stets durch *Erfahrung* – egal, ob wir diese Erfahrung vorausgeplant haben oder nicht. Deshalb sollten Sie sich auch nicht fragen, *ob* Sie eine bestimmte schwierige Lebenssituation schon vor der Geburt geplant haben, sondern lieber, *warum* Sie sich dieses Problem ausgesucht haben könnten.

Um dieses Warum geht es auch in den Lebensgeschichten dieses Buches. Es empfiehlt sich, dass Sie nicht nur die Kapitel lesen, in denen es um ähnliche Probleme geht, wie Sie selbst oder Ihnen nahestehende Menschen sie schon einmal erlebt haben. Denn auch aus Geschichten, die ganz anders sind, können Sie etwas lernen. Vielleicht finden Sie die Hintergründe Ihrer vorgeburtlichen Pläne in einer Lebensgeschichte, die oberflächlich betrachtet ganz anders verlaufen ist als Ihre.

Die Geschichten

Jede Geschichte beginnt mit einem Interview, in dem es um ein bestimmtes Lebensproblem geht. Lesen Sie diese Interviews möglichst genau. Das lohnt sich, denn oft enthalten sie Details, die auf den ersten Blick gar nichts mit dem Problem zu tun zu haben scheinen, aber später in den Sitzungen mit den Medien eine wichtige Rolle spielen, wenn es um die Hintergründe der betreffenden Lebensgeschichte geht.

Um Ihnen die Lektüre zu erleichtern, habe ich jeder Kategorie von Lebensproblemen ein eigenes Kapitel gewidmet. Die Geschichten bauen aufeinander auf: In den ersten Kapiteln finden Sie grundlegende Informationen über Esoterik und Spiritualität, mit deren Hilfe Sie die späteren Geschichten besser verstehen können. Daher ist es günstig, die Kapitel der Reihe nach zu lesen.

Von den vielen Medien, mit denen ich arbeitete, halte ich Deb DeBari, Glenna Dietrich, Corbie Mitleid und Staci Wells für die begabtesten. Ihre Kontaktdaten finden Sie in Anhang B. Ich habe von allen vier Medien mehrere Readings zu meinem Leben erhalten und sie haben mir sehr detaillierte Informationen über mich gegeben, die sie ohne übersinnliche Fähigkeiten nicht hätten wissen können.

Auf jedes Interview folgen ein oder zwei Sitzungen mit diesen Medien. Ich fragte die Medien zu Beginn dieser Sitzungen stets: »Hat die Seele sich dieses Problem schon vor ihrer Geburt ausgesucht, und wenn ja, warum?« Aus der Antwort ergaben sich dann die weiteren Fragen.

Immer wenn Staci Wells nicht das erste Reading gab, bat ich sie und ihren Geistführer noch um eine zweite, ergänzende Sitzung. Dieses zweite Reading erfüllte drei wichtige Funktionen: Erstens gab es uns eine weitere Bestätigung dafür, dass die betreffende Seele ihre Herausforderung tatsächlich schon vor der Geburt geplant hatte (wenn dies der Fall war). Zweitens lieferte es zusätzliche Informationen über diesen Lebensplan. Und drittens geben alle Readings von Staci Wells wörtliche Gespräche wieder, die während der Lebensplanungssitzungen vor unserer Geburt stattfinden; denn Staci hat die seltene Begabung, solche Sitzungen vor ihrem geistigen Auge zu sehen und auch alles zu hören, was dabei gesprochen wird. Diese Dialoge bieten erstaunliche Einblicke in die nicht-physische Dimension und in die Hoffnungen, Gefühle und Beweggründe unserer Seelen. Vor jeder Sitzung nannte ich Staci den Namen und das Geburtsdatum der betreffenden Person. Diese Angaben braucht ihr Geistführer, um sich Zugang zu den Informationen über diesen Menschen zu verschaffen.

In ihren vorgeburtlichen Planungsgesprächen sprechen die Seelen normalerweise in der ersten Person von sich; nur in zwei Channelings, die nicht von Staci stammen, bezeichneten die Seelen sich als »wir«. Stacis Geistführer hat mir erklärt, dass die Seelen, die »ich« sagen, sich damit auf das eine Leben beziehen, das gerade geplant wird, während diejenigen, die »wir« sagen, damit all ihre vielen früheren Inkarnationen mit einschließen.

Nach den Sitzungen mit den Medien folgt jeweils ein abschließender Kommentar von mir. In diesen Ausführungen stütze ich mich auf meine Studien zur vorgeburtlichen Lebensplanung und auf meine vielen Gespräche mit nicht-körperlichen Wesen wie Geistführern und Engeln.

nd Channel

nd Channel empfangen ihre Informationen auf vie- ...iedenen Wegen. Wenn sie *hellhörig* sind, hören sie die Gedanken körperloser Wesen. (Ich bezeichne solche Wesen als *Geistwesen* und die Dimension, in der sie leben, als *Geisterwelt* oder *geistige Welt*.) Wenn ein Medium oder Channel sich auf ein nicht-physisches Bewusstsein »einstimmt«, ist das so, wie wenn man an seinem Radio einen bestimmten Sender einstellt. Genau wie jeder Radiosender seine eigene Wellenlänge hat, schwingen auch die Geistwesen, mit denen die Medien sprechen, auf unterschiedlichen Frequenzen. In solchen Situationen findet eine echte telepathische Kommunikation statt. *Hellfühlende* Medien oder Channel können die Emotionen anderer Menschen spüren. *Hellsichtigkeit* ist die Fähigkeit, Dinge zu visualisieren, die geschehen sind oder noch geschehen werden; und *Hellwissen* ist ein inneres Wissen, oft in Form eines Gefühls.

Channel sind in der Lage, ihre eigene Persönlichkeit auszublenden, sodass ein anderes Bewusstsein direkt durch sie sprechen kann. Deb, Glenna, Corbie und Staci verfügen jeweils über mehrere der genannten Fähigkeiten und konnten sich damit wertvolle Informationen über die vorgeburtlichen Lebenspläne meiner Interviewpartner verschaffen.

Bestimmte Wörter haben aus dem Mund von Medien oder Channeln eine besondere Bedeutung. Wenn sie sagen: »Ich erfahre …«, »Ich sehe …« oder »Ich höre …«, dann meinen sie damit, dass sie Informationen mithilfe einer ihrer übersinnlichen Fähigkeiten empfangen.

Medien und Channel kommunizieren mit vielen Wesen in der geistigen Welt, unter anderem auch mit Geistführern. Ein Geistführer ist ein körperloses Wesen, das eine sehr hohe Entwicklungsstufe erreicht und meistens (aber nicht immer) schon viele physische Inkarnationen durchlebt hat. Durch seine vielen Erdenleben hat dieses Geistwesen ein hohes Maß an Weisheit erlangt und kann uns Menschen in der physischen Welt daher als Führer und Ratgeber dienen. Geistführer sprechen auf die gleiche Art und Weise zu uns wie unsere Seele: durch Inspiration, Gefühle, Ideen und die Intuition. Wenn wir ein untrügliches »Bauchgefühl« haben oder irgendetwas »einfach wissen«, dann sind das in Wirklichkeit oft Botschaften von einem unserer Geistführer oder von unserer Seele (die auch als »höheres Selbst« bezeichnet wird). Ein gutes Beispiel dafür sind Menschen, die nicht in ein Flugzeug steigen, weil sie das »Gefühl« haben, dass etwas Schlimmes passieren wird – und auf diese Weise einem tödlichen Unfall entgehen. Geistführer, die unsere Lebenspläne genau kennen (und natürlich auch wissen, ob ein Flugzeugabsturz darin vorkommt oder nicht), können uns solche Gefühle eingeben. Es heißt, dass solche Geistwesen uns ihre Botschaften einflüstern; Meditation ist eine gute Methode, unsere Gedanken so weit zur Ruhe zu bringen, dass wir diese Durchsagen hören können. Menschen, die viel Meditationserfahrung haben, hören, wie dabei körperlose Energien in ihren Körper hineinströmen – das klingt so ähnlich wie ein Windstoß.

Seelenplanung

Vor unserer Geburt führen wir lange Gespräche mit unseren Geistführern und anderen Seelen, denen wir in unserer kommenden Inkarnation begegnen werden. Wir besprechen, was wir daraus zu lernen hoffen und wie dieser Lernprozess ablaufen könnte. Wenn Staci sich Einblick in diese Diskussionen verschafft, sieht sie immer die gleiche Kulisse vor sich: einen Raum, in dem die kurz vor der Inkarnation stehenden Seelen miteinander sprechen, und ein kleineres angrenzendes Zimmer, von dem aus die Geistführer das Planungsgespräch überwachen und herüberkommen, sobald sie um Rat gebeten werden. Außerdem ist da noch ein Schachbrett mit schwarzen und weißen Feldern – eine Art Flussdiagramm, auf dem Wenn-dann-Szenarien des bevorstehenden Lebens durchgespielt werden können. Die Felder auf dem Schachbrett stehen für bestimmte Entwicklungsstadien im Leben der betreffenden Person.

Als Staci und ich zusammenzuarbeiten begannen, hielt ich diese Bilder fälschlicherweise nur für Symbole, die ihr Geistführer ihr eingab, um diese Ideen und Vorgänge zu veranschaulichen. Doch später erklärte ihr Geistführer mir, dass diese Dinge tatsächlich existieren: Denn in der nicht-physischen Dimension manifestiert sich alles, woran man gerade denkt. Alle Beteiligten sind sich darüber einig, dass ihre vorgeburtlichen Planungsgespräche an einem ganz bestimmen Ort stattfinden und dass sie dabei bestimmte Hilfsmittel, wie beispielsweise ein Schachbrett, benutzen werden. Durch diese gedankliche Vereinbarung entstehen die Räume und Gegenstände, die Staci sieht.

In einer Sitzung gab Staci uns folgende Informationen über den Ort, an dem Seelen über ihre vorgeburtliche Lebensplanung sprechen:

> Dieses Gebäude hat acht Stockwerke, in jedem ist ein Planungsraum. Ich erfahre (von jemandem aus der geistigen Welt), dass das deshalb so eingerichtet wurde, weil die Acht die Zahl des Karmas und des Schicksals ist. Die Schwingung der Acht wurde in dieses Gebäude integriert, damit es seinen Zweck so gut wie möglich erfüllen kann.

> Dieses hier ist eines von acht Gebäuden, die kreisförmig angeordnet sind wie Blütenblätter. Die Gebäude selbst sind rechteckig – acht Stockwerke und acht Planungsräume. Ich erfahre, dass es im Jenseits zwölf solche Gebäudegruppen gibt; die meisten sind für die Planung von Erdenleben bestimmt. Fast alle Seelen kommen gern immer wieder in dasselbe Gebäude und denselben Planungsraum im selben Stockwerk zurück. Das gibt ihnen ein Gefühl der Sicherheit und Stabilität. Außerdem können sie die Entwicklung, die sie in ihren einzelnen Leben und zwischen den Inkarnationen abgeschlossen haben, besser überblicken, wenn sie dazu immer wieder denselben Raum benutzen.

Wenn Stacis Geistführer ihr einen Einblick in Gespräche aus vorgeburtlichen Planungssitzungen gewährt, holt er diese Informationen aus der Akasha-Chronik (die er allerdings lieber als »Buch der Leben« bezeichnet). Dort sind sämtliche Erlebnisse, Taten, Worte und Gedanken aller Menschen genau verzeichnet. Wenn Medien ihren Klienten Informationen über frühere Leben geben, beziehen sie diese Daten meistens aus dieser Chronik. Das große amerikanische Medium Edgar Cayce hat in Tausenden von Readings auf diese uralte Quelle zurückgegriffen.

Medien, die Geistwesen sehen und mit ihnen sprechen können, beschreiben diese Wesen häufig als männlich oder weiblich; doch in Wirklichkeit ist jede Seele eine Kombination aus männlichen und weiblichen Energien. Wenn Deb den »verstorbenen« Partner eines Menschen so sieht, wie er in seinem physischen Leben ausgesehen hat, dann liegt das daran, dass das Bewusstsein des Verstorbenen sich uns in dieser Gestalt präsentieren möchte. Und wenn Staci in einer vorgeburtlichen Planungssitzung eine Seele in männlicher oder weiblicher Gestalt vor sich sieht, erschafft diese Seele gerade die Energie der bevorstehenden Inkarnation: Sie probiert sie gewissermaßen an. (Staci und ihr Geistführer nutzen auch diesen Begriff: »Gewand der Persönlichkeit«.) Das Gleiche gilt, wenn ein Geistführer in Gestalt eines Mannes oder einer Frau erscheint. Geistführer haben sowohl männliche als auch weibliche Energien, fokussieren sich aber manchmal stärker auf ein Geschlecht und nehmen dann auch ein entsprechendes äußeres Erscheinungsbild an.

In den Planungssitzungen drücken sich diese körperlosen Wesen in erstaunlich modernen Begriffen aus. In einer Sitzung mit Staci fragte ich ihren Geistführer, ob er wirklich *Selbstwertgefühl* gesagt habe oder ob das nur der menschliche Begriff sei, der seiner Aussage am nächsten komme. Daraufhin bestätigte er, tatsächlich *Selbstwertgefühl* gemeint zu haben. Manchmal halten sich Geistführer oder andere nicht-physische Wesen in diesen Sitzungen aber auch nicht an unsere Regeln der Grammatik. »Wir sprechen nicht immer so, wie ihr es für grammatikalisch richtig haltet«, verriet mir Stacis Geistführer.

Die geistige Dimension, in der wir unsere Inkarnationen planen und in die wir wieder zurückkehren werden, wenn wir alle unsere irdischen Lebensreisen hinter uns haben, ist uns in unserem jetzigen irdischen Zustand nur durch Medien und Channels zugänglich. Solche Medien sind gewissermaßen Geistführer in menschlicher Gestalt: mitfühlende, sensible, geistig hoch entwickelte Menschen, die uns eine Brücke ins Jenseits bauen.

Kapitel 1

Vorgeburtliche Lebensplanung

Vielleicht kommt Ihnen die Idee der vorgeburtlichen Lebensplanung (und vor allem die Vorstellung, dass wir uns schmerzliche Erfahrungen selbst aussuchen) seltsam vor. Ich kann das gut nachvollziehen. Für die meisten Menschen ist das eine völlig neue Sichtweise der Welt und unseres Daseinszwecks. Auch ich konnte diese Vorstellung nur langsam und schrittweise verstehen, akzeptieren und schließlich dankbar annehmen; und bei jedem weiteren Erkenntnisschritt spürte ich, wie alte Wunden heilten. Zorn und Verbitterung fielen von mir ab und an ihre Stelle traten Freude und innerer Friede. Ich erkannte plötzlich eine Schönheit im Leben, die mir vorher verborgen gewesen war.

Ich habe dieses Buch nicht geschrieben, um Sie von der Realität der vorgeburtlichen Lebensplanung zu überzeugen, sondern nur, um Ihnen eine Idee nahezubringen, die sich für mich als sehr hilfreich erwiesen hat. Sie brauchen mir nicht zu glauben, aber es wäre schön, wenn Sie diese Möglichkeit mit in Betracht ziehen könnten. Denn Sie müssen nicht von der Idee überzeugt sein, um einen Nutzen daraus zu ziehen. Fragen Sie sich einfach einmal: »Und wenn es wirklich so wäre? Wenn ich diese Lebenserfahrung tatsächlich schon vor meiner Geburt geplant hätte? Warum könnte ich das wohl getan haben?« Schon allein diese Frage gibt den schwierigen Situationen in Ihrem Leben einen neuen Sinn und schickt Sie auf eine Reise der Selbstentdeckung. Dafür brauchen Sie keine besonderen religiösen oder spirituellen Überzeugungen; Sie müssen sich einfach nur weiterentwickeln und ein bisschen weiser werden wollen.

In diesem Buch werden Sie die Lebensgeschichten von zehn sehr tapferen Menschen kennenlernen. Sie werden erfahren, was diese Menschen sich vor ihrer Geburt für diese Inkarnation vorgenommen haben und warum sie das taten. Wenn Sie zu verstehen versuchen, was vorgeburtliche Lebensplanung bedeutet, ist das so ähnlich, wie wenn Sie eine Skulptur betrachten. Die kann man schließlich auch nicht richtig genießen, wenn man sie nur aus einem einzigen Blickwinkel betrachtet, sondern man geht um die Skulptur herum und bleibt dabei immer wieder stehen, um sie aus einer anderen Perspektive zu bewundern und neue Nuancen an ihr zu entdecken. Jede Lebensgeschichte in diesem Buch entspricht einer solchen Perspektive. Wenn Sie die vorgeburtliche Lebensplanung aus zehn verschiedenen Blickwinkeln betrachten, werden Sie zu einem umfassenderen Verständnis dieses Phänomens gelangen, als wenn ich Ihnen nur ein oder zwei Perspektiven oder eine rein theoretische Diskussion darüber präsentieren würde.

Ich empfehle Ihnen, diese Geschichten *mit dem Herzen* zu lesen. Das Herz besitzt ein höheres Wissen und mehr Weisheit als der Verstand. Diese Geschichten wollen nicht analysiert, sondern *nachempfunden* werden. Denn als Ihre Seele Ihr jetziges Leben vorausplante, ging es ihr ja schließlich auch nicht darum, was für Erkenntnisse Ihr Verstand daraus ziehen kann, sondern um die Gefühle, die das Leben in einer physischen Dimension mit sich bringt. Schwierige Lebenssituationen erzeugen besonders viele und intensive Gefühle; das ist wichtig für den Selbsterkenntnisprozess der Seele. Mit dem Verstand können wir diese Emotionen nicht begreifen; er hindert uns sogar daran, sie wirklich zu erfassen. In vielerlei Hinsicht ist unser Leben eine Reise vom Kopf zum Herzen. Wir planen unsere Lebenskrisen, um uns diese Reise zu erleichtern – um unser Herz zu öffnen, damit wir die Liebe, die darin wohnt, besser kennenlernen und zu schätzen wissen.

Einfühlungsvermögen ist ein wichtiger Schlüssel zu unserem Herzen. Nur mit Einfühlungsvermögen können wir den spirituellen Sinn der Geschichten in diesem Buch verstehen. Genau wie die beschriebenen Menschen Mut brauchten, um die Herausforderungen ihres Lebens zu planen und anderen davon zu erzählen, werden auch Sie etwas Mut brauchen, um sich in diese Personen hineinzuversetzen. Ich glaube, dass Einfühlungsvermögen eine heilende Wirkung hat. Wenn Sie sich nach Heilung sehnen, wird Ihr Mut reich belohnt werden.

In diesem Kapitel liefere ich Ihnen die Basisinformationen, die Sie brauchen, um die spirituellen Aspekte der dann folgenden Geschichten zu verstehen. Wenn Sie noch gar nichts über die Spiritualität wissen, werden Ihnen manche dieser Ideen vielleicht seltsam vorkommen. So ging es mir am Anfang auch. Also haben Sie Geduld. Sobald Sie sehen, wie sich diese Prinzipien in den einzelnen Lebensgeschichten entfalten, werden Sie ihre Wahrheit und ihren tieferen Sinn erkennen; und wenn Sie sie dann auf Ihre eigenen schwierigen Lebenssituationen anwenden, wird Ihnen die Sache noch klarer werden. Ich gebe Ihnen in diesem Kapitel auch einen Überblick über die Gemeinsamkeiten, die ich in den Lebensplänen meiner Interviewpartner entdeckt habe. Das wird Ihnen einen Rahmen liefern, in den Sie die Erkenntnisse, die Sie aus den einzelnen Geschichten ziehen, einordnen können.

Warum wir uns auf der Erde inkarnieren

Unsere vorgeburtliche Lebensplanung ist sehr präzise. Sie geht weit über die Auswahl bestimmter Probleme und schwieriger Situationen hinaus. Wir suchen uns zum Beispiel unsere Eltern aus (genau wie sie uns auswählen), entscheiden, wann und wo wir uns inkarnieren, was für Schulen wir besuchen, wo wir wohnen, welche Menschen wir kennenlernen und was für Beziehungen wir führen möchten. Falls Sie jemals das Gefühl hatten, jemanden, dem Sie gerade erst begegnet waren, schon lange zu kennen, könnte da durchaus etwas Wahres dran sein. Wahrscheinlich hatten Sie beide diese Begegnung schon vor Ihrer Geburt geplant. Wenn Ihnen ein Ort oder Name, ein Bild oder eine Formulierung schon beim ersten Mal seltsam bekannt vorkommt, ist das vermutlich eine vage Erinnerung daran, was vor Ihrer Inkarnation besprochen wurde. In vielen vorgeburtlichen Planungssitzungen benutzen wir bereits den Namen und nehmen auch das physische Erscheinungsbild der Person an, die wir nach der Geburt sein werden. Das hilft uns, einander später auf der physischen Ebene wiederzuerkennen. Déjà-vu-Erlebnisse werden häufig auf spontane Erinnerungen an frühere Leben zurückgeführt, und oft stimmt das auch. Doch viele Déjà-vu-Erlebnisse sind in Wirklichkeit Erinnerungen an vorgeburtliche Lebenspläne.

Wenn wir in die Erdebene eintreten, vergessen wir unsere wahre Heimat, die geistige Welt. Diese Amnesie führen wir selbst herbei und wir wissen auch schon vor unserer Inkarnation, dass sie eintreten wird. Wir *wollen* unsere wahre Identität als göttliche Seelen vergessen, um uns dann später im Lauf unseres irdischen Lebens allmählich wieder daran erinnern zu können; denn das führt zu einer besonders tiefen Selbsterkenntnis. Zu diesem Zweck verlassen wir die nicht-physische Dimension (einen Ort der Freude, des Friedens und der Liebe), weil es dort nichts gibt, was einen Gegensatz zu unserem eigenen Selbst darstellen würde. Und ohne diesen Kontrast können wir unser wahres Wesen nicht richtig kennenlernen.

Stellen Sie sich einmal eine Welt vor, in der es nur Licht gibt. Wenn Sie die Dunkelheit nie erlebt hätten, wie könnten Sie dann begreifen, was Licht ist, und diesen Zustand zu schätzen wissen? Gerade der Gegensatz zwischen Hell und Dunkel führt zu einer tieferen Einsicht und schließlich dazu, dass wir uns an unseren wahren Ursprung erinnern. Die Erdebene liefert uns solche Kontraste, weil hier das Prinzip der *Polarität* herrscht: Oben und Unten, Heiß und Kalt, Gut und Schlecht. Durch diese an und für sich schmerzlichen Trennungen können wir das Gefühl der Freude intensiver erleben. Angesichts der chaotischen Zustände, die auf der Erde herrschen, lernen wir den Frieden schätzen. Der Hass, dem wir in unserem irdischen Leben begegnen, vertieft unser Verständnis für das Wesen der Liebe. Wenn wir diese Aspekte des Menschseins nie kennenlernen würden, wie sollten wir dann erfahren, dass wir göttliche Wesen sind?

Stellen Sie sich vor, Sie kommen von einem Ort, an dem ständig die wunderschönste Musik gespielt wird. Diese Musik haben Sie Ihr Leben lang ständig gehört. Niemals gab es andere Klänge und auch nie einen Augenblick der Stille. Eines Tages wird Ihnen klar: Weil ich diese Musik dauernd höre, habe ich sie eigentlich noch nie *wirklich* wahrgenommen. Das heißt, Sie haben sie nicht richtig kennenlernen können, weil Sie nichts anderes kennen. Also beschließen Sie, diese Musik jetzt endlich einmal intensiv zu erleben. Wie können Sie dieses Ziel erreichen?

Nun, Sie könnten zum Beispiel irgendwohin gehen, wo

diese Musik nicht existiert. Vielleicht wird dort eine ganz andere Musik gespielt, mit schrillen, disharmonischen Tönen. Nach diesem Kontrast würden Sie die Klänge, die Sie zu Hause gehört haben, sicherlich mehr zu schätzen wissen.

Eine andere Methode könnte darin bestehen, an einen Ort zu gehen, wo diese Musik nicht existiert, und sie dann aus dem Gedächtnis neu zu erschaffen. Die Erfahrung, so herrliche Klänge zu komponieren, würde Ihnen einen noch tieferen Einblick in ihre Schönheit vermitteln.

Es gibt aber auch noch einen dritten Weg, der am schwierigsten ist, Ihnen dafür aber auch den meisten Erkenntnisgewinn bringen würde. Sicherlich könnten Sie die herrliche Musik Ihrer seelischen Heimat am besten kennenlernen, wenn Sie sich an einen Ort begäben, wo sie nicht zu hören ist, und sie dort neu komponieren würden – *aber erst, nachdem Sie diese Klänge vergessen haben.* Wenn Sie sich schrittweise an die wunderschönen Sinfonien Ihrer Seelenheimat erinnern und sie neu erschaffen könnten, würde Ihnen die Herrlichkeit dieser Klänge am tiefsten ins Bewusstsein kommen.

Als tapfere Seele, die Sie sind, begeben Sie sich also auf die Erde, um diese dritte, schwierigste Alternative zu verwirklichen. Da Sie sich an nichts anderes erinnern, halten Sie die Musik, die auf der Erde gespielt wird, für die einzige, die es gibt. Manche dieser Melodien sind schön, doch die meisten kommen Ihnen sehr disharmonisch vor. Diese harten, schrillen Töne wecken in Ihnen den Wunsch, die Musik Ihrer vergessenen Heimat neu zu erschaffen.

Also beginnen Sie, Ihre eigenen Werke zu komponieren. Anfangs lenkt Sie die laute Musik Ihrer Außenwelt davon ab; doch mit der Zeit lernen Sie, Ihre Ohren vor diesem Gedudel zu verschließen und auf die Melodien in Ihrem Herzen zu hören. Nach und nach werden Ihre musikalischen Kreationen immer schöner. Schließlich komponieren Sie ein Meisterwerk und eine Erinnerung steigt in Ihnen auf: Das ist *genau dieselbe Musik,* die ich früher in meiner Seelenheimat immer gehört habe. Und als Nächstes kommt Ihnen die Erkenntnis: *Diese Musik, das bin ja ich.* Denn Sie haben diese Töne nicht in der Außenwelt gehört, sondern in Ihrem eigenen Inneren. Dadurch, dass Sie Ihr wahres Wesen an einem anderen Ort neu erschaffen, lernen Sie sich selbst richtig kennen – besser als wenn Sie nie von zu Hause weggegangen wären.

Nach einer solchen Erfahrung sehnt sich unsere Seele. Die Seele ist ein Funke Gottes; die Persönlichkeit, der Mensch ist Teil dieser Seelenenergie in einem physischen Körper. Diese Persönlichkeit hat Charaktereigenschaften, die sie nach jeder physischen Inkarnation wieder ablegt, und einen unsterblichen Wesenskern, der nach dem Tod erneut mit der Seele verschmilzt. Die Seele ist unendlich und geht weit über die Grenzen der jeweiligen Persönlichkeit hinaus; und doch ist jede Persönlichkeit für die Seele wichtig und wird von ihr von ganzem Herzen geliebt.

Die Persönlichkeit hat absolute Willens- und Entscheidungsfreiheit. Daher kann sie die Herausforderungen, denen sie in diesem Leben begegnet, annehmen oder auch ablehnen. Die Erde ist gewissermaßen die Bühne, auf der die Persönlichkeit ihr vor der Geburt geschriebenes Drehbuch verwirklicht oder davon abweicht. Wir entscheiden selbst, wie wir auf schwierige Lebenssituationen reagieren wollen – mit Zorn und Bitterkeit oder mit Liebe und Mitgefühl. Doch sobald uns bewusst wird, dass wir diese Situationen selbst geplant hatten, gibt es keinen Zweifel mehr an unserer Entscheidung, und sie fällt uns dann auch ziemlich leicht.

Solange wir in einem physischen Körper leben, kommuniziert unsere Seele in Form von Gefühlen mit uns. Emotionen wie Freude, innerer Friede und Begeisterung sind ein Zeichen dafür, dass unser Denken und Handeln unserem wahren Wesen als liebevolle Seele entspricht. Gefühle wie Angst und Zweifel bedeuten das Gegenteil.

Warum wir schwierige Lebenssituationen vorausplanen

Unser Lebensplan ist so gestaltet, dass wir zunächst erfahren, wer wir *nicht* sind, ehe wir uns wieder an unser wahres Wesen erinnern. Das heißt, wir müssen in unserem irdischen Leben erst einmal die disharmonischen Töne kennenlernen, ehe wir die herrlichen Sinfonien unserer Seelenheimat nachkomponieren können. Dieses Muster ist bei meinen Recherchen zu diesem Buch immer wieder deutlich zutage getreten. Ich bezeichne es als »Lernen durch Gegensätze«.

So beschließt eine mitfühlende Seele, die diese Seite ihres Wesens näher kennenlernen möchte, vielleicht, in eine zerrüttete Familie hineingeboren zu werden. Dort wird sie nicht sehr einfühlsam behandelt und lernt die Eigenschaft des Mitgefühls daher immer mehr schätzen. Denn wir erkennen den Sinn und Wert einer Sache am ehesten, wenn wir sie nicht besitzen. Der Mangel an Mitgefühl in ihrer äußeren Umgebung zwingt die Seele, sich nach innen zu wenden, wo sie an ihre eigene Fähigkeit erinnert wird, mit anderen Wesen mitzuempfinden. Durch den Kontrast zwischen dem Mangel an Mitgefühl, der in der physischen Dimension herrscht, und ihrem eigenen mitfühlenden Wesen kann sie besser begreifen, was diese Eigenschaft bedeutet, und gewinnt dadurch gleichzeitig auch mehr Selbsterkenntnis. Aus der Perspektive der Seele geht der Schmerz, den dieser Lernprozess mit sich bringt, rasch wieder vorbei; doch die Weisheit, die man daraus gewinnt, bleibt ewig bestehen. Dieser Prozess des Lernens durch Gegensätze spielt in allen Lebensgeschichten dieses Buches eine Rolle.

Eine Möglichkeit, schwierige Lebenssituationen zu meistern, besteht darin, dass wir uns daran erinnern, wer wir in Wirklichkeit sind: erhabene, unsterbliche Seelen. Menschen, die sich in erster Linie über ihren Körper definieren, sind vielleicht sehr unglücklich, wenn dieser Körper schwer verletzt wird oder erkrankt. Andere Menschen, die ihren wahren Wesenskern – die Seele – erkannt haben, leiden viel weniger unter so einem Ereignis. Schwierige Lebenssituationen wollen uns stets daran erinnern, dass wir *Seelen* sind. Daher kann genau dasselbe Ereignis, das uns anfangs Leid gebracht hat, uns diesen Kummer am Ende auch wieder lindern. Die Erweiterung unseres Selbstbilds – von einer Persönlichkeit in einem physischen Körper hin zu einer unsterblichen Seele – dämpft zwar vielleicht nicht unbedingt unseren Schmerz, aber mit Sicherheit unser Leiden. Solche Erkenntnisse sind der Sinn und Zweck schwieriger Lebenssituationen.

Wenn wir positiv auf solche Herausforderungen reagieren oder dadurch zu einer Erkenntnis gelangen, schaffen wir damit einen »energetischen Weg«, der es anderen Menschen erleichtert, ihre eigenen schwierigen Lebenssituationen ebenfalls zu bewältigen und positiv zu verarbeiten. Denn auf energetischer Ebene stehen wir alle miteinander in Verbindung und beeinflussen uns gegenseitig. Diese Fähigkeit jedes Einzelnen, in der Welt etwas zu bewirken, ist nicht nur eine wunderbare Chance, sondern auch eine große Verantwortung.

Jeder Mensch ist ein Samenkorn, das in die jetzige Schwingungsfrequenz der Welt hineingelegt wurde. Wenn wir an schwierigen Lebenssituationen wachsen und dadurch unsere eigene Schwingung anheben, erhöht sich automatisch auch die Schwingung der Welt. Wie ein Tropfen Farbe, den man in ein Glas Wasser schüttet, verändert jeder Mensch die Farbqualität der ganzen Welt. Ein Mensch, der in seinem Inneren ein Gefühl der Freude erschafft, sendet eine Schwingung aus, die es anderen Menschen erleichtert, das Gleiche zu empfinden – selbst wenn er einsam auf dem Gipfel eines Berges lebt. Wenn wir in uns ein Gefühl des inneren Friedens erzeugen, senden wir eine Energie aus, die zur Beendigung von Kriegen beiträgt. Und wenn wir Liebe empfinden, helfen wir anderen Menschen (auch solchen, die uns gar nicht kennen), einander ebenfalls mehr zu lieben. Deshalb ist es vielleicht wichtiger, was für Menschen wir sind, als das, was wir tun.

In Kapitel 7 werden Sie Christina und ihre Geistführerin Cassandra kennenlernen. Cassandra beschreibt diesen energetischen Weg folgendermaßen:

> Wenn ein Mensch eine schwierige Lebenssituation akzeptiert, empfängt er eine heilende Energie von seinen Vorgängern, die diesen Weg bereits geebnet haben. Der Weg des Lichts ist mit Mitgefühl und heilender Liebe gepflastert. Diese beiden Eigenschaften erhöhen die Schwingungsfrequenz der Menschen, die den Weg [nach uns] gehen.
>
> Wenn wir aus einer schwierigen Situation lernen und sie positiv verarbeiten, erhöht sich die Schwingung unserer Aura. Andere Menschen spüren diese höhere Frequenz und beziehen daraus ein Gefühl der Hoffnung und Zuversicht – allerdings nur, wenn sie auch bereit sind, diese Schwingung zu empfangen. Selbst wenn die körperliche Hülle [des Empfängers] sich nach irdischen Maßstäben dadurch nicht verändert und auch nicht »geheilt« wird, steigt seine Seele doch zu einer höheren Entwicklungsstufe auf.

Daher ist Leiden ein wertvolles Geschenk – nicht nur für die Seele selbst, sondern auch für die anderen Menschen, die dieser Seele auf ihrem Weg zur Heilung helfen dürfen. Die Sprache des Leidens sendet eine ganz besondere Frequenz aus, die alle Menschen berührt. Daher sollte man allen, die dessen bedürfen, Liebe und Mitgefühl entgegenbringen. Schon kleine Gesten, in denen sich Güte und ein hohes Bewusstseinsniveau widerspiegeln, ermöglichen einen Heilungsprozess. Edle, barmherzige Gedanken strahlen nach außen und sind selbst für Menschen in weiter Ferne noch spürbar.

Unsere energetische Ausstrahlung wirkt sich aber nicht nur auf der Erdebene aus, sondern auch in anderen Dimensionen. In diesem Buch ist immer wieder von »höheren« und »niedrigeren« Dimensionen die Rede. Das ist kein Werturteil: *Höher* bedeutet nicht besser, und *niedriger* ist nicht gleichbedeutend mit schlechter. Es geht dabei nur um die Frequenz. Höhere Dimensionen schwingen schneller als unsere Erdebene und sind daher nicht-physisch; doch sie umfassen oder überlappen sich mit niedrigeren Dimensionen. Mit anderen Worten: Alles ist eins. Daher wirkt unsere Frequenz (ob es nun eine Schwingung der Liebe oder der Angst ist) ständig nach außen und beeinflusst nicht nur die nicht-physische Dimension, sondern auch andere Menschen – selbst wenn diese weit von uns entfernt sind oder gar nichts mit uns zu tun haben.

Mit Worten lassen sich solche Vorstellungen nicht immer richtig vermitteln. Beispielsweise schreibe ich manchmal, dass Menschen, die sich auf der Erde inkarnieren, aus der geistigen Welt »kommen« und nach ihrem physischen Tod wieder dorthin zurückkehren. Mit solchen Begriffen ist aber keine Ortsveränderung, sondern eher eine Änderung der Wahrnehmung gemeint. Denn in Wirklichkeit sind diese Dimensionen gar nicht voneinander getrennt. Wenn wir uns auf der Erde inkarnieren, verlassen wir die ewige Heimat unserer Seele nicht wirklich; wir können den nicht-physischen Teil dieser Heimat nur nicht mehr so gut wahrnehmen. Mit dem Tod lüftet sich der Schleier zwischen der physischen und der nicht-physischen Welt wieder.

Ohne die Begriffe *Einheit* und *Getrenntsein* können wir nicht verstehen, warum wir uns für bestimmte Lebenskrisen entscheiden. Wenn wir uns in der geistigen Welt befinden, ist uns unsere untrennbare Verbundenheit mit allen anderen Wesen ständig bewusst. Wir wissen, dass wir mit allen Menschen, ja sogar mit der ganzen Schöpfung eins sind. Einfühlungsvermögen und grenzenloses Mitgefühl sind unsere wahre Natur. Obwohl auch in der geistigen Welt jedes Wesen seine eigene Identität hat, haben wir nicht das Gefühl, von anderen Individuen getrennt zu existieren. Das erscheint dem menschlichen Verstand, der nur die Illusion des Getrenntseins wahrnimmt, paradox. Wenn wir als Seele einen Teil unserer Energie in einen physischen Körper hineinprojizieren, schränken wir unseren Blickwinkel bewusst auf die Perspektive dieses Körpers ein. Deshalb erkennen wir in diesem Zustand nicht, dass wir in Wirklichkeit alle eins sind. Nur so können wir Leben planen, in denen wir vorgegebene Rollen spielen und uns gegenseitig in schwierige Situationen bringen – in der Hoffnung, liebevoll auf diese Herausforderungen zu reagieren. Wenn uns das gelingt, kehren wir nach unserer Inkarnation als weisere Wesen in die geistige Welt zurück – mit einem tieferen Verständnis für das Einfühlungsvermögen, das Mitgefühl und die Einheit, die wir während unseres irdischen Lebens vorübergehend aus unserem Bewusstsein ausgeblendet hatten.

Wir nehmen uns also schwierige Lebenssituationen vor, um bestimmte Ziele zu erreichen. Eines dieser Ziele besteht in der Heilung – vor allem in der Überwindung »negativer« Energien aus früheren Leben, die wir noch nicht auflösen konnten. Nehmen wir an, ein Mensch litt während einer Inkarnation unter intensiven Ängsten. Am Ende dieses Erdenlebens trägt er vielleicht immer noch Spuren dieser Angst-Energie mit sich herum – vor allem, wenn er bei seinem Tod große Panik empfunden hat. Zwar kann er nicht die ganze niedrige Energiefrequenz dieser Angst in die nicht-physische Dimension mit hinübernehmen, weil diese ja auf einer höheren Frequenz schwingt; doch ein Rest dieser Energie kann mit ins Jenseits gelangen. Die Seele spürt diese negative Energie, die ihr immer noch anhaftet, und das motiviert sie dazu, ein nächstes Leben zu planen, in dem diese Angst durch Liebe geheilt werden kann.

Außerdem planen wir schwierige Lebenssituationen voraus, um unser Karma auszugleichen. Karma wird manchmal als eine Art »kosmische Schuld« definiert; man kann es aber auch als unausgeglichene Energie bezeichnen, die uns an ein anderes Individuum bindet. Normalerweise haben wir ein gemeinsames Karma mit den Mitgliedern unserer Seelenfamilie – anderen Menschen, denen wir schon in vielen Erdenleben begegnet sind und die sich auf derselben Entwicklungsstufe befinden wie wir. In diesen früheren Existenzen haben wir unsere Rollen immer wieder getauscht: Wir waren einander Ehepartner, Tochter, Sohn, Bruder, Schwester, Mutter, Vater, Freund oder Todfeind.

Eine Seele hat in einer Inkarnation vielleicht viele Jahre lang jemanden pflegen müssen, der schwer krank war. Im nächsten Leben können diese Rollen vertauscht sein: Die Seele, die vorher als »Pfleger« tätig war, plant für ihre nächste Inkarnation möglicherweise eine Krankheit als schwierige Lebenssituation voraus; und die Seele, die im vorigen Leben krank war und gepflegt werden musste, entschließt sich vielleicht, im nächsten Leben diesen anderen Menschen zu pflegen, um das Karma wieder auszugleichen. Doch sobald wir in unseren physischen Körper eingetreten sind, erinnern wir uns nicht mehr an diesen Plan. Der Mensch, der sich vor seiner Geburt für die Rolle des Pflegers entschieden hatte, empfindet diese Tätigkeit jetzt vielleicht als Belastung oder sogar als Strafe für früheres Fehlverhalten. Doch in Wirklichkeit gibt es keine Bestrafung, sondern nur den Wunsch, das Karma auszugleichen. Und da wir uns die Rolle, die wir in diesem Leben spielen, selbst ausgesucht haben, sind wir auch keine Opfer. Niemand ist schuld; es *gibt* gar keine Schuld. Das Universum bestraft uns nicht, indem es uns etwas »Schlimmes« widerfahren lässt. Karma ist ein neutrales, unpersönliches Lebensgesetz, so wie die Anziehungskraft der Erde. Wenn wir stolpern und hinfallen, schimpfen wir ja schließlich auch nicht auf die Schwerkraft. Sobald uns klar wird, dass das Gesetz des Karmas genauso funktioniert, geben wir niemandem mehr die Schuld an unserem »Unglück«, wir empfinden es nicht mehr als Strafe und hören auf, uns als arme Opfer unglückseliger Umstände zu fühlen. Stattdessen wird uns klar, was wir aus dieser Situation lernen wollten, und wir sind dankbar für die Herausforderung, weil unsere Seele daran wachsen kann.

Wenn wir begreifen, was Karma ist, fällen wir auch keine Werturteile mehr über andere Menschen – auch nicht über Drogensüchtige oder Obdachlose. Denn normalerweise gleichen diese Leute nur ihre karmischen Energien aus früheren Leben aus, so wie sie es vor ihrer Geburt geplant hatten. Eine Existenz, die aus der Perspektive der Persönlichkeit »total gescheitert« zu sein scheint, kann aus der Sicht der Seele ein voller Erfolg sein.

Die meisten Seelen planen schwierige Lebenssituationen

voraus, um anderen Menschen dadurch dienen zu können. Diese Selbstlosigkeit ist eine wichtige Eigenschaft unseres wahren Wesens als unsterbliche Seelen. Wenn wir uns in der Geisterwelt befinden und uns unserer Einheit mit allen anderen Wesen bewusst sind, betrachten wir den Dienst an anderen als wichtigsten Lebenszweck. Viele Leute, deren Leben nichts weiter als ein vergeblicher Kampf zu sein scheint, leisten ihren Mitmenschen damit in Wirklichkeit einen wertvollen Dienst. Vielleicht nimmt eine Seele sich sogar vor, in ihrem nächsten Leben Alkoholiker zu werden, damit andere Menschen ihr Mitgefühl entgegenbringen und diese Seite ihrer Seele dadurch besser kennenlernen können. Daher sind unsere Vorurteile solchen »gescheiterten Existenzen« gegenüber vollkommen unbegründet!

Ein *Lichtarbeiter* ist ein Mensch, in dessen Lebensplan der Dienst an anderen eine besonders wichtige Rolle spielt. Im weitesten Sinn sind alle Menschen, die es sich zur Aufgabe gemacht haben, anderen zu helfen, Lichtarbeiter. Oft nehmen solche Seelen besonders große Schwierigkeiten auf sich, um die Menschheit dadurch ein bisschen weiterzubringen. Ein solcher Lebensplan ist nicht besser (oder schlechter) als jeder andere. Da jede Seele viele Inkarnationen durchläuft, werden die meisten wahrscheinlich irgendwann einmal die Rolle eines Lichtarbeiters spielen.

Teilweise dienen die schwierigen Situationen, die wir planen, unserem eigenen inneren Wachstum. Zwar lernt unsere Seele auch zwischen den einzelnen Inkarnationen eine ganze Menge; doch diese Lektionen verankern sich noch tiefer in uns, wenn wir sie auf der physischen Ebene umsetzen. Lernprozesse in der geistigen Welt sind so etwas Ähnliches wie Unterricht im Klassenzimmer; unser irdisches Leben dagegen entspricht dem Praktikum, in dem wir dieses Wissen anwenden, erproben und erweitern – eine sehr intensive Erfahrung für die Seele.

Unabhängig von den schwierigen Lebenssituationen, die sie umfassten, beruhten alle Lebenspläne, die ich untersucht habe, auf dem Prinzip der Liebe. Jede dieser Seelen hatte den Wunsch, grenzenlose Liebe zu schenken und zu empfangen – selbst in Inkarnationen, in denen sie sich bereit erklärte, eine »negative« Rolle zu spielen, um einer anderen Seele Gelegenheit zur Weiterentwicklung zu geben. Viele Seelen wurden auch von dem Wunsch getrieben, sich an ihre Fähigkeit der Selbstliebe zu erinnern. Denn im Grunde genommen sind wir nichts als Liebe. Diese Einsicht habe ich nicht nur im Rahmen meiner Recherchen für dieses Buch, sondern auch durch direkte, persönliche Erfahrung gewonnen – nämlich in jenem Augenblick der Offenbarung meiner Seele, die ich im Vorwort beschrieben habe. Schwierige Situationen sind eine Chance, unser wahres Wesen der Liebe deutlicher zum Ausdruck zu bringen und besser kennenzulernen, und zwar in allen seinen Facetten: Mitgefühl, Vergebung, Geduld, Unvoreingenommenheit, Mut, Gleichgewicht, Akzeptanz, Vertrauen, Verständnis, Gelassenheit, Glaube, Dankbarkeit, Bescheidenheit und so weiter. Liebe ist das Hauptthema unserer vorgeburtlichen Lebensplanung und daher auch das wichtigste Thema dieses Buches.

Wenn wir in die physische Dimension eintreten, vergessen wir unser wahres Wesen der Liebe vorübergehend. Dann sind wir gewissermaßen »Liebe hinter einem Schleier«. Doch sobald wir uns an unsere wahre Natur erinnern, kommt unser inneres Licht, unsere Liebe wieder zum Vorschein. Ich glaube, das ist der Grund, warum wir auf der Welt sind.

Kapitel 2

Körperliche Krankheiten

AIDS ist eine der gefürchtetsten Erkrankungen. Weltweit leiden über 40 Millionen Menschen daran, und ungefähr achttausend Menschen sterben jeden Tag an dieser furchtbaren Krankheit. Die Behandlung der AIDS-Symptome ist sowohl körperlich als auch seelisch schwer zu verkraften, und die Angst vor Ansteckung belastet die Beziehung zu Partnern, Angehörigen und Pflegepersonal. Gibt es tatsächlich Seelen, die sich eine so leidvolle Erfahrung freiwillig aussuchen?

Als ich mich entschloss, dieses Buch zu schreiben, war mir klar, dass ich mich darin auch mit den Herausforderungen auseinandersetzen muss, die eine körperliche Krankheit mit sich bringt. Denn fast jeder Mensch wird irgendwann in seinem Leben mit gesundheitlichen Problemen konfrontiert. Mich interessierte, ob unsere Seele sich wohl schon vor ihrer Inkarnation für ein solches Schicksal entscheidet. Vor allem aber beschäftigte mich die Frage: Planen wir auch ganz bestimmte Krankheiten in unser Leben ein, und wenn ja, warum?

Jon

Die Geschichte von Jon Elmore

Jon erinnerte sich noch genau an den Tag, der sein Leben veränderte: den 23. Januar 1997. An diesem Tag erfuhr er, dass er AIDS hatte. »Sie gaben mir eine Codenummer«, erzählte er und ich fragte mich, was es wohl für ein Gefühl sein mag, eine Krankheit zu haben, die die Gesellschaft als so große Schmach empfindet, dass der Patient nicht einmal mehr unter seinem eigenen Namen, sondern nur noch als Nummer geführt wird. Bald sollte ich erfahren, dass das Thema Scham und Schande in Jons Leben auch noch in anderer Hinsicht eine wichtige Rolle spielte.

Jon kam im Jahr 1956 in einer Kleinstadt in Alabama zur Welt – in einer Zeit des sozialen Umbruchs und der Rassenunruhen, als die Polizei in den Südstaaten mit Feuerwehrschläuchen und Schäferhunden gegen Schwarze vorging, die für ihr Wahlrecht demonstrierten. All das bekam Jon in seiner Kindheit mit.

Als junger Mann versuchte er seinem Vater klarzumachen, dass er sich eigentlich nicht so sehr zu Frauen hingezogen fühlte.

»*Was* sagst du da?«, fragte sein Vater fassungslos.

»Na ja, ich weiß auch nicht so recht, wie ich es dir erklären soll … Ich glaube, ich bin schwul.«

Da brach sein Vater in Tränen aus. »Schwul? Was soll das heißen? Willst du, dass unsere Familie ausstirbt? Du weißt wahrscheinlich nur noch nicht, wie viel Spaß man mit einer Frau haben kann. Komm, lass uns ins Rotlichtviertel fahren.«

Als Nächstes versuchte Jon, es seiner Mutter beizubringen; doch irgendwie entzog sie sich immer dem Gespräch.

In der Schule wurde er von den Klassenkameraden, die seine sexuellen Neigungen kannten, gehänselt. Sie nannten ihn »Schwuchtel« und schubsten ihn im Schulhof herum. Einmal nahm ihn eine Lehrerin beiseite und sagte: »Jon, du bist ein Mann. Warum benimmst du dich nicht so?«

Auch das religiöse Umfeld, in dem er aufwuchs, tolerierte Homosexualität nicht – es galt als Sünde gegen Gott, für die man mit ewiger Verdammnis bestraft wurde.

»Mir fällt auf«, sagte ich schließlich zu ihm, »dass du in deinem Privatleben überall wegen deiner Neigungen geächtet wurdest – von deiner Familie, in der Schule und auch von der Kirche, der du angehörtest. Und nicht nur das: Außerdem hast du auch noch beschlossen, in einem Teil der Vereinigten Staaten zu inkarnieren, in dem eine ganze *ethnische Gruppe* öffentlich geächtet wurde.« (Meine Nachforschungen hatten ergeben, dass Seelen sich nicht nur ihre Eltern, sondern auch Ort und Zeitpunkt ihrer Geburt aussuchen.) »Überall in deinem Leben wiederholt sich dieses Thema des Geächtet- und Ausgestoßenseins«, erklärte ich ihm, »nicht nur in deiner Privatsphäre, sondern auch in der Politik deines Landes.«

Jon gab mir recht und erzählte, dass er sich zusätzlich durch das grobe Verhalten einiger seiner Liebespartner sehr abgewertet gefühlt hatte. Diese Seite seiner Vergangenheit sollte später, als wir Informationen über seine vorgeburtliche Lebensplanung erhielten, noch eine wichtige Rolle spielen.

Auch seine Krankheit gehörte zu diesem Muster der sozialen Ächtung, die Jon bereits in seinem politischen Umfeld erfahren hatte und später am eigenen Leib erleben musste. »Als der Arzt mir das Ergebnis meines AIDS-Tests mitteilte, hatte ich irgendwie das Gefühl, nichts Besseres verdient zu haben«, erklärte er mir mit düsterem Gesicht.

Trotzdem war die Diagnose ein Schock für ihn. »Ich stieg

ins Auto, fuhr nach Hause und beobachtete all die Leute, die ihrem Alltagsgeschäft nachgingen, als sei es ein Tag wie jeder andere. Sie überquerten die Straße, gingen einkaufen, unterhielten sich miteinander. Irgendwann hielt ich es nicht mehr aus. Ich kurbelte die Fensterscheibe herunter und schrie die Passanten an: ›*Merkt ihr denn nicht, dass gerade die Welt untergegangen ist?*‹«

Mit der Zeit verschlechterte sich Jons Gesundheitszustand. Er musste ins Krankenhaus und hatte ein Nahtoderlebnis.

»Ich sehe das alles nur noch nebelhaft vor mir«, erzählte er. »Aber ich erinnere mich noch daran, dass ich mich in einem Raum befand. Es war dunkel und um mich herum standen viele Menschen, wie bei einer Cocktailparty. Ich spürte, dass sie aus einer anderen Dimension kamen und dass ich jederzeit zu ihnen hinübergehen konnte, wenn ich wollte. Aber ich beschloss, es nicht zu tun. Ich hatte das Gefühl: ›Ich will nicht hier im Jenseits bleiben.‹«

Jon hatte sich für das Leben entschieden – und zwar nicht für eine physische Fortsetzung der Existenz, die er vorher geführt hatte, sondern für ein *anderes* Leben. »Wenn man einmal ein Rendezvous mit dem Todesengel hatte, weiß man die Welt, in der man lebt, wieder mehr zu schätzen«, erklärte er. »Plötzlich schämte ich mich nicht mehr für meine Krankheit und meine Homosexualität. Und obwohl ich dem Tod sehr nahe gekommen war, wollte ich noch nicht sterben.«

»Inwiefern haben dir AIDS und Nahtoderlebnis geholfen, das Gefühl der Schande zu überwinden?«, fragte ich ihn.

»Man wird am besten mit seinen Ängsten fertig, indem man sie annimmt. Dann verschwinden sie nämlich. Nachdem ich fast gestorben war, wurde mir klar, dass SIE keine Macht mehr über mich haben. Wir alle wissen, wer SIE sind: all die Nachbarn, Lehrer und anderen Leute, die uns immer wieder predigen, wie wir sein sollten und was wir zu tun haben. Diese Leute gibt es für mich nicht mehr. Jetzt will ich nur noch leben – und zwar so, wie ich bin.«

»Was für eine Botschaft würdest du Menschen mit auf den Weg geben, die das Gefühl haben, sich für etwas schämen zu müssen?«

»Die Verachtung meiner Mitmenschen, die dieses Schamgefühl in mir geweckt hat, war etwas ganz Konkretes und sehr Starkes in meinem Leben«, antwortete er. »Und was macht man mit konkreten, starken Dingen? Man baut darauf auf.«

Jons Sitzung bei Glenna Dietrich

Glenna Dietrich ist ein Channeling-Medium. Wenn sie in Trance fällt, spricht das Bewusstsein eines anderen geistigen Wesens durch sie. Hinterher kann sie sich an nichts erinnern, was während der Sitzung gesprochen wurde. Sobald sie zu channeln beginnt, wird ihre Stimme leiser und sanfter; auch Tonfall, Sprachmelodie und Wortwahl ändern sich. Manchmal sind sogar mehrere Geistwesen anwesend und sprechen durch sie. Das war auch bei Jons Sitzung der Fall.

»Wir sind zu dritt, genau wie ihr«, sagten die Wesen. »Wir kommen nicht aus der materiellen Welt, sondern aus der geistigen Dimension, die ihr Jenseits nennt. Zwei von uns haben noch nie in menschlicher Gestalt auf der Erde gelebt. Wir stammen aus dem Engelreich. Für euch sind wir namenlos, denn ihr könntet unsere Namen sowieso nicht aussprechen. Ihr seht uns nur als verschwommene Farben und Formen vor euch. Eigentlich nehmt ihr uns mehr als eine Art Gefühl wahr.«

Die Geistwesen in unseren Sitzungen identifizierten sich nie mit irgendwelchen Namen. Jedes Wesen – ob es nun in einem physischen Körper steckt oder nicht – ist Energie. Der hierbei gebrauchte Begriff *Energiesignatur* bedeutet, dass jedes Bewusstsein sich anhand seiner eigenen, unverwechselbaren Energie identifizieren lässt.

»Einer von uns dreien hat schon oft auf der Erde gelebt«, fuhren die Geistwesen fort. »Und dieser Engel wird jetzt direkt mit euch kommunizieren.«

»Ja, das stimmt«, bestätigte der Engel. »Ich war bereits 867-mal in einem menschlichen Körper auf der Erde, habe aber auch schon in anderen Körpern gelebt. Und als Jon auf die Welt kam, beschloss ich, einer seiner Geistführer zu werden. Wir haben schon viele Erdenleben miteinander verbracht: als Geschwister, Mutter und Tochter – aber auch als Feinde, die sich gegenseitig umbrachten. Und wir waren auch schon die besten Freunde. Jedes Mal, wenn wir uns gemeinsam auf der Erde inkarnierten, überlegten wir uns vorher, wo und unter welchen Umständen wir uns begegnen würden und wie wir einander bei unserer Weiterentwicklung helfen wollten. Wir sind also tatsächlich das, was ihr in eurer Dimension als Seelengefährten bezeichnet: zwei Seelen mit einer sehr ähnlichen Schwingung. Dir, Jon, möchte ich sagen, dass ich sehr stolz und froh über die vielen Fortschritte bin, die du in dieser Inkarnation gemacht hast. Du hast viele positive Energien in die Welt hineingebracht. Ich stand dir dabei stets zur Seite und habe dir in der Zeit, die du als die düsterste Phase deines Lebens ansahst, Mut zugesprochen. Meine Energie ist dir sehr vertraut. Lieber Freund, ich möchte, dass du dich an die Schönheit deiner Seele erinnerst – an das unvorstellbar helle Licht, das dein Herz erfüllen könnte, wenn du es nur zulassen würdest. Es ist schwer, so ein strahlendes Licht zu sein, wenn sich die meisten Menschen um dich herum nichts anderes wünschen als Finsternis. Nur der wahre Heiler, der wahrhaft weise Mensch bleibt auch dann ein Weiser, wenn er von Leuten umgeben ist, die innerlich noch nicht erwacht sind. Also verliere nicht den Mut.«

Zu mir sagten die Engel: »Wir haben deine Fragen gehört, aber wir möchten, dass du sie uns der Reihe nach stellst.«

»Hat Jon schon vor seiner Geburt geplant, in diesem Leben an AIDS zu erkranken, und wenn ja, warum?«, fragte ich. Jon und ich hatten uns vor der Sitzung darauf geeinigt, dass dies unsere erste Frage sein sollte. Wir waren beide schon sehr gespannt auf die Antwort.

»Ja«, antwortete der Engel. »In dieser [nicht-physischen] Dimension gibt es keine grobstofflichen Energien, die uns an unserer Weiterentwicklung hindern und uns den Blick in die Zukunft versperren. In den Zeiten dazwischen [zwischen den einzelnen Inkarnationen] planen wir, wie der nächste Schritt oder die nächste Entwicklungsstufe unserer Seele aussehen soll.

Jons Seele hat diese Krankheit tatsächlich vorausgeplant. Alle Mitglieder seiner Seelenfamilie haben sich darauf geeinigt, dass er diese Last auf sich nehmen sollte, die für die innere Befreiung seiner ganzen Seelengruppe so wichtig ist. Trotz aller ›Ablenkungen‹, die die Welt der Illusionen ihm vorgaukelte, sollte er von innen heraus zu leuchten beginnen. Er sollte zum Licht seiner Seele werden und sein wahres Wesen kennenlernen. Die [Seelen], die sich gemeinsam auf der Erde inkarnieren und sich gegenseitig bei ihrem Entwicklungsprozess unterstützen, erschaffen durch ihren Charakter und ihre Einstellung gegenüber Jon die Hindernisse, die er überwinden muss, um seine innere Wahrheit zu erfahren.« (Durch das spätere ergänzende Reading von Staci Wells wurde uns noch klarer, was der Engel damit meinte: Bestimmte Mitglieder von Jons Seelenfamilie hatten sich bereits vor seiner Geburt darauf geeinigt, dass sie ihn ächten und erniedrigen würden, weil das eine der Herausforderungen war, die er in seinem Leben zu bestehen hatte.) »Es ist fast so wie bei einem Hindernisrennen: Je öfter man mit demselben Hindernis konfrontiert ist, umso einfacher wird es, darüber hinwegzuspringen, darunter durchzukriechen oder es zu umgehen. Irgendwann geht einem dieser Bewältigungsmechanismus in Fleisch und Blut über. Sobald Jon sich nicht mehr für weniger wichtig, weniger liebevoll, weniger wunderbar und heilig hält als seine Mitmenschen, werden sich alle seine Hindernisse in Luft auflösen.«

Damit vermittelte uns der Engel eines der wichtigsten Ziele schwieriger Lebenssituationen: Sie wollen uns zeigen, dass wir mit unseren Gedanken und Gefühlen unsere Realität erschaffen. Unsere Probleme und Schwierigkeiten sind wie Spiegel, die unsere Einstellung gegenüber uns selbst reflektieren. Also sind sie eigentlich ein Geschenk – wir müssen nur weise genug sein, das zu erkennen.

»Zu diesem Bewusstsein könnt ihr Menschen nur in einem irdischen Körper gelangen«, erklärte der Engel, »um anschließend überall, wo Heilung gebraucht wird, euer Licht hinzusenden. Da sich dieser Entwicklungsprozess sehr positiv auf die Seelenfamilie der betreffenden Person und auf die ganze [nicht-physische] Dimension auswirkt, sind solche Lebenskrisen normalerweise mit sehr intensiven Gefühlen verbunden – damit die Wahrheit, die der Betreffende dadurch erkennt, allen zugutekommt. Hätte Jon kein so großes Hindernis zu überwinden gehabt, so wäre auch sein innerer Sieg nicht so groß gewesen.«

Damit hatten wir die Bestätigung, dass Jon bereits vor seiner Geburt geplant hatte, AIDS zu bekommen – und zwar nicht nur im Interesse seines eigenen Lernprozesses, sondern auch, um zum inneren Wachstum seiner ganzen Seelenfamilie beizutragen. Auch spätere Sitzungen mit anderen Interviewpartnern haben mir bestätigt, dass die Entwicklungsschritte, die wir hier auf der Erde machen, nicht nur den Horizont unserer eigenen Seele erweitern, sondern auch allen anderen Mitgliedern unserer Seelenfamilie bei ihrem Entwicklungsprozess weiterhelfen.

»Kannst du noch ein bisschen näher erläutern«, bat ich den Engel, »wie die AIDS-Erkrankung Jon zu innerem Wachstum verholfen hat?«

»Er hat dadurch gelernt, sich so zu sehen, wie er wirklich ist«, antwortete der Engel, »und an seine eigene Wahrheit, seine eigene Identität zu glauben. Er ist zu dem Glauben gelangt, dass wir alle grenzenlose, bedingungslose Liebe verdient haben. Bisher erlebte seine Seelenfamilie immer nur eine Liebe, die an bestimmte Bedingungen geknüpft ist: Man musste sich an gewisse Konventionen und Traditionen halten, um akzeptiert zu werden. Jon hat sich über diese Konventionen hinweggesetzt, und deshalb entzogen diese Menschen ihm ihre Liebe. So ist Jons früheres Selbstbild entstanden: dass er keine bedingungslose Liebe verdient hat, sondern bestimmte ›Spielregeln‹ befolgen muss, um geliebt zu werden – das heißt, er muss den Erwartungen und Wertvorstellungen der anderen entsprechen. Diese Entwicklung begann schon in seiner Kindheit und hat dazu geführt, dass er eine gespaltene Persönlichkeit entwickelte. Genau das ist der Konflikt, den die Krankheit AIDS mit sich bringt: Man sehnt sich nach bedingungsloser Liebe, hat aber gleichzeitig das Gefühl, so etwas gar nicht verdient zu haben. Daher kann Jons Heilungsprozess nur dann erfolgreich abgeschlossen werden, wenn das Licht seiner Seele zum Vorschein kommt – und wenn seine Persönlichkeit dieses Licht sieht und darin ihr eigenes wahres Wesen erkennt.«

Der Engel hatte sehr schön formuliert, worum es bei unserem Entwicklungsprozess hier auf der Erde geht: Wenn wir uns nicht mehr als begrenzte Persönlichkeit mit Fehlern und Schwächen sehen und uns stattdessen daran erinnern, dass wir mehr sind als unsere irdische Inkarnation, beginnen wir uns automatisch zu lieben. Wenn wir unser inneres Licht erkennen, verändern sich unsere Denkmuster, und dann kann auch unser Körper wieder gesund werden.

»Auf welche Weise sollte Jons Licht zum Vorschein kommen? Und woher wusste seine Seele, dass er dieses Ziel auch tatsächlich erreichen würde?«, fragte ich.

»Alle Inkarnationen in eurer Dimension«, antwortete der Engel, »müssen erst einmal die niedrigeren Ebenen der Finsternis durchlaufen. Dort herrschen die Schwingungen des Hasses, des Getrenntseins von Gott, der Angst und Intoleranz; und diese Frequenz wirkt sich auf euren Körper aus, ohne dass euch dies bewusst wird. Auf dieser Entwicklungsstufe identifiziert ihr euch mit euren Ängsten, eurem Hass und eurer Intoleranz – ihr glaubt, das alles seid *ihr*. Und deshalb seid ihr fähig, euch gegenseitig auszunutzen, zu misshandeln oder sogar umzubringen. Ihr schwingt eben noch auf einer sehr niedrigen Frequenz. Sobald die Seele in einen menschlichen Körper eintritt, sieht sie die Realität nicht mehr so klar wie vorher. Ihr beginnt euch mit eurem Körper zu identifizieren und vergesst, dass ihr in Wirklichkeit Seelen seid. Doch das gehört alles zum Plan dazu: Denn wenn ihr eure göttliche Natur vergesst und euch dann im Laufe vieler irdischer Prüfungen wieder daran erinnert, wird eure Schwingung dadurch sehr viel höher.«

(»Genau nach dieser Erfahrung habe ich mich immer gesehnt«, lautete der Kommentar, den Jon später dazu abgab. »Und ich habe auch schon große Fortschritte bei der Suche nach dieser geistigen Essenz gemacht, von der ich weiß, dass sie mein innerster Wesenskern ist. Meine AIDS-Erfahrung hat mich zu der Erkenntnis gebracht, dass zwar mein Körper in Gefahr ist – aber meine Seele, mein Bewusstsein, mein wahres Wesen sind unversehrt und unsterblich.«)

Doch mir war immer noch nicht ganz klar, wie Jons Seele wissen konnte, dass sein Lebensplan ihm ein so großes inneres Wachstum bringen würde. »Waren in Jons Leben bestimmte Ereignisse vorausgeplant, durch die das Licht seiner Seele zutage treten und für seine Persönlichkeit erkennbar werden konnte?«, fragte ich.

»Ja. Jon hat schon vieles erlebt, was ihn innerlich immer mehr für dieses Licht öffnete – auch wenn er sich vielleicht nicht mehr an alle diese Begebenheiten erinnert«, antwortete der Engel. »Das ist ein ganz langsamer, allmählicher Entwicklungsprozess. Der menschliche Körper schwingt auf einer sehr niedrigen Frequenz. Sobald ihr höhere Frequenzen erreicht, beginnt ihr die Wahrheit zu erkennen. Doch der Körper kann solche höheren Frequenzen nicht so schnell in sich aufnehmen. Daher werft ihr immer nur einen kurzen Blick in die höheren Dimensionen und gewöhnt euren Körper schrittweise daran – so lange, bis eure Zellen das Licht speichern können und allmählich zu einer höheren Schwingungsfrequenz aufsteigen.«

Der Engel wollte mir mit seinen Worten klarmachen, wie eine körperliche Erkrankung einen spirituellen Heilungsprozess in Gang setzen kann. Doch ich hatte immer noch nicht begriffen, warum eine solche Heilung überhaupt notwendig ist. »Woher kommt eigentlich dieses Gefühl der Schande, von dem Jon sich zu heilen versucht – die Überzeugung, dass er keine bedingungslose Liebe verdient hat? Wie ist das entstanden?«, fragte ich.

»Es entstand bei einem hohen religiösen Würdenträger aus seiner Seelenfamilie. Diese Seele hatte für ihre damalige Inkarnation eine unausgewogene Persönlichkeit vorausgeplant. Als dieses Ungleichgewicht sich in seinem Körper manifestierte, entwickelte der Mann eine psychische Erkrankung, die mit vielen Ängsten einherging. Und als er diese Ängste auszuleben begann, wurden sie sehr stark – nicht nur in seinem eigenen Körper, sondern auch in dem seiner seelischen Nachkommen.«

In anderen Sitzungen hatte ich bereits erfahren, dass bestimmte Handlungen in der physischen Dimension Emotionen erzeugen, die sich tief in unserem Wesen verankern. Deshalb planen wir dann oft spätere Inkarnationen zum Zweck der Heilung voraus. Denn alles, was in der physischen Dimension entsteht, lässt sich auch am besten auf dieser Ebene heilen.

»Die Seele dieses religiösen Würdenträgers hatte sich absichtlich in tiefe Finsternis gestürzt«, fuhr der Engel fort, »und war auf eine so niedrige Schwingungsfrequenz hinabgestiegen, wie seine Seelenfamilie sie noch nie erlebt hatte. Durch sein Experiment wurde dieser Code [die Energie der Angst] auf genetischem Weg an alle Mitglieder seiner Seelenfamilie weitervererbt und auch von anderen Seelengruppen übernommen – denn die Seelen erkannten, dass es für ihre Entwicklung hilfreich sein würde, sich auf niedrigere Schwingungsebenen zu begeben. Je weiter eine Seele sich von ihrem wahren Wesen entfernt, umso größer wird ihre innere Finsternis und umso niedriger ihre Frequenz.

Wenn eine Seelenfamilie sich im Laufe vieler Inkarnationen durch diese finstere, dichte, grobstoffliche Energie hindurchkämpft, gewinnt sie dadurch immer mehr innere Klarheit. Ihr wahres Wesen, ihr strahlendes Licht kommt ihr wieder zu Bewusstsein. Und wenn diese Seelen sich dann schließlich vom

Rad der Wiedergeburt befreien und in höhere Dimensionen aufsteigen, nehmen sie das Wissen um ihren früheren Abstieg in die Finsternis mit sich. Durch diesen Kontrast können sie ihr wahres, göttliches Wesen besser erkennen und wissen es mehr zu schätzen.«

»Wenn ich dich richtig verstanden habe«, sagte ich, »haben die Mitglieder von Jons Seelenfamilie ihn gebeten, diese Erkrankung auf sich zu nehmen, und er hat zugestimmt. Die anderen Seelen haben sich dann in seinem Umfeld inkarniert und ihn abgewertet und abgelehnt, statt ihn bedingungslos zu lieben. War das nicht ein sehr riskanter Plan? Es hätte doch schließlich auch sein können, dass Jon die Wertvorstellungen seiner Mitmenschen übernimmt und zu der Überzeugung gelangt, er habe tatsächlich keine bedingungslose Liebe verdient.«

»Stimmt. Das hat er auch tatsächlich schon oft getan – in früheren Inkarnationen. Diese Erfahrung gehört zum Heilungsprozess seiner Seele.«

»Verwirklicht die Seelenfamilie diesen Plan immer wieder, bis der Mensch dann schließlich in irgendeiner Inkarnation zu der Einsicht gelangt, dass er *doch* bedingungslose Liebe verdient hat?«

»Richtig.«

Jetzt waren wir beim Thema des menschlichen Leidens angelangt. Ich selbst hatte in meinem Leben schon so viel gelitten, dass ich unbedingt wissen wollte, warum das so sein muss. »Weshalb tun Seelen so etwas?«, fragte ich. »Warum nehmen sie sich nicht einfach ein schönes Leben vor, in dem sie von ihren Mitmenschen vorbehaltlos geliebt werden? Könnten sie dadurch denn nicht eher lernen, dass sie so etwas verdient haben?«

»Gleichgewicht kann nur entstehen, wenn wir Licht und

Schatten kennenlernen«, sagte der Engel. »Alle Individuen, die sich in eurer Dimension inkarnieren, machen diese Erfahrung. Aus diesem Grund beschließt eine Seele vielleicht sogar, einen Völkermord anzuzetteln oder Kinder zu missbrauchen. Durch all diese Erfahrungen lernt ihr etwas und erwerbt mehr Wissen. In eurer Dimension existiert nun einmal diese Polarität von Gut und Böse. Sobald ihr zu einem Gleichgewicht zwischen Hell und Dunkel, Gut und Böse gefunden habt, könnt ihr die irdische Dimension der Dualität verlassen und wieder zum Glauben an Alles-Was-Ist zurückfinden.« Damit meinte der Engel die Göttlichkeit und Einheit von allem, was im Universum existiert.

»Bedeutet das, dass Jons Seelenfamilie das Gefühl der Schande sowohl durch schwierige Existenzen (beispielsweise ein Leben mit AIDS) als auch durch glückliche, liebevolle Inkarnationen zu heilen versucht?«

»Stimmt«, sagte der Engel. Diese Ausgewogenheit in unserem Lebensplanungsprozess tröstete mich.

»Du hast von einer niedrigen Frequenz gesprochen«, schaltete Jon sich nun ins Gespräch ein. »Wie kann ich diese Frequenz erhöhen?«

»Die höchste Frequenz im Universum ist die Schwingung der Liebe. Versuche so oft und so lange wie möglich auf dieser Frequenz zu bleiben. Das ist der Schlüssel zur Lösung deines Problems.«

»Welche Botschaft würdest du einem AIDS-Patienten mit auf den Weg geben, der den tieferen Sinn seiner Krankheit zu verstehen versucht?«, fragte ich.

»Bleibe innerlich offen«, sagte der Engel sanft. »Folge der Stimme deines Herzens. Das bringt viele Heilungsprozesse auf höheren Ebenen in Gang, die du im Augenblick noch gar nicht richtig verstehst.«

Solche Botschaften hörte ich später noch oft aus der geistigen Welt. Wenn wir unser Herz verschließen, blockieren wir unsere Energien – vor allem die Energie der Liebe –, sodass sie uns nicht heilen können.

»Warum hat diese Seelenfamilie ausgerechnet Jon dazu auserwählt, an AIDS zu erkranken?«

»Er war an der Reihe«, erklärte der Engel.

»Was möchtest du uns sonst noch über diese Krankheit sagen?«

»Sie ist eine typische Seuche eures Zeitalters«, sagte der Engel, »die euch auf das Muster des Selbsthasses in der Menschheit hinweist. AIDS ist das Endresultat vieler Generationen, vieler Jahrhunderte, in denen ihr euch von der geistigen Welt und vom Licht abgekehrt habt und glaubtet, dass euer Selbst, euer Körper von Allem-Was-Ist getrennt existiert.«

»Also ist diese Krankheit in Wirklichkeit ein Segen, durch den die Welt wieder geheilt werden kann?«

»Ja«, sagte der Engel.

Obwohl das nicht die erste Sitzung war, in der das Thema selbstgewählter schwieriger Lebenssituationen zur Sprache kam, war ich fassungslos. Jon hatte sich seine Krankheit also tatsächlich selbst ausgesucht – und jetzt wussten wir auch, warum. Ich fragte mich, wie viele Menschen, die an AIDS oder einer anderen Erkrankung leiden, dies als eine Strafe Gottes oder des Universums oder bestenfalls als sinnloses Leiden empfinden. Mein Gespräch mit den Engeln hatte mir klargemacht, dass Jons Erlebnis zwar schmerzlich, aber dennoch sinnvoll war. Es ermöglichte ihm eine innere Wandlung.

Auch Jon hatte das Gefühl, dass diese Sitzung ihm die Augen geöffnet hatte. »Mir ist dadurch klar geworden, dass viel mehr Gutes in mir steckt, als ich je gedacht hatte. Mein Leben kommt mir jetzt viel sinnvoller vor.« Er erklärte mir auch, dass seine Seele ihn zu Änderungen seines Charakters gedrängt habe, so wie ein Schneider einen Anzug ändert. »Hinterher passt einem der Anzug besser. Meine Seele ist die reinste Existenzform meiner selbst, die es gibt.«

Staci Wells' Reading für Jon

Auch Staci Wells ist ein Channeling-Medium. Manchmal spricht ihr Geistführer direkt durch sie und sie kann sich hinterher kaum noch an seine Worte erinnern. Manchmal erlebt sie ihre Sitzungen aber auch ganz bewusst mit und wiederholt die Sätze, die der Geistführer ihr eingibt, oder beschreibt innere Bilder und Wahrnehmungen.

Wie bereits erwähnt, hat Staci die bemerkenswerte Gabe, sich in vorgeburtliche Lebensplanungssitzungen »einzuklinken« und genau wiederzugeben, was dort gesprochen wurde. Ihre Sitzungen gaben uns interessante Einblicke in eine andere Dimension und in einen sehr persönlichen Prozess: Hier sprechen Seelen über ihre geheimsten Gefühle und Hoffnungen, sie erzählen, welche Entwicklungsstufe sie als Nächstes erreichen wollten, und reden auch ganz offen über die Enttäuschungen, die sie in früheren Existenzen erlebt haben.

»Ich sehe ein vorgeburtliches Gespräch zwischen Jon und seinem Vater«, begann Staci. »Die beiden reden sehr liebevoll miteinander. Ich sehe Jon und seinen Vater als Seelen vor mir; aber sie sehen so ähnlich aus wie in ihrer jetzigen Inkarnation. Sein Vater hat ihm gerade gesagt, wie sehr er ihn liebt. Ich sehe, dass Jon sich damals bereits entschieden hatte, die Erfahrung der Homosexualität zu machen. Die beiden sprechen auch darüber, dass er eine schwere Krankheit bekommen wird, die vielleicht sogar zum Tod führen könnte. All das ist bereits beschlossene Sache.«

Obwohl ich vorher schon mit Staci zusammengearbeitet hatte, staunte ich wieder einmal darüber, mit welcher Leichtigkeit sie das Gespräch zwischen diesen beiden Seelen Wort für Wort wiedergab:

Jons Vater:	Ich möchte dich nicht demütigen und erniedrigen.
Jon:	Aber ich brauche diese Erfahrung. Ich muss diese harten Worte von dir hören, um zu mir selbst zu finden. Das Gefühl der Schande und des Ausgestoßenseins wird meinen Willen stärken und mir den Mut geben, meinem Schicksal ins Auge zu sehen.
Jons Vater:	Na gut, dann will ich das für dich tun, weil ich dich liebe. [Neben ihm steht Jons Mutter. Er streckt die Hand aus und zieht sie liebevoll an sich.] Wir beide werden dich wegen deiner Homosexualität verachten und dich das auch bei jeder Gelegenheit spüren lassen.
Jons Mutter:	Ich werde dich dein Leben lang lieben und schätzen. Vielleicht schiebe ich dich irgendwann einmal von mir fort. Das wird mir zwar sehr schwerfallen; aber dir zuliebe nehme ich es auf mich.

»Jon hat sich schon in mehreren früheren Existenzen um emotionale und finanzielle Unabhängigkeit bemüht«, fuhr Staci fort. »In vier aufeinanderfolgenden Inkarnationen war er sehr arm; einmal lebte er in einem Entwicklungsland. Er ist immer noch auf der Suche nach den Möglichkeiten, wie er solche Herausforderungen annehmen und innerlich daran wachsen kann. Deshalb hat er sich mit den Seelen seiner jetzigen Eltern und anderer Menschen darauf geeinigt, dass sie ihn seelisch quälen und demütigen werden. Denn dadurch ist er gezwungen, innere Stärke zu entwickeln.«

Damit hatte Staci einen typischen Lebensplan beschrieben, in dem man aus Gegensätzen lernt. In so einem Plan nimmt die Seele sich vor, dass ihr in ihrer nächsten Inkarnation genau das fehlen wird, was sie unbedingt besser verstehen und schätzen lernen möchte. Später erklärte Jon mir: »Ich glaube, ich habe mir genau das Gegenteil von dem Leben ausgesucht, das ich [als Persönlichkeit] eigentlich gern führen würde. Ich brauchte diese Erfahrung, um Mitgefühl zu entwickeln.« Bisher hatte er immer geglaubt, sein jetziges Leben sei eine Strafe dafür, dass er andere Menschen in früheren Inkarnationen grausam behandelt hatte. Jetzt weiß er, dass das nicht stimmt.

»Und ich bekomme auch noch eine andere Information«, sagte Staci. »Jon hatte auch schon in früheren Leben keine große Selbstdisziplin, wenn es um sexuelle oder familiäre Beziehungen ging. In seiner jetzigen Inkarnation arbeitet er wieder an diesem Thema. Deshalb hat er sich schon vor seiner Geburt vorgenommen, sich auf eine Beziehung mit einem Typen einzulassen, dem man lieber aus dem Weg gehen sollte, und sich bei diesem Mann mit AIDS anzustecken. Er hat seine Krankheit also seinem eigenen Leichtsinn zu verdanken.« Später gab Jon zu, dass Staci recht hatte: »Selbstdisziplin ist tatsächlich ein Fremdwort für mich.«

»Jetzt sehe ich eine Frau in Jons vorgeburtlicher Planungssitzung, die später seine Lehrerin wurde«, sagte Staci. »Sie ist ein künstlerischer Typ. In ihrem jetzigen Leben arbeitet sie daran, ihre aggressiveren Charakterseiten zu stärken, um einen Ausgleich zu ihrem künstlerischen Temperament zu schaffen.

Sie entwickelt also gerade ihre männlichen Energien. Alles [Demütigende], was sie zu Jon gesagt hat, ist auf diesen Lebensplan zurückzuführen. Sie war genau die richtige Person für die Seelenvereinbarung, die die beiden miteinander getroffen haben. Jon kennt sie schon aus früheren gemeinsamen Existenzen vor langer, langer Zeit – aus dem dritten oder vierten Jahrhundert nach Christus.«

Stacis Worte erinnerten mich daran, dass eine Seele in jeder Hinsicht nach Gleichgewicht strebt – auch in ihrem Ausdruck männlicher und weiblicher Energien. Einigen meiner Interviewpartner war es in früheren Existenzen schwergefallen, ihre männliche oder weibliche Energie zum Ausdruck zu bringen. Sie hatten ihre nächste Inkarnation bewusst so geplant, dass sie ihnen Gelegenheit gab, sich in dieser Fähigkeit zu üben.

»Hörst du auch noch Gespräche mit anderen Leuten, die Jon später gedemütigt haben?«, fragte ich Staci.

»Mein Geistführer sagt mir, dass Jons Klassenkameraden keine Seelengefährten in dem Sinn waren, dass sie schon vor ihrer Geburt ein Abkommen mit ihm getroffen hätten«, antwortete sie. »Aber ihre Geistführer gaben ihnen – in Übereinkunft mit Jons Geistführer – die Worte ein, mit denen sie Jon kränkten. Wahrscheinlich erinnern sie sich inzwischen gar nicht mehr daran.«

Das wunderte mich. Ich hatte bisher noch nicht gehört, dass Geistführer uns auch in unserer Wortwahl beeinflussen. Doch ich sollte auch noch in späteren Sitzungen erfahren, wie genau unsere Geistführer darauf achten, dass wir in unserem späteren Leben tatsächlich die Erfahrungen machen, die wir vor der Geburt geplant haben – selbst wenn sie schmerzlich sind. Aus der Perspektive der Persönlichkeit sind solche Erlebnisse vielleicht unangenehm oder schwer zu begreifen, doch aus der Sicht der Seele gewinnen sie eine ganz andere Bedeutung. Unsere Seele weiß, dass das Leben einfach nur ein Drama ist, das sich auf der Bühne der Erde abspielt, und uns keinen dauerhaften Schaden zufügt – genauso wenig, wie ein Schauspieler durch die Worte eines anderen Schauspielers getroffen werden kann.

Ich fragte mich, wer Jon vielleicht sonst noch gedemütigt hatte. »Was hat er mit seinen Liebespartnern erlebt?«, fragte ich.

Staci hielt inne und stimmte sich auf einen anderen Teil der vorgeburtlichen Planungssitzung ein: ein Gespräch zwischen Jon und einem Mann, mit dem er eine Beziehung haben würde.

Mann:	Ich will das nicht. Ich möchte dich nicht so behandeln.
Jon:	Aber ich brauche das. Du musst so mit mir sprechen. Das wird ein Ansporn für mich sein, mich weiterzuentwickeln.

»Jon will über die verletzenden Worte seines Partners hinauswachsen, weil er in früheren Leben selbst so eine negative Meinung von sich hatte«, erklärte Staci.

Jon:	Ich liebe dich so sehr, dass ich dir alles verzeihen werde. Ich werde deine Worte nicht mehr im Herzen tragen, wenn ich diesen Körper verlasse. Ich werde es dir nicht übel nehmen und es wird dadurch auch kein neues Karma zwischen uns entstehen, das uns zwingt, in einem nächsten Leben wieder eine Beziehung mieinander einzugehen.

Mann: Es ist kindisch, so etwas zu sagen oder zu denken. [Er hält inne und denkt über Jons Bitte nach.] Also gut, ich werde dir deinen Wunsch erfüllen – aber nur, wenn es auch Liebe zwischen uns gibt.

»Und so war es tatsächlich. Wir haben uns sehr geliebt«, erklärte Jon mir später.

»Jetzt sehe ich andere Menschen«, fuhr Staci fort. »Der Mann dreht sich um und redet mit anderen Leuten. Er vereinbart mit einem anderen Mann, sich bei ihm mit HIV anzustecken. Er spricht mit einer Gruppe von Seelen, die später alle die gleiche Krankheit bekommen werden – nicht nur, um selber etwas daraus zu lernen, sondern auch, um ihren Eltern und anderen Menschen der älteren Generation Toleranz und bedingungslose Liebe beizubringen. Was hier geplant wird, geht weit über die persönlichen Probleme eines einzelnen Menschen hinaus. Ich sehe, wie der Mann sich jetzt wieder an Jon wendet.«

Mann: Aus dieser Krankheit können wir nicht nur persönlich etwas lernen. Wir können dadurch einer ganzen Generation eine wichtige Lektion erteilen. Es ist eine Chance für sie, neue Erfahrungen zu machen, etwas zu lernen und innerlich zu wachsen.

Jon: Ja, das stimmt. Aber ich brauche diese Erfahrung auch für mich selbst. Ich muss lernen, in meinem Beziehungsleben vernünftiger zu handeln. Und ich muss meinen Widerstand gegen Veränderungen aufgeben.

Nun wurde mir klar, auf welch großes Unterfangen Jons Seelenfamilie sich da eingelassen hatte. Sie nahmen diese Krankheit im Interesse aller Menschen auf sich. Sie wollten der Menschheit dienen, indem sie mehr Toleranz in der Welt hervorriefen. Sie waren bereit, die negativen Werturteile der Gesellschaft zu ertragen, damit ihre Mitmenschen dadurch vielleicht lernten, ihr wahres Wesen – bedingungslose Liebe – zu erkennen und sich dementsprechend zu verhalten.

Staci und ihr Geistführer hatten uns eine sehr genaue Vorstellung davon vermittelt, wie und warum eine Seele vor ihrer Geburt plant, sich mit HIV anzustecken. Ob es wohl auch Menschen gibt, die diese Krankheit bekommen, ohne das vorher geplant zu haben, fragte ich mich. Und wenn ja: Welche Rolle spielt die Seele in solchen Fällen?

»Ein Freund von mir ist an AIDS gestorben, ohne das schon vor seiner Geburt vorgehabt zu haben«, antwortete Staci. »Er hat sich dieses Schicksal erst später ausgesucht.«

»Auf der Ebene der Seele oder der Persönlichkeit?«, fragte ich.

»Auf der Seelenebene. Aber er entschloss sich erst dazu, als er sich bereits in einem physischen Körper befand.«

»Die Seele wollte also ihre Energie aus dieser Inkarnation herausziehen?«

»Genau.«

»Und warum?«

»Mein Freund hatte sich schon seit seiner Geburt ungeliebt gefühlt. Aber er wollte sich nicht einfach umbringen. Er wollte an AIDS sterben, weil seine Mitmenschen ihm dann sehr viel Liebe und Aufmerksamkeit schenken würden. Sein höheres Selbst [seine Seele] stimmte diesem Plan zu. Denn seine Persönlichkeit war so traurig – so voller Kummer und unfähig, zu vergeben. Für seine Seele war es die einfachste Lösung, dieses Leben zu beenden.«

»Wie bringt die Seele eine Persönlichkeit dazu, sich mit HIV anzustecken?«, fragte ich.

»Dieser Mann hat sich ohnehin schon so verhalten, dass er jede Menge Möglichkeiten hatte, sich anzustecken – bei verschiedenen Partnern«, erklärte Staci.

Ich begriff immer noch nicht ganz, wie so etwas abläuft. »Das klingt so, als hätte seine Seele Kontrolle darüber gehabt, ob der Mensch AIDS bekommt oder nicht. Wie kann eine Seele so etwas steuern?«

»Nachts, wenn wir schlafen, passiert auf der Seelenebene ziemlich viel. Dieser Entschluss ist entstanden, als der Mann schlief.«

»Mit anderen Worten: Die Persönlichkeit tritt nachts in ihren Lichtkörper ein, trifft sich mit ihrer Seele und bespricht mit ihr, dass sie im Wachzustand etwas tun wird, um AIDS zu bekommen?« *Lichtkörper* ist die Bezeichnung für die äußere Erscheinung, die wir annehmen, wenn wir uns in der geistigen Welt befinden – denn dieser Körper besteht tatsächlich nur aus Licht.

»Ja«, sagte Staci.

»Gibt es außer dem, was wir mit Jon besprochen haben, auch noch andere wichtige Gründe, warum eine Seele sich vornehmen könnte, in ihrer nächsten Inkarnation eine bestimmte Krankheit zu bekommen?«

An dieser Stelle verlangsamte sich Stacis Redefluss, und sie klang nachdenklich. Zum ersten Mal in dieser Sitzung sprach ihr Geistführer direkt durch sie. Es war, als wisse er, dass die Sitzung jetzt zum Ende kam, und würde noch ein paar abschließende Bemerkungen dazu machen wollen.

»Es gibt viele [Gründe]«, sagte er. »Durch eine schwere Krankheit kann man sich und seine Überzeugungen und Werturteile von Grund auf ändern. Manchmal gleichen Seelen durch eine solche Erkrankung aber auch ihr Karma aus.«

»Welche Botschaft würdest du einem Menschen, der krank ist oder einen Kranken pflegt und den tieferen Sinn dieses Leidens begreifen möchte, mit auf den Weg geben?«, fragte ich.

»Ich würde solchen Menschen raten, sehr liebevoll mit dieser Situation umzugehen. Denn auch wenn so ein Schicksal für den Kranken oder die pflegende Person eine schwere Bürde sein mag, so ist es doch ein Schritt weiter nach oben auf der seelischen Entwicklungsleiter.«

Jon hatte einen hervorragenden Lebensplan entwickelt. Wie alle Seelen konnte er sich aussuchen, wann und wo er sich auf der Erde inkarnieren wollte; und er hatte Ort und Zeitpunkt so geschickt gewählt, dass sein persönliches Ausgestoßensein aus der Gesellschaft ihm in der Außenwelt durch die soziale Ächtung der Schwarzen widergespiegelt wurde. Dass er ausgerechnet in einer Zeit ausgeprägter Rassenintoleranz in den Südstaaten zur Welt kam, ermöglichte ihm eine tiefe Erkenntnis dessen, was Schande bedeutet – und so konnte er sich schließlich davon heilen.

Jon hätte sich keine schwierigeren Lebensumstände aussuchen können. Als Heimatort hatte er eine Kleinstadt gewählt, in der man unmöglich anonym bleiben kann. Also war er gezwungen, seine sexuellen Neigungen zu verheimlichen. Er hatte beschlossen, sich mit Menschen zu umgeben, in deren religiösen Überzeugungen kein Platz für Homosexualität war. Und er hatte Eltern (Angehörige seiner Seelenfamilie) gewählt, die auf ihn und seine Sexualität herabschauten. Zusätzlich zu all diesen Problemen hatte er sich dann auch noch eine Krankheit ausgesucht, die einen Menschen mehr stigmatisiert als jede andere: AIDS. Jon hatte sein Lebensgemälde wirklich nicht gerade in den rosigsten Farben entworfen, sondern seinen ganzen Mut zusammengenommen und mit kräftigen, oft auch grellen Farbtönen ein dramatisches Bild gezeichnet, durch das ihm die Schönheit seiner Seele wieder zu Bewusstsein kommen sollte.

Jons Eltern sind nicht weniger edle, liebevolle Seelen als er selbst. Sie haben die Rollen, die er ihnen vorgab, nur widerwillig gespielt – aus Liebe zu ihm. Die gleiche Liebe trieb einen seiner Partner dazu, eine ähnlich unliebsame Rolle zu akzeptieren. In Wirklichkeit bestehen die Seelen von Jons intolerantem Vater, der Mutter, die ihn abwertete, und dem Partner, der ihn demütigte, nur aus Liebe. Und deshalb ging es auch in den vorgeburtlichen Planungsgesprächen dieser Menschen hauptsächlich um Liebe – Liebe als Motiv und als Erfahrung. Wenn Jon später in der Geisterwelt wieder mit diesen Seelen vereint ist, wird er sich bei ihnen dafür bedanken, dass sie ihre Rollen so gut gespielt haben.

Die geistige Welt ist Liebe. Das Universum ist Liebe. Wir sind Liebe. Wenn wir über unser persönliches Ich hinausschauen und die unsterbliche Seele in unserem Inneren erkennen, wird uns wieder bewusst, wer wir eigentlich sind. Der vorübergehende Verlust dieser Identität, ihr späterer Wiedergewinn und der krasse Gegensatz zwischen diesen beiden Zuständen ermöglichen der Seele eine tiefere Erkenntnis und Wertschätzung ihrer selbst. Ohne physische Inkarnation könnte sie dieses intensive »Kontrastprogramm« niemals erfahren.

Eine solche Erfahrung kommt unserer ganzen Seelenfamilie zugute. Wenn Jon nach dieser Inkarnation wieder zu seiner Seelengruppe zurückkehrt, wird er das Gefühl der Scham und Schande am eigenen Leib erfahren haben, und er wird auch den Kontrast zwischen diesen Emotionen und der wahren Erhabenheit seiner Seele kennen. An dieser Weisheit wird er alle Mitglieder seiner Seelenfamilie teilhaben lassen. Gemeinsam werden sie dadurch in ihrer Evolutionsspirale ein Stück weiter nach oben getragen. Das Leid, das Jon auf der Erde erleben muss, ist nur etwas Vorübergehendes; doch die Weisheit, die er daraus für sich und seine Seelenfamilie gewinnen wird, währt ewig.

Jons Prüfstein in diesem Leben ist seine Fähigkeit, sich selbst zu verzeihen. Natürlich muss er auch seinen Mitmenschen ihre Intoleranz vergeben; doch noch schwerer wird es ihm fallen, sich selbst zu verzeihen, dass er tatsächlich geglaubt hat, was die anderen Leute zu ihm und über ihn sagten. Als Jon von seiner HIV-Infektion erfuhr, kam ihm spontan der Gedanke, diese Krankheit verdient zu haben – so groß war das Gefühl der Schande, das seine Mitmenschen ihm eingeredet hatten. Erst durch seine Nahtoderfahrung wurde ihm klar, dass er leben wollte und das auch verdient hatte. Vor diesem einschneidenden Erlebnis hatte er überhaupt kein Selbstwertgefühl. Doch jetzt leitete er sein Selbstbild nicht mehr aus den harten Worten seines Vaters, den Werturteilen seiner Lehrer und Klassenkameraden oder den demütigenden Worten verflossener Liebhaber ab. Und er definierte sich auch nicht mehr über seine AIDS-Erkrankung. Unsere Heilungsreise führt stets über die Erinnerung. Aus der Begegnung mit der nichtphysischen Dimension während seiner Nahtoderfahrung war Jon eine intuitive Erinnerung an seinen wahren Wert erwachsen; und dieser Wert lässt sich nicht an äußeren Kriterien wie Krankheit oder sexueller Vorliebe messen. Nur wenn wir uns tapfer in den Abgrund der Finsternis stürzen, können wir das Licht verstehen und lieben lernen.

Die Finsternis, die wir auf der physischen Ebene erleben, entsteht zu einem großen Teil durch unseren Glauben, dass wir Einzelindividuen sind, von allen anderen Menschen und von der geistigen Welt getrennt. Oder wie Jons Engel es ausgedrückt hat: Wir identifizieren uns ausschließlich mit unserem physischen Körper. Ohne diese Illusion könnten wir aus unserer physischen Inkarnation nicht so viel lernen. Wenn wir dieses Gefühl des Getrenntseins nicht hätten, würde unserem irdischen Leben der Ernst fehlen, den wir brauchen, um unsere Lektionen daraus zu ziehen; und wir wären dann auch nicht so motiviert, die Schulbank des Lebens zu drücken.

Durch seine Krankheitserfahrung gibt Jon uns allen die Chance, unser wahres Selbst zum Vorschein treten zu lassen. Dieses Geschenk erhalten wir meistens gerade von den Menschen, über die wir am härtesten urteilen. Der Alkoholiker, der Drogensüchtige, der AIDS-Kranke – sie alle ermöglichen es uns, über die Werturteile unserer Persönlichkeit hinauszuwachsen und ein Vorbild der Toleranz und des Mitgefühls zu werden. Jon und andere Mitglieder seiner Seelenfamilie haben die bittere Erfahrung, an AIDS zu erkranken, teilweise aus rein selbstlosen Motiven auf sich genommen: um der Gesellschaft den Weg zu den göttlichen Tugenden zu zeigen. Statt solche Menschen zu verurteilen, sollten wir ihnen dankbar dafür sein, was wir von ihnen lernen dürfen. AIDS oder eine andere schwere Lebenssituation auf sich zu nehmen, um anderen Menschen dadurch etwas beizubringen, ist ein Akt der Selbstlosigkeit. Manchmal schaffen wir dadurch einen Ausgleich zu früheren Leben, in denen wir uns egoistisch verhalten haben. Stets aber handeln wir aus Liebe.

Allen unseren Mitmenschen Liebe entgegenzubringen, ist unsere wichtigste Aufgabe im Leben. Sobald wir erkennen, dass unsere Persönlichkeit nur ein Kleid ist, das wir vorübergehend tragen, erwachen wir aus unserer selbstgewählten Amnesie. Jon hat dieses Kleid abgelegt und die liebevolle unsterbliche Seele zutage gefördert, die darunter verborgen liegt.

Doris

Wie Jon litt auch Doris an einer furchtbaren Erkrankung: Brustkrebs. Diese Krankheit hat ähnliche Ursachen und spielt auch eine ähnliche Rolle für unser inneres Wachstum wie AIDS. Genau wie Jons HIV-Infektion ist Doris' Krebserkrankung durch selbstabwertende Gedanken und Gefühle entstanden. Ihre Krankheit spiegelte diesen beiden Menschen also Seiten ihrer Persönlichkeit wider, die der Heilung bedurften.

Als ich Doris' Geschichte aufschrieb, hatte ich erst ein paar Tage zuvor erfahren, dass auch eine gute Freundin von mir an Brustkrebs erkrankt war. Zwar sind ihre Heilungsaussichten recht gut; doch zu der Zeit litt sie sehr unter der Chemotherapie. Als ich von der Krankheit meiner Freundin erfuhr, wünschte ich mir noch sehnlicher als zuvor, begreifen zu können, warum uns immer wieder so furchtbare Schicksalsschläge treffen müssen. Hatte Doris sich womöglich ebenso wie Jon schon vor ihrer Geburt entschlossen, schwer krank zu werden? Wenn ja, warum? Und wenn nicht: Lieferte Doris' vorgeburtliche Lebensplanung vielleicht eine Erklärung dafür, warum sie Krebs bekommen hatte und wie das ihr inneres Wachstum fördern könnte?

Doris' Geschichte

»Manchmal berührte sie mich ganz sanft und liebevoll; und in der nächsten Sekunde versetzte sie mir so einen heftigen Schlag, dass es mir fast das Genick brach.«

So beschrieb Doris ihre Mutter, die Alkoholikerin war.

Im Alter von sechzehn Jahren hatte sie ein wesentliches Schlüsselerlebnis mit ihrer Mutter: Neugierig und unerfahren, wie sie damals noch war, hatte Doris zusammen mit ihren Freundinnen ein Päckchen Kondome gekauft, sie in Doris' Zimmer ausgepackt und damit herumgespielt. Schließlich hatten die Mädchen das Päckchen in Doris' Kommode gelegt und nicht weiter daran gedacht.

Als Doris ein paar Tage später aus der Schule kam, fand sie ihre Mutter betrunken in ihrem Zimmer. »Sie hatte meine ganze Wäsche aus der Kommode gerissen«, erzählte Doris. »Fünf Schubladen lagen auf dem Boden und Mutter stand in dramatischer Pose vor der sechsten. Dann riss sie auch diese Schublade heraus und hielt mir das Päckchen mit den Kondomen unter die Nase: ›*Wo hast du das her, du Nutte?*‹« Noch Wochen danach beschimpfte die Mutter Doris als »Flittchen« und »Schlampe«.

»Damals war ich noch Jungfrau«, sagte Doris traurig. »Doch nach diesem Erlebnis warf ich mich dem erstbesten Jungen an den Hals, nur um meine Unschuld loszuwerden. Ich hatte das Gefühl, sie nicht verdient zu haben. Meine Mutter hatte mir das Gefühl vermittelt, dass ich zu nichts anderem taugte als zum Sexobjekt.«

Doris hatte auch noch andere abfällige Bemerkungen ihrer Mutter verinnerlicht: Zwar hatte sie als junges Mädchen immer eine recht üppige Figur gehabt, war aber nie übergewichtig gewesen. Trotzdem bezeichnete ihre Mutter sie stets als dick und unattraktiv – und Doris glaubte ihr. Ehe sie aufs College ging, empfahl die Mutter ihr, sich die Brüste verkleinern zu lassen: »Dann würdest du wenigstens nicht mehr so komisch aussehen.«

»Man wusste nie, was ihr als Nächstes einfallen würde«, seufzte Doris. Doch nicht nur die boshaften Bemerkungen ihrer Mutter trugen dazu bei, dass sie sich ihrer Familie entfremdet fühlte; auch ihre jüdische Religion war ein Problem für sie. »Ich hatte immer irgendwie das Gefühl, ›im falschen Film‹ zu sein. Ich fühlte mich in dieser Religion einfach nicht zu Hause.«

Das wunderte mich. Warum sollte ein junges Mädchen sich in der einzigen Religionsgemeinschaft, die es je kennengelernt hatte, so fehl am Platz fühlen? Doris hatte nie erwähnt, dass ihre Eltern ihr bestimmte religiöse Überzeugungen oder Traditionen des jüdischen Glaubens aufgezwungen hätten. Doch bald sollte ich die Lösung dieses Rätsels erfahren.

Doris war Mitte dreißig, als bei ihr zum ersten Mal Brustkrebs diagnostiziert wurde. »Ich ging zu meiner Mitbewohnerin in die Küche und sagte: ›Ich habe Krebs‹«, erinnert sie sich. »Meine Freundin ließ das Glas, das sie gerade in der Hand hielt, in die Spüle fallen, es zersprang klirrend in tausend Stücke. Dann eilte sie zu mir hinüber und nahm mich in den Arm. Wir konnten es beide nicht fassen.

Ich wusste, dass ich nicht daran sterben würde«, setzte sie nüchtern hinzu. Auch diese Bemerkung versetzte mich in Erstaunen. Wie konnte sie sich ihrer Sache so sicher sein? Auch auf diese Frage sollte ich bald eine Antwort bekommen.

Der Tumor wurde entfernt, und Doris erhielt eine Strahlentherapie. Im Operationssaal scherzte sie mit dem Arzt und bat die OP-Schwester, ihren Lieblings-Radiosender einzustellen.

Nach der Operation glaubte Doris, den Krebs überstanden zu haben. Doch sie hatte sich getäuscht. Zwölf Jahre später war er wieder da – diesmal in beiden Brüsten.

»Ich hatte mich bis zu diesem Zeitpunkt noch immer nicht mit meinem negativen Selbstbild und den Problemen mit meiner Sexualität auseinandergesetzt«, gab sie zu. »Nach wie vor neigte ich dazu, mich selbst abzuwerten. Dabei war ich inzwischen eine erfolgreiche Buchautorin und hatte die ganze

Welt bereist. Aber trotzdem war da immer noch diese leise Stimme in meinem Inneren …«

Die Ärzte erklärten Doris, dass sie ihr beide Brüste abnehmen müssten. Erst ein paar Tage später wurde ihr richtig klar, was das bedeutete. »Da kam der psychische Zusammenbruch«, gab sie zu. »Plötzlich ging mir der Satz durch den Kopf: ›*Sie werden dir die Brüste wegschneiden.*‹ Ich geriet in Panik und weinte.« Doch trotz ihrer Ängste um ihre eigene Gesundheit schaffte sie es immer noch, andere Frauen, die in der gleichen Lage waren wie sie, zu trösten.

Nach der Amputation ihrer Brüste fühlte sie sich sehr erleichtert. »Jetzt brauchte ich mir wenigstens keine Sorgen mehr zu machen. Ich musste nicht mehr in panischer Angst auf das Ergebnis der nächsten Mammografie warten.« Zwar war ihr ihre neue, eher knabenhafte Figur anfangs ein bisschen unheimlich. Aber ihr Mann beruhigte sie: »Jetzt siehst du wie ein Mädchen aus, Schatz. Für mich ist das okay.« Und sie selbst findet das im Nachhinein auch: »Die neuen, viel kleineren Brüste passen viel besser zu meiner Figur. Alle Qualen, die ich früher wegen meines zu großen Busens ausgestanden hatte, sind jetzt vorbei.«

Eine noch positivere Einstellung zu sich selbst gewann Doris, als sie erfuhr, wie viele Menschen für sie gebetet hatten. Sie bekam eine Flut von E-Mails und Briefen mit liebevollen, ermutigenden Worten, in denen sie erfuhr, wie sehr sie andere Leute mit ihrer Tapferkeit inspiriert hatte.

»Das war ein eindeutiger Beweis dafür, wie vielen Menschen ich mit meinem Lebensweg Mut gemacht hatte«, freute sie sich. »Jetzt konnte ich nicht mehr leugnen, dass ich ein wertvoller Mensch war. Wahrscheinlich musste es erst mal so weit kommen, dass ich Brustkrebs bekam«, meinte sie. Erst jetzt sah sie, wie viele Chancen ihre Krankheit ihr geboten hat, innerlich zu wachsen und heil zu werden. »Früher hatte ich immer eine sehr negative Einstellung zum Thema ›Frauen-Power‹«, erzählte sie. »Ich hielt nichts davon, wohl weil ich kein Vertrauen zu Frauen hatte. Ich habe nie gelernt, die typisch weiblichen Spielchen zu spielen, mit denen man Männer um den Finger wickelt – ich hasse so etwas. Und ich mag auch keine schönen Kleider und kein Make-up. Wenn ich auf die Toilette gehe, toupiere ich mir nicht die Haare und ziehe mir auch nicht den Lippenstift nach. Aber als ich krank war, brauchte ich Unterstützung von anderen Leidensgenossinnen. Und da ist mir zum ersten Mal klar geworden, wie viel Kraft in uns Frauen steckt.«

»Was hast du durch deine Krankheit über dich selbst erfahren?«, fragte ich.

»Ich bin ein ziemlich zäher Brocken, habe aber jede Menge Mitgefühl mit dem Leid anderer Menschen. Ich spüre sehr klar, was es bedeutet, Mensch zu sein, und kann auch sehr gut mit den menschlichen Erfahrungen umgehen. Und ich bin dankbar für meine Gabe, auf andere Frauen zuzugehen und ihnen zu sagen: ›Na, komm schon. Wenn ich das geschafft habe, schaffst du es auch.‹ Ich habe mich nie als Opfer meines Brustkrebses gefühlt. Ich hatte immer irgendwie das Gefühl, mir diese Krankheit ausgesucht zu haben, ich habe stets nach den positiven Seiten dieser Erfahrung gesucht.«

»Was würdest du einer Frau empfehlen, die Brustkrebs hat?«

»Wenn ich anderen Leuten schildere, wie mir beide Brüste abgenommen und anschließend wieder aufgebaut wurden, sage ich immer: ›Es hat sechs Stunden gedauert: drei für den Abriss des alten Gemäuers und drei für den Neubau.‹ Bei dieser Beschreibung fangen die meisten Leute an zu lachen. Ich würde einer Brustkrebspatientin raten: Entdecke den Humor in deiner Situation. Geh spielerisch damit um. Es steht nirgends geschrieben, dass man sein Elend auskosten muss bis zum letzten Tropfen.«

Ich hatte Doris teilweise deshalb als Interviewpartnerin gewählt, weil sie die Gabe der Hellhörigkeit besitzt. Ich hoffte, dass sie mir Informationen über ihren vorgeburtlichen Lebensplan liefern würde. Trotzdem überraschte es mich, mit welcher Selbstverständlichkeit sie während unseres Gesprächs von ihren übersinnlichen Fähigkeiten Gebrauch machte. Eigentlich hatte ich damit gerechnet, dass Doris dabei Worte ihrer Geistführer wiedergeben würde. Stattdessen fiel sie sofort in Trance und begann zu channeln. Noch mehr staunte ich, als ich erfuhr, welches Geistwesen durch sie sprach. Das gechannelte Wesen strahlte eine große Autorität aus. Schon bei den ersten Worten änderte sich Doris' Sprechweise und ich spürte, dass plötzlich eine sehr viel intensivere Energie in ihren Worten mitschwang. Es war klar, dass Doris' persönliches Ich verschwunden war. An seine Stelle war ein neues Bewusstsein getreten, das ich vorläufig noch nicht identifizieren konnte.

Doris' Channeling-Sitzung

»Diese Seele [Doris] hatte große Angst vor ihrer eigenen Kraft und davor, erfolgreich zu sein«, erklärte das gechannelte Geistwesen. »Und wenn diese beiden Dinge zusammenkommen, kann die Situation schon ziemlich schwierig werden. In einem weiblichen Körper ist so etwas noch schwerer zu verkraften als in einem männlichen. Als diese Seele [in früheren Existenzen] in männlichen Körpern lebte, war sie meistens ein ziemlicher Macho-Typ und glaubte an die absolute Überlegenheit des Mannes. Und so hat sich auf beiden Seiten der Gleichung ein ziemlich problematisches sexuelles Karma angesammelt. Immer wenn diese Seele in einem männlichen Körper steckte, hatte sie keinen Respekt vor Frauen und gestand ihnen keinen Anspruch auf Gleichberechtigung zu. Wenn sie sich dann wieder in einem weiblichen Körper inkarnierte, wurde Sexualität zum wichtigsten Verteidigungsmechanismus: Sex als Waffe, Sex als Trumpfkarte.

In ihrem jetzigen Leben haben wir dieser Seele bewusst ein paar Stolpersteine in den Weg gelegt. Ihre körperliche Gestalt war ausgesprochen weiblich – fast schon ein Superweib. Die Mutter-Tochter-Beziehung haben wir absichtlich so konstelliert, dass die Mutter sehr eifersüchtig auf ihre Tochter war. Sie stellte Doris' Seele auf die Probe, indem sie ihre Tochter beschuldigte, ein Flittchen zu sein, obwohl sie in Wirklichkeit noch Jungfrau war. In diesem Augenblick hätte das Pendel in jede Richtung ausschlagen können. Das Mädchen hätte zum Beispiel jahrelang Jungfrau bleiben können, um ihrer Mutter zu beweisen, dass sie Unrecht hatte. Doch sie tat genau das Gegenteil: Unbewusst glaubte sie, ihre Mutter müsse irgendetwas Geheimnisvolles über sie wissen, wovon sie selbst keine Ahnung hatte. Von diesem Augenblick an benutzte Doris ihre Weiblichkeit als Trumpfkarte – als einzige Tauschware, über die sie Kontrolle zu haben glaubte.

Dadurch entwickelte sie ein sehr negatives Selbstbild. Und schon kam die nächste Feuerprobe auf sie zu: das Thema ›Macht und Erfolg‹. Doris bildete sich ein, nicht erfolgreich sein zu können, ohne ihren Sex auszuspielen. Ihre Krebserkrankung manifestierte sich als extreme Form dessen, was passiert, wenn wir uns dagegen wehren, unsere sexuelle Energie in einer ausgewogenen Form zu leben.

Doris wusste, dass sie an ihrer ersten Krebserkrankung nicht sterben würde, und hatte daher auch kaum Angst vor der Operation und der Bestrahlung. Doch ihr Ekel vor sich selbst und die Probleme mit ihrem Selbstwertgefühl verschwanden dadurch nicht. Deshalb führten wir noch eine zweite Krebserkrankung herbei, die sie zwar in eine tiefe Glaubenskrise stürzte; doch alles in allem hat sie die Sache gut überstanden.

Als ihr Abscheu vor sich selbst mit zunehmendem Alter immer mehr wuchs, beschlossen wir, dass ihre Brüste – diese Objekte des Spottes und Schmerzes – lieber verschwinden sollten, damit sie sich ungehindert ihrer Lebensaufgabe widmen konnte. Deshalb erhielt Doris die [zweite] Diagnose, und ihr Arzt hielt es jetzt für das Beste, ihr die Brüste abzunehmen. Zum Glück hat sie sehr positiv darauf reagiert.«

Bei den Channeling-Sitzungen für dieses Buch habe ich immer wieder festgestellt, dass jedes Geistwesen eine eigene Energie hat. Dieses Wesen strahlte eine große innere Stärke aus. Es kannte die übergeordneten Zusammenhänge von Doris' Leben und stellte sie mit einer gewissen emotionalen Distanz dar; doch gleichzeitig hörte ich sehr viel Liebe und Fürsorge aus seinen Worten heraus. Eines wurde mir dabei ganz klar: Doris' Körper hatte auf ihr negatives Selbstbild reagiert und war deshalb an Krebs erkrankt. Unsere Zellen hören unsere Gedanken und richten sich danach.

Hätte ich weniger Erfahrung mit dieser Thematik gehabt, so hätte ich vielleicht geglaubt, der Brustkrebs sei die Strafe dafür, dass Doris ihrer Mutter geglaubt oder sich dagegen gewehrt hatte, »ihre sexuelle Energie in einer ausgewogenen Form zu leben«. Doch da ich schon etliche Channeling-Gespräche dieser Art geführt hatte, wusste ich, dass das nicht stimmte. Was sich aus der Perspektive des persönlichen Ichs wie eine Strafe anfühlt, ist aus der Sicht der Seele eine Chance zu innerem Wachstum und Selbstheilung.

Dass das gechannelte Geistwesen von *Prüfungen* oder *Feuerproben* gesprochen hatte, deutete darauf hin, dass Doris' Lebenskrisen größtenteils schon vor ihrer Geburt geplant gewesen waren. Ich wusste nur noch nicht, warum. Doch jetzt wollte ich erst einmal erfahren, wer dieses Geistwesen eigentlich war.

»Du hast öfters in der Wir-Form gesprochen«, sagte ich. »Wer ist ›wir‹?«

»Wir sind eine Überseele. Wir umfassen sämliche Persönlichkeiten von Doris. Diese Persönlichkeiten sterben nicht. Sie sind wie ein großer Chor. Dieses Buch der Persönlichkeiten blättern wir zusammen mit unseren Geistführern durch, wenn wir das nächste Erdenleben planen.«

Da ich wusste, dass eine Seele sämtliche Persönlichkeiten aus allen Inkarnationen umfasst, begriff ich, dass dieses Geistwesen das Wort *Überseele* als Synonym für Seele verwendete. Das verblüffte mich; denn ich hatte es nie für möglich gehalten, dass Doris tatsächlich ihre Seele channeln konnte. Damit bot sie uns eine wunderbare Chance, direkt mit einer Seele über vorgeburtliche Planung zu sprechen. Daher ging ich in meiner nächsten Frage auf den tieferen Sinn von Doris' Brustkrebs ein.

»Um ihre Krebserkrankung zu vermeiden, hätte Doris also lernen müssen, sich selbst zu lieben und zu einem ausgewogenen, harmonischen Ausdruck ihrer sexuellen Energie zu finden. Ist das richtig?«, fragte ich.

»Genau. Und sie hätte auch ihre weibliche Gestalt akzeptieren müssen, statt sie innerlich abzulehnen.«

»Was für Ereignisse waren in ihrem Leben geplant, aus denen sie das hätte lernen können?«

»Das Schlüsselerlebnis war die Szene mit ihrer alkoholkranken Mutter im Alter von sechzehn Jahren. Damals war ihr Karma noch neutral. Doch sie akzeptierte die Definition ihrer Mutter: dass sie eine Nutte und nichts wert war. Damit schlug sie einen Weg ein, der ihr bereits aus früheren Inkarnationen bekannt war. Sie versuchte gar nicht erst herauszufinden, ob ihre Mutter nicht vielleicht doch Unrecht hatte.«

»Hatte sie auch dieses Ereignis schon vor ihrer Geburt gemeinsam mit der Seele ihrer Mutter geplant?«

»Ja.«

Damit bestätigte Doris' Seele mir etwas, was ich schon oft erlebt habe, auch in Jons Geschichte: Gerade diejenigen Menschen, die uns das Leben am schwersten machen, tun das in Wirklichkeit uns zuliebe. Wir einigen uns schon vor der Geburt auf diese Rollen, und die Seele, die für uns den »Folterknecht« spielt, tut das in Wirklichkeit nur aus Liebe und zögert oft sogar ihren eigenen Lernprozess hinaus, um uns diese Erfahrung zu ermöglichen, die wir für unser inneres Wachstum so dringend brauchen.

»Warum habt ihr gerade diese drei Lektionen für Doris ausgewählt?«, fragte ich.

»Diese Seele hat sehr viele positive Eigenschaften als Lehrer und Führer. Doch wie gesagt: Wenn sie in einer männlichen Inkarnation zur Welt kommt, stempelt sie das weibliche Geschlecht oft als minderwertig ab. Ihr Mangel an Selbstliebe ist ein geringeres Problem, das in männlichen Inkarnationen nicht so sehr zum Tragen kommt. Wir wollen, dass diese Seele sich in ihren nächsten drei bis vier Inkarnationen von ihren karmischen Verstrickungen befreit. Deshalb haben wir ihr jetziges Leben mit ziemlich vielen schwierigen Situationen vollgepackt.«

»Ihr sagt, ihr hättet die beiden Brustkrebserkrankungen herbeigeführt. Wie habt ihr das gemacht?«

»Wir setzten bestimmte Parameter in Bewegung. Du musst dir das so vorstellen wie einen Hebel in einem fein austarierten Gerät. Wir haben ein Gewicht an diesen Hebel gehängt. Durch positive Gedanken und Akzeptieren des eigenen Geschlechts hätte dieses Gewicht an seinem Platz bleiben können. Doch durch negative Gedanken und Gefühle kam es in Bewegung. Diese selbstzerstörerischen Gedanken und Emotionen veränderten das biochemische Gleichgewicht ihres Körpers und haben den Krebs überhaupt erst ermöglicht.«

»Ich glaube, ihr seid mit diesem Plan ein großes Risiko eingegangen; denn Doris hätte ja schließlich auch wütend und verbittert auf ihren Brustkrebs reagieren können.«

»Man kann eine Prüfung im Leben nicht einfach bestehen oder durchfallen. Man entscheidet sich lediglich für eine bestimmte Lektion. Wir hätten sämtliche Möglichkeiten akzeptiert – und keine davon wäre falsch gewesen.«

Diese Sichtweise sollte mir während meiner Arbeit an diesem Buch noch oft begegnen. Aus der Sicht der Seele ist kein Ereignis und keine Handlung »gut« oder »schlecht«. Es sind einfach nur Erfahrungen, die wir machen, und jede Erfahrung lehrt uns etwas und gibt uns die Möglichkeit, uns weiterzuentwickeln.

»Wenn ihr ein solches Leben plant, seht ihr auch, welchen Weg die Seele höchstwahrscheinlich einschlagen wird, nicht wahr?«

»Ja. Wir sehen gewissermaßen die ›Hauptstraße‹. Und wir sehen auch mögliche Auswege, Nebensträßchen und Umleitungen. Das alles gehört zum Weg der Seele. Aber sie braucht nicht alle diese Straßen zu befahren.«

»Habt ihr auch Szenen aus früheren Existenzen gesehen, in denen Doris weniger positiv auf solche Herausforderungen reagierte als in ihrem jetzigen Leben?«

»Ja«, erwiderte Doris' Seele. »Und deshalb gab es in Wirklichkeit auch gar kein Risiko. Was in der einen Dimension nicht geschieht, wird später – falls notwendig – in anderen Dimensionen nachgeholt.«

»Handelt es sich dabei um physische Dimensionen?«

»Es handelt sich um reale Dimensionen. Du kannst sie wahrscheinlich nicht mit den Händen berühren. Trotzdem sind sie genauso real wie die Erdebene.«

»Gibt es denn für jede Entscheidung, die eine Person trifft, eine andere Dimension? Dann stünden uns ja unendlich viele Dimensionen und Entscheidungsmöglichkeiten offen.«

»Meinst du, dass das Universum nicht groß genug dafür ist?«

»Doch«, sagte ich. »Aber wie kannst du als Seele eine unbegrenzte Anzahl von Dimensionen und Entscheidungen erfahren?«

»Wir Seelen betrachten uns als Wesen, die keinerlei Beschränkungen unterworfen sind. Daher gibt es genügend Platz für all diese Dinge. Wenn man sich nicht im Rahmen der [linearen] Zeit bewegt, gibt es keinen Grund zur Eile.«

Damit wollte die Seele mir klarmachen, dass Zeit ein Aspekt unserer physischen Dimension ist: nichts weiter als eine Illusion – eine Möglichkeit, bestimmte Erfahrungen zu machen, die ohne Zeitempfinden nicht möglich wären.

Dass Seelen keinerlei Beschränkungen unterworfen sind, ist eine sehr wichtige Erkenntnis. Gedanken haben tatsächlich eine schöpferische Kraft. In der nicht-physischen Dimension manifestieren sich sämtliche Gedanken sofort; und auch auf der physischen Ebene können Gedanken im Lauf der Zeit physische Realität annehmen, wenn wir sie nur oft und intensiv genug in unserem Kopf herumwälzen. Hinter allen unseren Gedanken stecken bestimmte Überzeugungen – vor allem die Überzeugung, dass wir Begrenzungen unterworfen sind. Wenn wir an unsere eigene Grenzenlosigkeit glauben und uns auf ein bestimmtes Ziel konzentrieren, können wir Berge versetzen.

»Wird die Doris in dieser Dimension von den anderen Aspekten ihrer selbst beeinflusst, die in anderen Dimensionen andere Entscheidungen getroffen haben?«, fragte ich.

»Ja, so etwas ist möglich. Es hängt vom Grad der Bewusstheit einer Person ab. Wenn ein Mensch total in dieser Dimension festgefahren ist, dann ist das so, wie wenn jemand mehrere Wintermäntel übereinander trägt. So eine Persönlichkeit ist unzugänglich für Impulse aus anderen Dimensionen. Menschen, die sich ihrer interdimensionalen Möglichkeiten bewusster sind, können solche Impulse eher empfangen.«

»Kannst du mir ein Beispiel dafür geben, wie diese Doris möglicherweise von einer anderen Doris in einer anderen Dimension beeinflusst wurde, die andere Entscheidungen traf?«

»Als Doris zum ersten Mal von der Diagnose Brustkrebs erfuhr, war ihr klar, dass sie nicht daran sterben würde. Das war ein inneres Wissen: Sie wusste, dass auf der Ebene, auf der sie sich gerade befand, kein Krebstod für sie geplant war.«

»Du hast gesagt, dass Doris in diesem Leben drei Lektionen lernen musste: ihre sexuelle Energie in ausgewogener Form zu leben, ihre weibliche Gestalt zu akzeptieren und sich selbst zu lieben. Inwiefern hat ihre Krebserfahrung ihr dabei geholfen?«

»Durch ihren Krebs hat Doris gelernt, dass Sexualität ein relativ unbedeutendes ›Talent‹ ist, wenn man sich auf seinen Heilungsprozess konzentrieren muss. Denn dann treten andere Qualitäten in den Vordergrund: Mut, Kreativität, Entschlossenheit, Vertrauen zu anderen Menschen und die Fähigkeit, Chancen zu akzeptieren und zu nutzen. Wenn wir innerlich von diesen Eigenschaften erfüllt sind, wird uns Sexualität als Waffe und Werkzeug ziemlich unwichtig.

Zum Thema ›Akzeptieren der weiblichen Gestalt‹: Doris ist inzwischen klar geworden, dass ihre Kurven sie nicht mehr oder weniger weiblich und begehrenswert machen. Deshalb weckt ihr Körper jetzt nicht mehr so intensive Emotionen in ihr.

Außerdem hat sie durch die Bewältigung ihrer Krebserkrankung ihre Gabe entdeckt, andere Menschen innerlich aufzubauen und zu ermutigen. Dadurch hat sie sich mit den Augen jener anderen Menschen gesehen, die von ihrer Güte und Tapferkeit profitieren konnten. Sie hat erkannt, dass sie sehr viele liebenswerte Eigenschaften besitzt.«

»Du hast gesagt, dass Doris in ihren nächsten drei bis vier Inkarnationen ihr ganzes Karma auflösen soll. Und was passiert danach?«, fragte ich.

»Danach wird sie immer noch jede Menge zu tun haben. Dieses Seelenfragment möchte anderen Menschen vieles beibringen.«

»Wird sie das in einer nicht-physischen Dimension tun?«

»Nein, auch das wird immer noch auf physischer Ebene stattfinden. Genauso wie es einfacher ist, in einer sauberen, ordentlichen Umgebung zu studieren, kann man anderen Menschen auch eher etwas beibringen, wenn man nicht ständig durch seine eigenen karmischen Aufgaben davon abgelenkt wird. Irgendwann wird diese Seele ihren Platz als Geistführer in der nicht-physischen Dimension einnehmen. Doch bis dahin hat sie auf der menschlichen Ebene noch vieles zu lernen und viele Erfahrungen zu machen.«

»Stimmt es eigentlich, dass eine Persönlichkeit ihre Lektionen auch auf weniger schmerzliche Weise lernen könnte; und dass die Schwierigkeiten, denen sie auf ihrem Weg begegnet, nur dann größer werden, wenn sie sich weigert, ihren Lernaufgaben ins Auge zu sehen?«

»Oft ist das tatsächlich so, aber nicht immer. Es gibt auch sehr hoch entwickelte Seelen, die sich entscheiden, in ihrem irdischen Leben schwierige Situationen zu bestehen, obwohl sie das aus karmischer Sicht eigentlich nicht müssten. Diese Seelen nehmen das auf sich, um anderen Seelen bei der Bewältigung ihrer karmischen Probleme Denkanstöße zu geben.«

»Das bringt mich als Autor in gewisse Schwierigkeiten«, sagte ich. »Ich weiß nicht, ob es meinen Lesern weiterhelfen wird, wenn ich ihnen sage, dass sie sich selbst in ihre Krebserkrankung oder in andere schwierige Situationen hineinmanövriert haben, weil sie ihre Lektionen nicht rechtzeitig gelernt haben. Aber wenn das tatsächlich so sein sollte, muss ich es auch so schreiben.«

»Eine Lektion zu einem bestimmten Zeitpunkt nicht zu lernen, hat nichts mit Versagen zu tun«, erklärte Doris' Seele. »Man entscheidet sich dann eben einfach, sie auf einem anderen Weg zu meistern.«

»Darf ich auch eine Frage dazu stellen?«, schaltete sich Staci Wells, die bei dieser Sitzung ebenfalls anwesend war, ins Gespräch ein.

»Gerne.«

»Die Seele entscheidet sich ja schon vor ihrer Geburt für bestimmte Lebenslektionen und auch für deren mögliche Resultate. Werden ihr bei ihrer vorgeburtlichen Planung denn nicht auch bestimmte Entscheidungsalternativen und deren Konsequenzen aufgezeigt?«

»Das ist richtig«, bestätigte Doris' Seele. »Während des Planungsstadiums leiden wir noch nicht unter Versagensängsten, weil es da noch keine Trennung gibt. Nur die Menschen glauben an Trennung und an Polaritäten – Ich und Du, Richtig und Falsch. Sie schlagen eine bestimmte Richtung ein, weil sie die andere für weniger gut halten, und glauben, dass sie mit gewissen Schwierigkeiten im Leben kämpfen müssen, weil sie irgendwann einmal eine ›Prüfung‹ nicht bestanden haben. Wir dagegen sagen, dass eine Seele, die die andere, schwierigere Richtung einschlägt, besonders reif, stark und tapfer ist.«

»Mir kommt es so vor«, warf ich ein, »als ob die Seele ihrer Persönlichkeit (die ja ein Teil der Seele ist) im Grunde genommen nur etwas beibringt, was die Seele doch bereits weiß. Nehmen wir zum Beispiel Doris und ihre Lektion der Selbstliebe. Wenn ich es richtig verstanden habe, besteht eine Seele doch nur aus Liebe. Es ist, als ob wir uns etwas beibringen wollten, was wir in Wirklichkeit sowieso schon wissen. Kannst du mir das erklären?«

»Ja«, sagte Doris' Seele. »Die Seele weiß, dass wir alle eins sind, koppelt sich selbst aber davon [von diesem Wissen] ab, um das Gefühl der Trennung zu erfahren – und auf diese Weise den Weg in ihre ursprüngliche Heimat zurückzufinden. Obwohl wir auf Seelenebene wissen, dass wir Liebe sind und geliebt werden, müssen wir erst einmal die Erfahrung der Lieblosigkeit machen, um diese Liebe richtig schätzen zu lernen. Erst dadurch erfahren wir die Liebe zu uns selbst in all ihren Facetten.«

Das erinnerte mich an die Worte des Engels in Jons Geschichte: Jon hatte sich aus demselben Grund dafür entschieden, in ein Umfeld hineingeboren zu werden, in dem es keine Liebe gab. Offensichtlich hatten sowohl Jon als auch Doris einen Lebensplan gewählt, in dem es um »Lernen durch Gegensätze« ging.

»Was passiert eigentlich nach Doris' Tod?«, fragte ich. »Verschmilzt ihre Energie dann wieder mit ihrer Seele, also mit dir, behält aber trotzdem weiterhin ihre Individualität bei?« Diese Schlussfolgerung hatte ich aus anderen Gesprächen mit Wesen aus der geistigen Welt gezogen.

»Ja. Bestimmte Aspekte der Persönlichkeit lösen sich beim Übergang in die Geisterwelt auf. Doch je näher man seiner wahren Seele [während seiner physischen Inkarnation] kommt, umso eher bewahrt man sich auch nach dem Tod seine Persönlichkeit.«

»Kann man denn dann überhaupt sagen, dass jemand in einem früheren Leben eine andere Person war?«

»Bestimmte Fragmente der Seele gehen von einer Persönlichkeit in die nächste über. In diesem [Doris'] Körper lebt zum Beispiel ein ziemlich großes Fragment eines Seelenfunkens weiter, der vor neunzig Jahren im Körper eines deutschen Soldaten inkarniert war.«

Aus meinen Nachforschungen wusste ich, dass eine Seele auch mehrere irdische Inkarnationen gleichzeitig haben kann. »Wie viele Inkarnationen hast du zurzeit?«, fragte ich Doris' Seele deshalb.

»Auf dieser Ebene zwei.«

Da drängte sich mir natürlich die Frage auf, wie viele Leben ihre Seele denn wohl in nicht-physischen Dimensionen führte. »Wie viele Inkarnationen hast du auf anderen Ebenen?«, fragte ich.

»Unendlich viele. Sie werden geboren und sterben, wachsen und vergehen.«

»Wie viel von deiner Zeit (falls ich dieses Wort überhaupt benutzen darf) investierst du dafür, die beiden Persönlichkeiten auf der Erde zu beaufsichtigen und zu führen?«

»Ich stehe ständig mit ihnen in Kontakt. Uns verbindet ein Band der Liebe und des Mitgefühls. Doch Persönlichkeiten sind dazu auf der Welt, möglichst viele Informationen zu sammeln und in die nicht-physische Dimension zurückzubringen.«

»Was hast du sonst noch für Aufgaben?«

»Wir dienen anderen Wesen als Führer und Mentoren. Außerdem streben wir danach, ganz im Absoluten, Göttlichen aufzugehen. In dieser Dimension gibt es viele Erfahrungen, die ein Mensch weder verstehen noch in Worte fassen kann.«

»Hängt deine Weiterentwicklung als Seele davon ab, wie gut deine physischen Persönlichkeiten ihre Lebenslektionen lernen?«

»Es spielt keine Rolle, wie gut sie sie lernen. Es kommt nur darauf an, was für Informationen sie aus der irdischen Dimension auf die nicht-physische Ebene zurückbringen. Je mehr Informationen sie sammeln, umso rascher gelangen wir an das Ziel, um das es uns geht. Diese Beschreibung ist zwar nicht hundertprozentig exakt, aber der Einfachheit halber will ich es einmal so formulieren.«

»Als du dieses Leben für Doris geplant hast, konntest du Ort und Zeitpunkt frei wählen. Ist das richtig?«

»Stimmt. Die Zeit ist ein Netz, keine Linie.«

»Du hättest dich also auch für Atlantis, das alte Ägypten oder die Vereinigten Staaten im Jahr 3000 entscheiden können?«

»Richtig.«

»Hättest du auch einen anderen Planeten wählen können?«

»Ja. Aber wir haben festgestellt, dass die zweibeinige menschliche Gestalt sehr gut zu dieser Seele passt, und deshalb ist die Erde die beste Schule für sie.«

»Ich habe ein paar Eindrücke von Doris' früherer Existenz in Deutschland empfangen«, schaltete Staci sich ein. »Ihre Brustkrebserkrankung in diesem Leben hat ihrer Persönlichkeitsessenz aus der früheren Existenz auch geholfen, Schuld abzubauen.«

»Das stimmt«, bestätigte Doris' Seele. »Es gibt zwei Lektionen aus dieser früheren Inkarnation, die Doris in ihrem jetzigen Leben wieder bearbeitet. Die erste Lernaufgabe ist eine sehr antisemitische Haltung des deutschen Soldaten im früheren Leben. Deshalb wurde die jetzige Persönlichkeit [Doris] in eine jüdische Familie hineingeboren und hatte doch nie wirklich das Gefühl, dort hinzugehören. Erst als sie die Hintergründe dieses Gefühls verstand, konnte sich der karmische Knoten aus ihrem früheren Leben in Deutschland auflösen.

In jener Existenz als Mann hatte Doris übrigens auch große Probleme, eine engere Beziehung zu einer Frau einzugehen. Im Leben des deutschen Soldaten haben drei Frauen eine wichtige Rolle gespielt: Mit Anfang zwanzig lernte er ein Mädchen kennen, das er sehr gern mochte; aber seine Hoffnungen auf eine gemeinsame Zukunft wurden auf grausame Weise zerstört. Später, als Ingenieur in Afrika, hatte er eine kurze, rein sexuelle Beziehung zu einer Afrikanerin; hinterher litt er unter großen Schuldgefühlen und verachtete sich selbst, weil er sich mit einer Frau eingelassen hatte, die nicht seiner Rasse angehörte. Einen Monat bevor er im Krieg fiel, verlobte er sich mit einer dritten Frau. Das Interessante daran ist: Diese Verlobte hatte eine auffallende Ähnlichkeit mit Doris' heutiger Mutter.«

»War diese Persönlichkeit in Deutschland nicht Pilot bei der Luftwaffe?«, fragte Staci.

»Ja«, bestätigte Doris' Seele.

»Doris hat Brustkrebs bekommen, um die Schuld aus ihrem früheren Leben zu tilgen, in dem sie unschuldige Menschen getötet hatte. Solange die Persönlichkeit jenes Soldaten am Leben war, gelang es ihr, ihre Schuldgefühle zu unterdrücken. Doch als sie im Augenblick ihres Todes auf ihr früheres Leben zurückblickte, konnte sie sich diese Taten nicht verzeihen.

Diese emotionale Last ließ sich beim Übergang ins Jenseits nicht vollständig auflösen.«

»Das ist richtig«, stimmte Doris' Seele zu.

Mit diesen Erkenntnissen hatte Staci uns die letzten Puzzleteile geliefert, die noch fehlten, um zu verstehen, warum Doris in ihrem jetzigen Leben eine so leidvolle Erfahrung machen musste. Nur eines interessierte mich noch:

»Was würdest du einer Frau raten, die gerade erfahren hat, dass sie Brustkrebs hat, und in dieser Erkrankung keinen tieferen spirituellen Sinn sieht? Die sich fragt: ›Warum lässt Gott ausgerechnet mich so sehr leiden?‹«

»Es ist alles unsere eigene freie Entscheidung. Und es hängt alles von unserer Wahrnehmung ab. Das heißt natürlich nicht, dass eine Persönlichkeit wegen ihrer Krankheit keine Angst und keinen seelischen Schmerz empfinden darf; doch alles, was uns im Leben widerfährt, selbst die schwerste Erfahrung, kann uns zu einer tieferen Erkenntnis bringen. Durch Brustkrebs können zum Beispiel Menschen in unser Leben treten, die wir niemals kennengelernt hätten, wenn wir gesund geblieben wären. Wir können eine größere Sensibilität für das Leben entwickeln und vielleicht sogar neue Talente und Kräfte in uns entdecken, die wir uns vorher nicht zugetraut hätten. Wenn man Krebs für ein grausames Schicksal hält, kann man ihn nicht überwinden – dann hat man schon von vornherein verloren. Wenn man ihn dagegen aus einer neutralen Perspektive betrachtet, kann man die Lektionen, die er einem vermitteln will, besser begreifen.

Eine Krankheit ist die allerletzte Manifestation emotionaler oder psychischer Probleme. Sie ist nichts weiter als eine Ebene, auf der wir etwas lernen können. Krankheit ist keine Bestrafung und es ist auch niemand daran schuld. Wenn du krank wirst, bedeutet das nicht, dass Gott, dein Geistführer oder deine Engel dich nicht lieben. Krankheit gehört zur menschlichen Existenz, genau wie das Bedürfnis nach Schlaf und die Empfindung von Wärme oder Kälte. Sobald die Menschheit lernt, auf einer höheren Schwingungsebene zu leben, wird es auch weniger Krankheiten geben, weil sie dann ihren Zweck erfüllt haben.«

Doris' vorgeburtliche Planungssitzung

Nach diesem Gespräch mit Doris' Seele bat ich Staci Wells, sich Zugang zu ihrer vorgeburtlichen Planungssitzung zu verschaffen.

»Ich befinde mich in einem Raum mit vielen verschiedenen Seelen«, begann Staci. »Im Augenblick konzentriere ich mich auf Doris und ihre Mutter. Die Mutter erklärt sich bereit, Doris ein Opfer zu bringen: In Wirklichkeit ist sie nämlich eine sehr liebevolle, großmütige Seele. Trotzdem wird sie eine recht unschöne Rolle auf sich nehmen, deren Drehbuch Doris' Seele schon vor der Geburt für sie geschrieben hat: Sie wird harte, kalte Wesenszüge annehmen, um Doris bei der Erreichung ihres Entwicklungsziels zu helfen. Ich höre immer wieder das Wort *Opfer* – als sei die Mutter bereit, dafür die Erreichung eigener wichtiger Ziele auf eine spätere Inkarnation zu verschieben.

Doris erfährt in dieser Sitzung, dass sie als Konsequenz gewisser Entscheidungen, die sie in ihrem kommenden Leben möglicherweise treffen wird, Krebs bekommen könnte. Diese Entscheidungen haben alle etwas mit karmischen Themen und Problemen zu tun. Ich sehe ihre drei Geistführer um Doris herumstehen; und ich sehe auch das Schachbrett – ein Diagramm des Weges, den sie einschlagen wird, und der Abzweigungen, für die sie sich unterwegs entscheiden kann. Das Schachbrett zeigt ganz klar, welche Entscheidungen welche Konsequenzen nach sich ziehen werden.

Doris nickt mit dem Kopf: Sie ist tatsächlich bereit, den Brustkrebs auf sich zu nehmen, falls sich dieser Weg ergeben sollte – und sie nimmt sich auch vor, ihn als Weckruf zu betrachten. Außerdem erfahre ich, dass Doris zu einer Seelengruppe von Lehrern gehört. Sie möchte ihren Mitmenschen in erster Linie dienen, indem sie ihnen etwas beibringt.«

Genau wie Jons AIDS-Erkrankung ist auch Doris' Brustkrebs als Folge eines negativen Selbstbildes entstanden – und diese abwertenden Gedanken wurden durch ein Ereignis herbeigeführt, das die Seele bereits vor ihrer Geburt geplant hatte. Unsere Gedanken umspülen die Zellen unseres Körpers wie Ozeanwellen, die sich am Strand brechen. Und genau wie Sandkörner sich im Rhythmus der Wellen hin- und herbewegen, empfängt auch jede einzelne Zelle unsere Gedankenenergien. Zwar kommt es uns so vor, als reagierten unsere Gedanken lediglich auf die physische Realität; doch in Wirklichkeit erschaffen sie sie. Jede Zelle hat ein Bewusstsein und reagiert auf die Stimme unserer Gedanken.

Wenn wir als Seele unser Leben planen, wissen wir, dass unsere Gedanken mächtig genug sind, um unseren Körper zu beeinflussen. Und wir wissen auch, dass wir auf bestimmte schwierige Lebenssituationen vielleicht mit negativen Gedanken reagieren werden, die uns krank machen. Deshalb waren Doris' Seele und die ihrer Mutter bei ihrer vorgeburtlichen Lebensplanung sehr tapfer: Doris wollte die unerlöste negative Energie ihrer Abneigung gegen Frauen und gegen die weibliche Gestalt heilen; und ihre Mutter wollte ihr diesen Heilungsprozess ermöglichen. Aus der Perspektive der

Seele waren die unfreundlichen Worte der Mutter in Wirklichkeit ein Liebesbeweis, denn damit hielt sie Doris einen Spiegel vor Augen und zeigte ihr, welche Seiten ihrer selbst der Heilung bedurften. Doris wusste schon vor ihrer Geburt, wie sehr diese Worte der Mutter sie schmerzen würden. Ihr war sogar klar, dass ihre negative Reaktion darauf zu einer Brustkrebserkrankung führen könnte. Doch ihre Sehnsucht nach Heilung war so groß, dass sie sich trotzdem für diesen Lebensplan entschied und alle damit verbundenen Herausforderungen tapfer auf sich nahm.

Es war kein Zufall, dass Doris in diesem Leben eine »sehr üppige Figur« gewählt hatte und dass ihre Mutter immer wegen ihres Gewichts und ihres großen Busens an ihr herumnörgelte. Und auch das Schlüsselereignis im Alter von sechzehn Jahren, als die Mutter sie als Hure und Flittchen beschimpfte, passte zu ihrem Lebensplan. Darin spiegelte sich die Einstellung wider, die Doris in ihren früheren männlichen Inkarnationen zu Frauen gehabt hatte. Damals hatte sie Frauen weder respektiert noch als gleichberechtigte Menschen anerkannt. Hätte Doris sich trotz der abwertenden Bemerkungen ihrer Mutter dafür entschieden, sich selbst als Frau zu akzeptieren und zu lieben, so hätte sie die Energie dieser vergangenen negativen Einstellung zu Frauen auflösen und heilen können. Doch stattdessen verinnerlichte Doris die Worte ihrer Mutter und aktivierte dadurch das Brustkrebs-Potenzial, das bereits vor ihrer Geburt in ihr Leben eingeplant gewesen war.

Auch ihre Brustkrebserkrankung war also keineswegs ein Zufall – und sie war, wie wir von Doris' Seele erfahren haben, auch weder eine Strafe noch ein Zeichen von persönlichem Versagen. Aus der Perspektive der Persönlichkeit ist Leiden etwas Negatives und wir halten es für besser, eine Lektion möglichst schnell zu lernen. Doch für die Seele ist kein Erlebnis negativ und es spielt auch keine Rolle, wie lange wir brauchen, um etwas zu lernen (beispielsweise, uns selbst zu lieben). Die Seele ist sich ihrer Unsterblichkeit bewusst – denn sie existiert in Dimensionen, in denen es keine lineare Zeit gibt. Deshalb kommt es ihr auch nicht darauf an, wie lange wir für unsere Weiterentwicklung brauchen – wichtig ist nur, *dass* wir uns weiterentwickeln.

Im Gegensatz zu uns sieht die Seele die Welt nicht in Gegensatzpaaren (Richtig/Falsch, Gut/Schlecht), sondern betrachtet sie aus einer neutralen Perspektive. Unser persönliches Ich neigt dazu, alles, was der Fluss des Lebens uns bringt, zu bewerten. Die Seele dagegen sitzt in stiller Betrachtung versunken am Ufer und beobachtet alles in einer Haltung distanzierten Mitgefühls, ohne irgendwelche Werturteile zu fällen. Wenn wir uns diese neutrale Haltung unserer Seele ins Gedächtnis rufen, erfüllt uns ein tiefer innerer Friede. Ich habe dieses Buch hauptsächlich geschrieben, um Ihnen diesen Übergang vom Persönlichkeitsbewusstsein zum Seelenbewusstsein zu erleichtern. Denn dadurch schirmen wir uns in gewisser Weise innerlich vor schmerzlichen Lebensereignissen ab, sodass sie uns nichts mehr anhaben können. Durch eine solche neutrale Haltung lassen sich »negative« Ereignisse zwar nicht vermeiden; aber man leidet nicht mehr so sehr darunter. Sobald wir uns daran erinnern, dass wir unsterbliche Seelen sind, die niemals wirklichen Schaden nehmen können, hören wir auf, schwierige Lebenssituationen zu bewerten. Wir stehen ihnen neutral gegenüber, leiden weniger darunter und haben mehr Freude am Leben.

Sobald wir den Horizont unserer Selbstwahrnehmung erweitern und uns nicht mehr als bloße Persönlichkeit betrachten, sondern die Existenz unserer unsterblichen Seele erkennen, verlagert sich unser Augenmerk: Dann sehen wir nicht mehr nur die Schmerzen, die uns aus schwierigen Lebenssituationen erwachsen, sondern auch die Weisheit und innere Weiterentwicklung, die wir dadurch erreichen können. Wo uns vorher alles sinnlos vorkam, erkennen wir jetzt eine tiefere Bedeutung; was wir bisher als Strafe empfanden, wird zum Geschenk; eine schwere Last entpuppt sich als vielversprechende Chance.

In Jons Geschichte bezeichnete der Engel AIDS als eine Krankheit, die zur Heilung der Menschheit beiträgt. Auch Doris' Brustkrebs ist aus der Perspektive der Seele keine Krankheit, sondern eine Form der Selbstheilung. Als Jon und Doris sich von ihrer Scham und ihrem Selbstekel befreiten und stattdessen begannen, sich zu lieben, erleichterten sie es damit gleichzeitig auch allen anderen Menschen auf der Welt, Selbstabwertung durch Selbstliebe zu ersetzen. Denn sie erschufen dadurch eine Schwingung oder Resonanz der Liebe, die weit über ihr persönliches Umfeld hinausreicht. Es heißt, dass der Flügelschlag eines Schmetterlings auf der einen Seite des Erdballs heftige Stürme auf der anderen Hemisphäre verursachen kann. Ebenso hat auch Jons und Doris' Entscheidung, sich selbst zu lieben, weitreichende energetische Konsequenzen. Wenn wir unseren inneren Horizont erweitern und erkennen, dass wir in Wirklichkeit keine Persönlichkeit, sondern eine Seele sind, erinnern wir uns auch wieder an jene Wahrheit, die uns vor unserer Geburt noch bewusst war: dass wir mit unseren Worten, Gedanken und Taten die ganze Welt beeinflussen. Indem wir die Herausforderungen überwinden, die wir uns vor unserer Geburt vorgenommen haben, erschaffen wir eine Resonanz, die die ganze Menschheit heilt.

Bei der Planung unseres Lebens »arbeiten« wir mit anderen Seelen zusammen, die wir sehr lieben und die unsere Liebe erwidern. Ebenso wie Jons Eltern wusste auch Doris' Mutter schon vor ihrer Geburt, dass sie in ihrer nächsten Inkarnation einen schmerzlichen Konflikt mit ihrem Kind auszutragen haben würde. Nur eine Seele, die Doris wirklich liebt und ihr inneres Wachstum fördern möchte, wäre bereit gewesen, sich der Tochter gegenüber so lieblos und aggressiv zu verhalten und dadurch ihren Zorn auf sich zu ziehen. Und so sind gerade die Menschen, die uns am meisten schikanieren, in Wirklichkeit oft diejenigen, mit denen uns in der geistigen Welt ein besonders enges Band der Liebe verbindet. Nach ihrem Tod wird Doris sich bei ihrer Mutter dafür bedanken, dass sie ihr dieses innere Wachstum ermöglicht hat; und Doris' Mutter wird ihr dafür danken, dass sie ihr einen solchen Liebesdienst erweisen durfte. Diese Haltung der Dankbarkeit gegenüber den Menschen, die uns das Leben am schwersten machen und dadurch am meisten zu unserer Weiterentwicklung beitragen, können wir auch schon während unseres irdischen Lebens entwickeln. Damit lösen wir uns von allen Schuldzuweisungen und lernen, unseren Mitmenschen zu vergeben. Und Vergebung ist der erste Schritt zur Heilung.

Wie wir von Staci erfahren haben, war Doris' Mutter bereit, einen Teil ihres eigenen inneren Wachstumsprozesses hinauszuschieben, um Doris zu helfen. So etwas tun Seelen sehr häufig. Aus der Perspektive der Persönlichkeit können wir uns kaum vorstellen, dass Menschen, die uns »schlecht behandeln«, uns damit in Wirklichkeit einen wertvollen Dienst leisten und dafür womöglich sogar noch ein persönliches Opfer bringen. Denn diese Vorstellungen, die uns vor unserer Geburt so vertraut waren, geraten in Vergessenheit, sobald wir auf der Erde ankommen. Wenn wir uns dann später wieder daran erinnern, gelangen wir zu einer tieferen Selbsterkenntnis – die uns ohne physische Inkarnation gar nicht möglich gewesen wäre.

Doris hat das Beste aus ihrer schwierigen Lebenssituation gemacht. Sie wollte ja lernen, sich selbst zu lieben. Das ist ihr gelungen, indem sie die überströmende Liebe, die ihr während ihrer Erkrankung von Freunden und Angehörigen entgegengebracht wurde, verinnerlichte. Sie wollte auch lernen, Frauen mehr zu schätzen, als sie es in ihren früheren Inkarnationen getan hatte. Dadurch, dass sie an einer typisch weiblichen Krebsart erkrankte, war sie gezwungen, sich emotionale Unterstützung von Leidensgenossinnen zu holen. Sie erkannte die innere Stärke dieser Frauen und begann, Respekt vor ihnen zu entwickeln. Außerdem wollte Doris eine liebevollere Form von Sexualität erleben. Um ihren Krebs zu überwinden, musste sie persönliche Qualitäten, wie beispielsweise Mut und Kreativität, entwickeln. Sobald sie sich auf diese Aufgabe zu konzentrieren begann, hatte sie kein Bedürfnis mehr danach, ihre sexuelle Energie als Mittel zum Zweck einzusetzen, wie sie es früher getan hatte. Wenn sie später in der geistigen Welt auf dieses Erdenleben zurückblickt, wird sie sich an seiner inneren Schönheit erfreuen. Die Zeit des Leidens wird nur ein winziger Augenblick in ihrem irdischen, linearen Zeitempfinden sein; doch die Weisheit, die sie dadurch gewonnen hat, bleibt ihr für immer und ewig erhalten. Und sie wird später einmal vielen anderen Menschen zugutekommen, für die Doris die Rolle eines Geistführers übernimmt.

Vieles in unserem irdischen Leben ist genau das Gegenteil dessen, was es – oberflächlich betrachtet – zu sein scheint. Die Lebensgeschichten von Jon und Doris haben uns gezeigt, dass Krankheit in Wirklichkeit nichts anderes ist als ein Heilungsprozess. Und auch das Gefühl der Machtlosigkeit, das uns angesichts einer schweren Erkrankung oft überkommt, ist nur das Nebenprodukt eines Lebensplans, der von einer ungeheuer starken Seele entwickelt wurde. Wir besitzen die Macht, unser Leben schon vor der Geburt zu gestalten und genau die Lernerfahrungen anzuziehen, die wir für unser inneres Wachstum brauchen. Als Seele sind wir uns dessen bewusst. Doch als Mensch verlieren wir diese Realität aus den Augen – und zwar, weil unsere Seele das so gewollt hat. Erst durch Krankheiten und andere schwierige Lebenssituationen werden wir wieder daran erinnert und begreifen, dass nur ein sehr mächtiges Wesen eine Welt erschaffen kann, in der wir machtlos zu sein scheinen, obwohl wir es in Wirklichkeit gar nicht sind – eine Welt voller wunderbarer Chancen, uns selbst neu zu entdecken und unsere Macht zurückzugewinnen.

KAPITEL 3

Eltern behinderter Kinder

Ein behindertes Kind zu haben, ist eine der schmerzlichsten Erfahrungen, die es gibt. Eltern, deren Kind behindert zur Welt kommt, empfinden oft einen ohnmächtigen Zorn auf das ganze Universum. Warum passiert so etwas ausgerechnet einem armen, unschuldigen Baby, fragen sie sich. Manchmal geben sie die Schuld an dieser Behinderung auch ihren eigenen »schlechten« Genen. Mit solchen Gedanken quälen sie sich oft ihr Leben lang.

Als ich beschloss, diese schwierige Lebenssituation aus der seelischen Perspektive der Eltern zu erforschen, drängten sich mir ganz neue Fragen auf. Wenn eine Seele plant, von Geburt an behindert zu sein, koordiniert sie ihren Lebensplan ja vermutlich mit dem ihrer Eltern. Gibt es denn tatsächlich Seelen, die sich damit einverstanden erklären, ein behindertes Kind zu bekommen? Und wenn ja: *Wünschen* sie sich diese leidvolle Erfahrung, um etwas daraus zu lernen, oder finden sie sich einfach nur damit ab, weil dies nun einmal der Lebensplan der anderen Seele ist?

Jennifer

Die Geschichte von Jennifer Stewart

»Ich weiß, dass es mir vorherbestimmt war, Mutter dieser Kinder zu werden – zu ihrem Nutzen und zu meinem«, erklärte Jennifer mit felsenfester Überzeugung. Sie ist Mutter von drei Kindern, von denen zwei behindert sind.

»Mein Sohn Ryan ist sechzehn. Er leidet unter einem Asperger-Syndrom. Das ist eine Form von Autismus mit normalem Intelligenzniveau. Außerdem hat er eine bipolare Störung und ADS (Aufmerksamkeitsdefizit-Syndrom). Die bipolare Störung trat erst im Teenageralter auf und äußert sich in heftigen Stimmungsschwankungen: ›himmelhoch jauchzend – zu Tode betrübt‹. Manchmal ist er depressiv, dann wieder aggressiv und bekommt heftige Wutanfälle. Mein jüngerer Sohn Bradley ist elf Jahre alt. Er leidet an einer noch viel ausgeprägteren Form von Autismus und ist praktisch blind.«

Jennifer ist seit sieben Jahren geschieden und alleinerziehende Mutter. Sie erklärte mir, dass Asperger-Kinder oft scherzhaft als »zerstreute Professoren« bezeichnet werden, weil sie sich sehr intensiv auf ein oder zwei Interessengebiete fixieren. »Bei Ryan sind es das Wetter und die Politik. Er hört leidenschaftlich gern Wetterberichte und korrespondiert einmal täglich per E-Mail mit einem Fernseh-Meteorologen. Außerdem schickt er regelmäßig E-Mails an verschiedene Politiker und gibt ihnen Ratschläge, was sie tun sollen. Ich habe ihm klargemacht, wie viele positive Seiten sein Zustand hat«, erklärte Jennifer mir. »Ich sage ihm immer wieder: Du hast Fähigkeiten, die kein anderer Mensch besitzt. Die meisten Leute würden, wenn man sie fragt, wann sie zuletzt beim Augenarzt waren, antworten: ›Letztes Jahr, glaube ich.‹ Mein

Sohn dagegen kann es Ihnen ganz genau sagen: ›Das war am 24. Mai letzten Jahres.‹ Er kann sich unheimlich gut Daten merken«, sagt sie stolz.

Wie andere Menschen mit Asperger-Syndrom spricht Ryan manchmal mit sehr monotoner Stimme und weicht dem Blickkontakt mit anderen Menschen aus. Deshalb wollen die anderen Kinder nicht mit ihm spielen. »Vor ein paar Tagen hat die Therapeutin, bei der mein Sohn in Behandlung ist, ihn gefragt, ob er Freunde habe. Er sagte, nein. Daraufhin erkundigte sie sich, ob er überhaupt jemals einen Freund gehabt habe. Wieder verneinte er. Das hat mir fast das Herz gebrochen.«

Jennifers zweiter Sohn, Bradley, verfügt nur über ein Vokabular von ungefähr 20 Wörtern. Noch bis vor Kurzem sagte er in Gesprächen nicht viel mehr als Ja und Nein. Er verständigt sich auch durch Zeichensprache. Als er noch jünger war, bekam er heftige Wutanfälle und schlug häufig mit dem Kopf gegen die Wand und andere Gegenstände. Vor allem unerwartete Ereignisse brachten ihn aus der Fassung. Doch genau wie sein Bruder besitzt auch Bradley eine außergewöhnliche Fähigkeit: »Musik«, sagte Jennifer. »Es ist erstaunlich. Er braucht ein Lied nur ein- oder zweimal zu hören, und schon kann er es auf dem Klavier spielen. Es hat eine ganze Weile gedauert, bis ich mich mit den Behinderungen meiner beiden Söhne abfinden konnte. Anfangs traute ich mich nicht einmal zu weinen.«

»Warum nicht?«, fragte ich.

»Weil ich dachte: Wenn ich erst einmal damit anfange, höre ich nie wieder auf.«

»Hast du Gott jemals gefragt, warum er deine Kinder mit solchen Behinderungen auf die Welt kommen ließ?«

»Nein, nie – denn ich wusste, dass es einen Grund dafür gibt. Schon als Schülerin am Gymnasium belegte ich Kurse in Psychologie. Da zeigten sie uns Schwarz-weiß-Filme über autistische Kinder. Ich war fasziniert. Später an der Universität beschäftigte ich mich wieder mit Psychologie und schrieb eine Seminararbeit über Autismus. Und als ich hörte, dass bald ein Film darüber im Kino kommen würde *[Rain Man]*, konnte ich es gar nicht erwarten, ihn zu sehen. Das war lange, bevor Bradley auf die Welt kam … Irgendwie hat mein Unterbewusstsein, meine Seele mich darauf vorbereitet.«

»Du hast gesagt, dass die Erfahrung, Mutter zweier behinderter Kinder zu sein, auch dir selbst etwas gebracht hat. Was konntest du denn daraus lernen?«

»Geduld. Ich musste lernen, geduldiger zu werden. Außerdem hätte ich ohne die Behinderung meiner Kinder niemals so viele wunderbare andere Eltern kennengelernt. Zum Beispiel durch meine Selbsthilfegruppe im Internet.«

»Und was hast du dadurch über dich selbst erfahren?«

»Ich wusste schon immer, dass ich eine sehr starke Persönlichkeit bin. Aber inzwischen ist mir das noch klarer geworden. Ich bewältige nicht nur den Alltag mit meinen zwei behinderten Söhnen mit spielerischer Leichtigkeit, sondern bin dabei auch noch die Ruhe selbst. Einmal fragte mich mein Vater, der sich ständig über alles Mögliche Sorgen macht: ›Was soll denn später einmal aus Bradley und Ryan werden, wenn du tot bist?‹ Da antwortete ich ihm: ›Vater, das Einzige, was zählt, ist das Heute.‹ Das, worüber wir uns die größten Sorgen machen, tritt sowieso meistens nicht ein.«

Dann fragte ich Jennifer nach ihrem dritten Kind, der 23-jährigen Sarah. Sie erzählte mir, dass Sarah und Bradley sich sehr ähnlich sehen: Beide haben blondes Haar, obwohl sonst niemand in der Familie blond ist. Außerdem kamen sie beide am gleichen Tag zur Welt. Dieser »Zufall«, der mir damals nicht sonderlich bedeutsam erschien, sollte später in Jennifers Sitzung mit Corbie Mitleid noch einen tieferen Sinn erhalten.

»Sarah hat die beiden [Bradley und Ryan] immer vergöttert«, sagte Jennifer. »Natürlich habe ich versucht, allen meinen Kindern die gleiche Aufmerksamkeit zu schenken; aber das ist gar nicht so einfach. ›Normale‹ Kinder geraten in so einer Situation leicht ins Hintertreffen. Einmal habe ich Sarah darauf angesprochen, und sie hat mir versichert: ›Nein, ich habe mich nie zurückgesetzt gefühlt. Mir war klar, dass die beiden dich mehr brauchen als ich.‹« Später sollte sich zeigen, dass Sarahs positive Einstellung zu dieser schwierigen familiären Situation ihren Ursprung in ihrem vorgeburtlichen Lebensplan hat.

Jennifer hat das Gefühl, ihren Söhnen mit ihrer Liebe und Zuwendung sehr geholfen zu haben. Bradley zum Beispiel hat vor einem Jahr in seiner Entwicklung einen großen Sprung vorwärts gemacht. »Endlich bekam er seinen DynaVox – ein programmiertes Sprechgerät«, erzählte Jennifer aufgeregt. »Als wir zusammen im Auto saßen, tippte er mir auf die Schulter. Dann drückte er auf dem Gerät den Knopf für ›Fisch‹ und anschließend für ›Füttern‹. *Oh Gott, ist es denn tatsächlich möglich, dass wir ein richtiges Gespräch miteinander führen?*, dachte ich. Ich fragte ihn, ob er heute Abend unsere Fische füttern wolle, und er sagte ja. Da war ich natürlich ganz aus dem Häuschen und stellte ihm alle möglichen Fragen. ›Was möchtest du heute zu Abend essen?‹ Daraufhin drückte er den ›Pizza‹-Knopf. Wir redeten tatsächlich miteinander! Zum ersten Mal in unserem Leben.«

Jennifers Sitzung mit Corbie Mitleid

Schon vor unserer Sitzung mit Corbie Mitleid war ich mir ziemlich sicher gewesen, dass Jennifer diese Erfahrung vorausgeplant hatte – sonst hätte sie wahrscheinlich nicht gleich *zwei* behinderte Kinder bekommen, die zudem auch noch mehrere Handicaps haben. Auch Jennifers früheres (und damals unerklärliches) Interesse an Autismus deutete darauf hin, dass es sich um einen vorgeburtlichen Plan ihrer Seele handelte.

Zu Beginn der Sitzung bat Corbie die geistige Welt wie immer in einem kurzen Gebet um Hilfe und Informationen. »Ich sehe eine Szene, die in den Dreißigerjahren des letzten Jahrhunderts spielt – eine Zeitungsredaktion, in der hektische Betriebsamkeit herrscht. Die Leute laufen mit Papieren in der Hand hin und her; ich höre Schreibmaschinen klappern. Eine der Reporterinnen bist du. Du schreibst gerade an einer Geschichte, die die Leute nicht lesen wollen. Du hast Informationen über die geplante Vernichtung der Juden durch die Nazis erhalten und sofort alle Hebel in Bewegung gesetzt, um Politik und Öffentlichkeit darauf aufmerksam zu machen. Denn du wusstest, dass diese Leute [die Juden] keine Stimme hatten – also wolltest *du* ihre Stimme sein. Du warst zwar keine Jüdin; also hättest du dieses Problem ebenso gut ignorieren und stattdessen einfach nur die Klatschspalten der Zeitung mit den neuesten Skandalen füllen können. Tief innerlich hattest du eine panische Angst davor, nicht gehört oder achtlos beiseitegeschoben zu werden.

Du hattest Kontaktpersonen in Europa. Und so erfuhrst du vom Bau der Konzentrationslager, von der Verschleppung und Misshandlung der Juden – all den Dingen, von denen die amerikanische Öffentlichkeit damals noch nichts wissen wollte. Du hast alles getan, um den Politikern in Washington die Augen zu öffnen. Sie sollten den Juden Hilfe anbieten, die Immigrationsquote erhöhen – einfach irgendetwas tun. Aber niemand wollte sich um die Sache kümmern. Damals glaubte noch keiner, dass es wirklich zu einem Zweiten Weltkrieg kommen würde.

Ich habe das Gefühl, dass deine heutigen Kinder damals in Europa lebten. Deine beiden Söhne gehörten dem ›gegnerischen‹ Lager an: Sie waren Nazis. Ich glaube, die Lektion, die ihr alle daraus lernen solltet, hat etwas mit Kommunikation zu tun. Du hast dich dein ganzes früheres Leben lang bemüht, anderen Menschen klarzumachen, dass diese grausame Vergewaltigung von Menschenseelen endlich aufhören musste. Und deine Söhne (die übrigens auch in ihrem damaligen Leben schon Brüder waren) machten auf der anderen Seite Propaganda für das Naziregime.«

»Das ist ja erstaunlich – mein älterer Sohn interessiert sich nämlich auch in diesem Leben leidenschaftlich für Politik, und zwar schon seit seiner Kindheit!« Damit beschrieb Jennifer ein Phänomen, das mir im Rahmen meiner Nachforschungen schon oft begegnet ist: Seelen behalten bestimmte Hobbys und Interessen manchmal über viele Inkarnationen hinweg bei.

»Ryan und Bradley haben sich entschieden, in diesem Leben in ihrer Kommunikationsfähigkeit beeinträchtigt zu sein, um am eigenen Leib zu erleben, wie es ist, wenn man die Wahrheit weiß und sie niemandem erzählen kann. Denn in ihrem früheren Leben haben sie die Wahrheit bewusst vor der Öffentlichkeit verschleiert«, erklärte Corbie.

Nach jeder physischen Inkarnation blickt die Seele auf ihr Leben zurück. In jenem Augenblick der Lebensbilanz war Ryan und Bradley bewusst geworden, wie sie das Volk mit falschen Informationen manipuliert hatten, um das Naziregime zu unterstützen. Deshalb hatten sie sich vorgenommen, in ihrem nächsten Leben den Wert ehrlicher Kommunikation schätzen zu lernen. Sie haben sich also ganz bewusst für ihre Behinderungen entschieden, um ihre spirituelle Entwicklung zu fördern.

»Und du«, wandte Corbie sich an Jennifer, »tust auch in diesem Leben wieder alles, was du kannst, um der Wahrheit Gehör zu verschaffen. Du hast beschlossen, deinen beiden Söhnen in allen schweren Lebenssituationen beizustehen, um ihnen mit deiner großen Seele als Vorbild zu dienen. Denn du bist eine ältere, höher entwickelte Seele als sie. Bei einer reifen Seele kommt es mehr auf die Emotionen, das Verständnis und die seelischen Eigenschaften an als auf weltliche Macht.«

Auf der Erde inkarnieren Seelen ganz unterschiedlicher Altersstufen. Jüngere Seelen wählen normalerweise Inkarnationen, in denen sie handfeste Themen wie Macht oder Überleben erforschen. Ältere Seelen sind weniger an Eroberung und dafür mehr an Emotionen interessiert. Denn sie wissen intuitiv, dass wir an unseren Gefühlen innerlich wachsen.

»Könntest du mir auch noch etwas über meine Tochter Sarah sagen?«, fragte Jennifer. »Sie und Bradley kamen nämlich am gleichen Tag zur Welt und standen sich schon immer besonders nahe.«

»Gerade erscheint mein verstorbener Vater auf der Bildfläche und winkt mir zu«, antwortete Corbie. »Und ich weiß genau, was das bedeutet. Mein Vater und ich wurden nämlich auch am gleichen Tag geboren: Ich kam zur Welt, als er seinen 35. Geburtstag feierte. Sarah und Bradley waren schon in vielen Inkarnationen zusammen – normalerweise aber immer nur als gute Freunde. Diesmal wusste Bradley, dass er eine gut befreundete Seele als Schwester brauchen würde. Die Seelen, die uns schon viele Inkarnationen lang begleitet haben und uns gut kennen, sind gewissermaßen unsere Seelengefährten – denn ein solcher ist nicht nur jemand, in den man sich verliebt oder den man heiratet. Mit solchen Seelen hatten wir in früheren Leben schon oft Vater-Kind-, Bruder-Schwester-, Mann-Frau- und Lehrer-Schüler-Beziehungen. In diesem Leben braucht Bradley jemanden, der für ihn spricht, wenn er zu frustriert ist, um auch nur ein Wort herauszubringen – und Sarah tut das für ihn. Immer wenn er etwas nicht sagen kann, spürt sie intuitiv, was er will.«

»Und inwieweit kann Jennifers Seele sich weiterentwickeln, indem sie den Jungen hilft, richtig kommunizieren zu lernen?«

»Jennifers Seele wird bald in die Seelengruppe der Lehrer überwechseln«, erklärte Corbie. »Aber eine reife Seele darf nicht einfach so ›die Schule verlassen‹, ohne vorher eine Prüfung abzulegen. Deshalb lernt Jennifer momentan, anderen Seelen etwas beizubringen.«

Das entsprach genau meinen eigenen Vorstellungen zu diesem Thema: Für ihre letzte Inkarnation auf der Erde plant die Seele ein Leben voraus, in dem sie alles, was sie an Wissen und Weisheit erworben hat, an andere inkarnierte Seelen weitergibt. Erst damit hat sie ihren Unterricht an der irdischen Schule abgeschlossen und ihr Examen bestanden. Denn sobald eine Seele den größten Teil ihres persönlichen Karmas aufgearbeitet hat, möchte sie anderen Menschen, die noch nicht so weit sind wie sie, helfen. In diesem Licht betrachtet, ist Jennifers Erfahrung als Mutter zweier behinderter Kinder alles andere als eine Bestrafung. Freilich könnte man die Behinderungen als Strafe für ihre beiden Söhne missdeuten, weil diese in ihrem letzten Leben im Zweiten Weltkrieg eine ziemlich unrühmliche Rolle gespielt haben. Doch ich wusste ja, dass Seelen Karma niemals als Strafe betrachten, sondern vielmehr als Chance, Energien aus früheren Existenzen ins Gleichgewicht zu bringen.

Trotzdem wollte ich ganz sichergehen und fragte deshalb noch einmal nach. »Aus all dem könnte man eigentlich schließen, dass die Behinderungen, mit denen Bradley und Ryan auf die Welt kamen, eine Strafe dafür sind, dass sie in ihrer früheren Inkarnation Nazis waren«, wandte ich mich an Corbie. »Kannst du dazu etwas sagen?«

»Nur weil jemand früher einmal Nazi war, muss er noch lange keine rabenschwarze Seele haben und Strafe verdienen. Diese beiden Seelen hatten sich zu ihren früheren Missetaten entschlossen, um etwas daraus zu lernen. Das Ganze ist nichts anderes als ein Gesetz – Ursache und Wirkung. Wir müssen uns unsere Vorstellungen von ›Bestrafung‹ aus dem Kopf schlagen. Die Seele möchte im Lauf ihrer Inkarnationen möglichst viele Erfahrungen machen: Macht, Reichtum, Einfluss … Man kann eine Menge Geld haben und klug damit umgehen. Oder man ist trotz seines Reichtums ein habgieriger, geiziger Mensch. Beides ist weder gut noch schlecht, sondern lediglich eine Lernerfahrung.«

Mit dieser Erklärung bestätigte Corbie mir, was ich mittlerweile auch schon erfahren hatte: Karma ist ein unpersönliches Gesetz des Universums, das der Aufrechterhaltung einer gewissen Ordnung dient. Ohne Karma würde das Chaos regieren. Uns kommen die Zustände auf der Erde zwar oft chaotisch vor, weil wir den Prozess des karmischen Ausgleichs, der sich über viele Inkarnationen erstreckt, nicht sehen. Wenn Seelen im Laufe vieler irdischer Leben immer weiser werden, wird ihnen irgendwann klar, dass negative Handlungen, Worte und Gedanken Auswirkungen haben, die wieder ausgeglichen werden müssen. Deshalb gestalten sie ihr Leben so, dass möglichst kein weiteres Karma mehr entsteht.

»Beide Jungen müssen in diesem Leben etwas über Kommunikation lernen«, wandte ich mich an Corbie. »Warum entschied Ryan sich ausgerechnet für ein Asperger-Syndrom, eine bipolare Störung und ADS, um diese Lektionen zu lernen? Und warum wählte Bradley ein Leben als blinder Autist?«

»Der eine Student belegt an der Uni ein Shakespeare-Seminar, während der andere sich eher zu einem Kurs in Kreativem Schreiben hingezogen fühlt«, antwortete Corbie. »Man kann einen Intensivkurs besuchen oder seine Lernerfahrung in zwei Abendkursen pro Woche absolvieren. Seine Lektion lernt man so oder so. Wie intensiv wir uns darin vertiefen wollen, ist unsere eigene Entscheidung. Und wir suchen uns auch die Lektüre für unsere Seminare selbst aus: Ryan zum Beispiel hat als Seele absolut das Zeug zur Führungspersönlichkeit. Aber natürlich gibt es zwischendurch auch Inkarnationen, in denen er nicht in der Lage ist, eine Führungsrolle zu übernehmen. Außerdem inkarnieren wir manchmal in männlicher und dann wieder in weiblicher Gestalt. Ryans weibliche Energie ist etwas stärker als seine männliche. Deshalb sind die männlichen Inkarnationen immer ein bisschen schwieriger für ihn.«

Diese Erfahrung hatte ich auch schon mit anderen Personen gemacht, die ich für dieses Buch interviewte. Einer Seele, die mehr männliche als weibliche Inkarnationen hinter sich hat, wird es stets schwerfallen, in einem weiblichen Körper zu leben, und umgekehrt. Im Lauf ihrer Entwicklung versuchen die Seelen ihre männlichen und weiblichen Seiten in ein harmonisches Gleichgewicht zu bringen und entscheiden sich deshalb für Inkarnationen, in denen sie die Geschlechtsenergie zum Ausdruck bringen müssen, die ihnen weniger vertraut ist.

»Ryan hatte in den letzten Jahren einige übersinnliche Erfahrungen, und Bradley auch«, sagte Jennifer. »Ist das einfach nur eine spezielle Eigenart ihrer Seelen, oder hängt es mit ihrer Behinderung zusammen?«

»In unserem heutigem Zeitalter kommt die Generation der Indigokinder auf die Welt«, antwortete Corbie. »Diese Kinder können sich leichter einen Zugang zu anderen Dimensionen verschaffen als wir. Sie sind einfach anders ›verkabelt‹.«

»Was für eine Botschaft würdest du Eltern behinderter Kinder mit auf den Weg geben, Corbie?«, fragte ich zum Schluss.

»Respektiert sie«, riet Corbie. »Habt Respekt vor ihrer Entscheidung. Fragt nicht: ›Lieber Gott, warum musste ausgerechnet ich so ein Kind in die Welt setzen?‹ Es ist keine Strafe. Denkt daran: In diesem Kind steckt eine ganz normale, funktionstüchtige Seele, die weder eine Sprachstörung noch einen offenen Rücken hat. Diese Seele kann sehen, hören und denken. Sie hat sich zwar für einen schlecht sitzenden Anzug entschieden, bei dem einige Nähte an der falschen Stelle zu sitzen scheinen; doch das geschah in einer tieferen Absicht.«

Staci Wells' Reading für Jennifer

Um noch weitere Informationen zu erhalten, bat ich das Medium Staci Wells um ein zusätzliches Reading für Jennifer. Wie üblich nannte ich Staci die Namen und Geburtsdaten der beteiligten Personen; denn diese Angaben braucht ihr Geistführer, um sich die betreffenden Informationen zu verschaffen. Außerdem erklärte ich ihr, an was für Behinderungen die beiden Jungen litten.

»Es ist davon die Rede, dass Jennifer selbstständiger werden und lernen muss, auf eigenen Füßen zu stehen«, erklärte Staci. Dann begann sie Jennifers vorgeburtliche Planungssitzung zu channeln.

Jennifer: Warum muss das alles eigentlich so schwierig sein?

Geistführer: Du selbst hast dich entschieden, an deinen zwischenmenschlichen Beziehungen innerlich zu wachsen – sowohl an den harmonischen als auch an den schwierigen. Diesen beiden Jungen eine Mutter zu sein, ist eine sehr wichtige, sinnvolle Aufgabe. Dadurch erweist du ihren Seelen Respekt. Und außerdem erfüllst du dir damit deinen Wunsch, anderen Menschen auf eine Art und Weise dienen zu können, wie du es bisher noch nie getan hast.

»Die beiden Jungen kann ich in der Planungssitzung bis jetzt noch nicht sehen. Ich habe den Eindruck, dass Jennifer sie kennt, bisher aber noch nicht mit ihnen über ihren Plan gesprochen hat. Sie gehören zu ihrer Seelenfamilie – einer hoch entwickelten Gruppe von Seelen, die sich in ihrem Leben an höheren Idealen orientieren und gern große Herausforderungen annehmen.

Diese beiden Söhne werden Jennifer stets daran erinnern, mit beiden Füßen auf dem Boden zu bleiben und ihr inneres Gleichgewicht nicht zu verlieren. Denn sie hat nur zwei Möglichkeiten: Entweder sie bewältigt die Situation auf diese Art und Weise, oder sie schlägt die entgegengesetzte Richtung ein und drückt sich vor der Verantwortung für ihre beiden Jungen. Jennifer sagt, dass sie sich für den höheren Weg entscheiden möchte.«

Als Nächstes versuchte Staci Jennifers Planungsgespräch mit den beiden Söhnen ins »Blickfeld« zu bekommen. »Jennifer war auch schon in vielen früheren Inkarnationen Bradleys Mutter; deshalb fühlt er sich bei ihr sehr wohl«, berichtete sie nach einer längeren Pause. »Da er sich entschlossen hat, blind zur Welt zu kommen und außerdem ein sehr sensibles Kind zu sein, ist es wichtig für ihn, dass er seine Mutter bereits kennt und sich bei ihr gut aufgehoben fühlt. Ich höre, wie er ihr von seinen Ängsten erzählt. Diese Ängste stammen noch aus einem früheren Leben, als er seine Kindheit in einem Waisenhaus in England verbrachte. In jenem Leben hat er nie erfahren, was Mutterliebe ist. Er wurde geschlagen und vernachlässigt. So etwas wollte er in dieser Existenz nicht noch einmal erleben. Er wollte sich nicht in eine Welt hinauswagen müssen, die ihn vielleicht ja doch nur wieder verletzen würde. Er hatte das Gefühl, wenn er diesmal zur Abwechslung ein behütetes Leben führen dürfte, in dem er nicht der brutalen Welt ausgeliefert war, könnte er sich von seinen traumatischen Erinnerungen aus jenem früheren Leben befreien. Außerdem wollte er blind sein, um die Grausamkeiten der Welt nicht sehen zu müssen.

Liebevoll und großzügig wie immer erklärte Jennifer sich mit seinem Plan einverstanden. Sie hat schon immer alles für Menschen getan, die ihr am Herzen lagen. Und nun wollen wir mal sehen, ob ich Ryan ins Bild bekomme.« Wieder hielt Staci inne und verlagerte ihr Augenmerk auf einen anderen Bereich der vorgeburtlichen Planungssitzung. »Jetzt sehe ich Ryans Seele mit Jennifer sprechen. Er erklärt ihr, dass er sie mit seinen Behinderungen daran erinnern möchte, Verantwortung für andere Menschen zu übernehmen. Jedes Mal, wenn er verrückt spielt, ist das eine Herausforderung für sie, ruhig zu bleiben und sich auf die Dinge zu konzentrieren, auf die es wirklich ankommt. Ihre größte Herausforderung in diesem Leben besteht darin, ein starkes Selbstwertgefühl aufzubauen. Ryan wird dafür sorgen, dass sie diese karmische Aufgabe nicht aus den Augen verliert.

Nun will ich meinen Geistführer bitten, uns zu erklären, wie Ryan von dieser schwierigen Situation profitieren kann«, kündigte Staci an. Meine Spannung wuchs. »Ryan hat bereits sieben Inkarnationen als sehr intelligenter, lernbegieriger

Mensch hinter sich. In einem früheren Leben war er sogar Wissenschaftler. Inzwischen ist er es leid geworden, sich immer nur schulischen und wissenschaftlichen Aktivitäten zu widmen. Deshalb wollte er diesmal seelisch ›aus dem Gleichgewicht geraten‹, um auszuprobieren, was das für eine Erfahrung ist.«

Staci fragte ihren Geistführer, warum Ryan ausgerechnet mit diesen Behinderungen auf die Welt gekommen war. »Sie entheben ihn der Belastung, in diesem Leben etwas erreichen zu müssen«, erklärte sie uns dann. »In seiner jetzigen Inkarnation ist sein Geist frei und unabhängig und darf alles erforschen, was er möchte. Er braucht sehr viel persönliche Freiheit und möchte keine Verantwortung tragen; und Jennifer ist bereit, ihm das zu ermöglichen, da auch sie selbst in einigen früheren Existenzen ausschließlich ihren persönlichen Launen und Vorlieben nachgegangen ist.«

Nach diesen Worten verstummte Staci. Ich nahm an, dass sie auf die weiteren Ausführungen ihres Geistführers hörte. Umso mehr staunte ich, als sie ihn plötzlich direkt zu channeln begann. Ich war dankbar für diese Gelegenheit, direkt mit einem so weisen Geistwesen sprechen zu können.

»Die besondere Herausforderung für diese Seele besteht schon seit Langem darin, sich in ihrem Leben ganz auf eine bestimmte Aufgabe zu konzentrieren«, erklärte Stacis Geistführer. Staci sprach jetzt viel langsamer und stockender. »In früheren Inkarnationen nahm Jennifer das Leben nicht sonderlich ernst; sie gab sich Verlockungen und Vergnügungen hin, die einem zufriedenen, erfüllten Leben nicht unbedingt förderlich sind. Da ihr in ihrem jetzigen Leben eine Verantwortung aufgebürdet wurde, der sie sich nicht entziehen kann, ist sie gezwungen, ihre persönliche Freiheit aufzugeben. Folglich kann sie nicht mehr in Versuchung geraten, die gleichen Fehler zu machen wie früher. Deshalb hat sie sich damit einverstanden erklärt, ihre Kinder allein großzuziehen – ohne Unterstützung ihres Ehemanns.«

»Was motiviert eine Seele denn außerdem noch dazu, Mutter oder Vater eines behinderten Kindes zu werden?«, fragte ich.

»Seelen entscheiden sich für Behinderungen, weil ihnen das Möglichkeiten eröffnet, die sie normalerweise nicht hätten«, antwortete der Geistführer. »Manchmal kann eine Seele eine bestimmte Lektion, an der sie auch schon in früheren Leben gearbeitet hat, dadurch auf andere Weise lernen. Oft ist die Behinderung aber auch eine Herausforderung für die Betreuungsperson: Sie kann daraus lernen, Mitgefühl, Barmherzigkeit und Liebe zu zeigen. So kann eine Seele sich beispielsweise entscheiden, ihrem behinderten Kind genau das Leben zu ermöglichen, das es sich wünscht: Es braucht sich nicht mit den normalen Aufgaben des täglichen Lebens abzumühen. Das ist eine einmalige Chance – sowohl für das Kind als auch für die Eltern. Solche Vereinbarungen werden immer nur aus Liebe getroffen.«

»Eltern, die ein behindertes Kind haben, geben manchmal sich oder ihren Genen die Schuld daran. Was würdest du solchen Menschen raten?«

»Selbstvorwürfe sind im Grunde nichts anderes als Selbstmitleid. Stattdessen sollten die Eltern sich lieber auf ihr Kind konzentrieren. Alles, was im Leben geschieht, hat einen Sinn. Was ihr als Nachteil empfindet, ist in Wirklichkeit eine Herausforderung, aus der sich oft etwas Positives machen lässt. Denkt daran: Das alles ist kein blinder Zufall, sondern war von vornherein so geplant. Dadurch wird sich eure Einstellung ändern. Selbstvorwürfe und Schuldzuweisungen haben keinen Sinn und behindern euch nur bei eurer spirituellen Weiterentwicklung. Warum seht ihr das Ganze nicht einfach als Chance? Versucht euer Leben und dieses Kind aus einer höheren Perspektive zu betrachten.«

Ich dachte an Bradleys Wutausbrüche, vor allem, wenn irgendetwas, womit er gerechnet hatte, nicht eintrat. »Jennifer muss sich immer sehr klar verständlich ausdrücken, wenn sie mit Bradley spricht«, erklärte ich Stacis Geistführer. »Was sollten Eltern bei der Kommunikation mit behinderten Kindern beachten?«

»Ohne Selbstvertrauen und Selbstwertgefühl kann man nicht klar und präzise mit anderen Menschen kommunizieren. Jennifer hat sich fest vorgenommen, in dieser Existenz weniger spontan zu handeln als in früheren Inkarnationen. Denn da war sie immer sehr impulsiv und hat nicht gerade die weisesten Entscheidungen getroffen. Jetzt erwarten ihre Kinder von ihr, dass sie konsequent ist und sich an alles hält, was sie sagt. Dadurch helfen sie ihr, ihre Lektion zu lernen. Nur allzu oft sagen wir etwas Unüberlegtes, ohne uns Gedanken über die Konsequenzen zu machen. Behinderte Kinder erinnern ihre Eltern immer wieder daran, wie wichtig eine klare, wohlüberlegte Kommunikation ist.«

Die Geschichte von Jennifer, Ryan und Bradley zeigt uns, dass es niemandes Schuld ist, wenn ein Kind behindert zur Welt kommt. Meistens haben die Kinder sich schon vor ihrer Geburt für diese Behinderung entschieden, um innerlich daran zu wachsen. Und auch die Elternseelen solcher Kinder haben diese Erfahrung freiwillig auf sich genommen, um etwas daraus zu lernen.

Teilweise entstehen solche Pläne auf der Basis früherer Inkarnationen. So hatte Bradley sich beispielsweise vorgenommen, sein Leben in Sicherheit und Geborgenheit zu verbringen, und eine Mutter ausgewählt, die alles für ihn tut. Dadurch wollte er sich von den Ängsten und Traumen seiner früheren Existenz heilen, die ihn immer noch verfolgten. Eigentlich ist das auch gar nicht verwunderlich, denn alle Seelen versuchen sich von früheren schmerzlichen Erfahrungen zu heilen. Und Ryan brauchte nach sieben früheren Inkarnationen, in denen er unter großem Leistungsdruck gestanden hatte, endlich einmal eine Ruhepause. Beiden Brüdern – Ryan und Bradley – fällt es in diesem Leben schwer, der Welt ihre Wahrheit zu vermitteln. Dadurch gleichen sie das Karma aus, das damals durch ihr Handeln im Zweiten Weltkrieg entstanden ist. Und Jennifer hatte wie erwähnt in ihrem früheren Leben zur Zeit des Zweiten Weltkriegs panische Angst davor, nicht gehört oder achtlos beiseitegeschoben zu werden. Vielleicht trägt auch sie genau wie Bradley immer noch Ängste aus einer früheren Existenz mit sich herum, von denen sie geheilt werden muss. Sie hat sich deshalb damit einverstanden erklärt, zwei Kinder in die Welt zu setzen, die ihren Worten nicht immer folgen können und sich ihr gegenüber manchmal ziemlich distanziert verhalten. Unsere Ängste sind wie ein Schleier, der uns nicht erkennen lässt, dass wir in Wirklichkeit unsterbliche Seelen sind. Wenn wir diesen Ängsten aus dem Weg gehen, wird der Schleier immer dichter. Erst wenn wir sie annehmen, lüftet sich der Schleier und wir erkennen dahinter die tapfere Seele, die dieses Leben schon vor der Geburt geplant hat, damit wir ihr wahres Wesen erkennen können.

Manche Situationen und Erlebnisse planen wir aber auch voraus, um neue Erfahrungen zu sammeln. Ryan zum Beispiel wollte sich in diesem Leben nicht einfach nur von seinen anstrengenden früheren Inkarnationen ausruhen, sondern er hat auch eine Chance gesucht, sich selbst als seelisch »aus dem Gleichgewicht geratene« Persönlichkeit zu erfahren. So bilden die heftigen Stimmungsschwankungen, die er durch seine bipolare Störung immer wieder erlebt, beispielsweise einen krassen Gegensatz zu seinen früheren Inkarnationen und zu seinem Leben als Seele in der geistigen Welt, in der er sich in einem Zustand vollkommenen, göttlichen Gleichgewichts befindet. Ohne diese Stimmungsschwankungen könnte Ryan niemals die Erfahrung machen, wie wunderbar ein solches harmonisches Gleichgewicht ist. Diese Erfahrung verdankt er seiner jetzigen physischen Inkarnation und seiner Mutter, die schon vor der Geburt versprochen hatte, sie ihm zu ermöglichen.

Jennifer, Ryan und Bradley haben ihre Lebenspläne genau aufeinander abgestimmt. Alle drei lernen in dieser Inkarnation, wie wichtig und wertvoll Kommunikation ist. Jennifer vertieft damit ihre Fähigkeit zu ehrlicher Kommunikation, die sie schon in ihrer letzten Inkarnation auf so bewundernswerte Weise bewiesen hat. Ryan und Bradley hätten sich keine bessere Lehrerin aussuchen können. Dadurch, dass Jennifer ihren Söhnen beibringt, wie man miteinander kommuniziert, leistet sie ihren Seelen einen unschätzbaren Dienst. Außerdem steigt sie durch ihr Mitgefühl und ihre bedingungslose Liebe in der geistigen Evolutionsspirale weiter auf und entwickelt sich von einer reifen zu einer »alten« Seele.

Doch auch Eltern können etwas von ihren Kindern lernen – egal, ob diese behindert sind oder nicht. Durch ihre beiden Söhne war Jennifer gezwungen, geduldiger zu werden. Außerdem entdeckte sie ihren eigenen Wert, entwickelte Selbstdisziplin und lernte, ihr inneres Gleichgewicht nicht zu verlieren – was immer auch passiert.

Kinder fördern die Entwicklung ihrer Eltern aber auch durch die Menschen, mit denen sie sie in Kontakt bringen. Wir planen die Lebensumstände, unter denen wir anderen

Seelen begegnen und mit ihnen zusammenarbeiten werden, schon vor unserer Geburt. Alle Eltern behinderter Kinder, mit denen ich sprach, erzählten mir, was für außergewöhnliche Menschen sie durch die Handicaps ihrer Kinder kennengelernt haben – Leute, von denen sie das feste Gefühl hatten, sie bereits zu kennen. Wahrscheinlich bildeten sie sich das nicht nur ein, sondern es war tatsächlich so! Oft verbindet solche Eltern nicht nur die Gemeinsamkeit, ein behindertes Kind zu haben, sondern ein viel tieferes Band.

Wie wir gesehen haben, wählten Ryan und Bradley ganz unterschiedliche Lebensprobleme, um innerlich daran zu wachsen und Jennifer etwas beizubringen. Manche Seelen nehmen besonders gern große Schwierigkeiten auf sich. Andere begeben sich – wie Ryan – viele Inkarnationen lang auf die Suche nach ihrem inneren Gleichgewicht. Wenn Ryan und Bradley sich dazu entschließen, weiter an der Lernaufgabe der Kommunikation zu arbeiten, werden sie in ihren späteren Inkarnationen vielleicht begabte Redner oder Schriftsteller.

Manchmal steigt tief aus unserem Inneren eine vage Erinnerung an unseren vorgeburtlichen Lebensplan in uns auf. Deshalb interessierte Jennifer sich schon als Schülerin und Studentin für das Thema Autismus. Dadurch bereitete ihre Seele sie auf ihre spätere Aufgabe vor. Unsere Seelen kommunizieren ständig mit uns. Liebevoll wecken sie in uns Wünsche, Sehnsüchte und Interessen, mit denen wir den Grundstein für unsere Zukunft legen. Wenn wir genau hinhören, können wir erahnen, was für Probleme und Schwierigkeiten wir uns für unsere jetzige Existenz vorgenommen haben.

Jennifer hat recht, wenn sie sagt, dass für sie die Rolle als Mutter zweier behinderter Kinder vorherbestimmt war. Das gilt auch für ihren Ehemann. Aus der Perspektive der Persönlichkeit mag es wie ein großer Schicksalsschlag erscheinen, ganz allein zwei behinderte Kinder großziehen zu müssen. Doch in Wirklichkeit hat Jennifer auch diese Lebenserfahrung gemeinsam mit der Seele ihres Mannes vorausgeplant, der sie in Wirklichkeit liebt und ihr deshalb die Erfahrung zuteilwerden lassen wollte, die sie sich wünschte. In einem solchen Drehbuch gibt es keine Bösewichter, sondern nur liebevolle Seelen. Jennifer, ihr Exmann, Sarah, Ryan und Bradley – sie alle haben sich gegenseitig ausgewählt, um einander zu dienen und sich dabei gleichzeitig weiterzuentwickeln. Und das gilt auch für alle anderen Eltern und Geschwister behinderter Kinder. Wenn wir anderen Menschen unsere Liebe schenken, verringert sie sich dadurch nicht, sondern wächst. Die Herausforderung, ein behindertes Kind großzuziehen, ist – so weh es manchmal tun mag – doch gleichzeitig eine wunderbare Chance, einem anderen Menschen uneingeschränkte Liebe zu schenken. Und daran wächst unsere Seele.

Alle »Mitspieler« in dieser Geschichte sind stumme Helden. In den Augen der Gesellschaft werden Bradley und Ryan es vielleicht niemals »zu etwas bringen«; und doch haben sie erstaunliche Dinge geleistet. Jennifer wird mit ihrer Geduld und ihrem Mitgefühl vielleicht nie stürmischen Beifall ernten; dennoch hat sie sehr viel für ihre Mitmenschen getan. Und so führen Millionen behinderter Kinder und deren Eltern ein Leben, in denen ihr Mut tagtäglich auf die Probe gestellt wird, und meistern diese Prüfungen mit Würde und Anmut – auch wenn sie weit von den Schauplätzen des Ruhms, des Konkurrenzkampfs und der Eroberung entfernt sind. Gerade ihre stille Größe ist das Bewundernswerte an ihnen.

Kapitel 4

Blindheit und Taubheit

Von all den vielen Schwierigkeiten, die wir als Seelen auf uns nehmen, beeindruckt mich das Handicap der Blindheit und Taubheit ganz besonders. Schließlich wissen wir schon vor unserer Geburt, dass wir nur fünf Sinnesorgane haben können. Und uns ist auch klar, dass wir die meisten sinnlichen Eindrücke über unsere Augen und Ohren empfangen. Warum also sollte sich jemand für eine solch schwierige und mühselige Lebenssituation entscheiden?

Bei meinen Überlegungen zu diesem Thema fiel mir meine kleine Nichte Penelope ein, die praktisch taub zur Welt gekommen ist. *Wenn die Seele dieses kleinen Mädchens sich dazu entschlossen hat, vom ersten Augenblick ihres physischen Lebens an taub zu sein, muss sie triftige Gründe dafür gehabt haben,* dachte ich und beschloss, mit Penelope ein Interview per Instant Messenger darüber zu führen.

Penelope

Penelopes Geschichte

»Als ich sieben Jahre alt war, wurde mir zum ersten Mal klar, dass ich nicht hören konnte – und das gefiel mir gar nicht. ›Warum muss ich taub sein?‹, fragte ich meine Mutter weinend. Da nahm Mama mich auf den Schoß und erklärte mir ganz ruhig, dass es nicht meine Schuld sei. ›Gott hat dich so gemacht, wie du bist – und das ist etwas ganz Besonderes‹, sagte sie.«

Inzwischen ist Penelope 24 Jahre alt und verlobt. Sie unterrichtet gehörlose Erwachsene – darunter auch viele Migranten und Menschen ohne große Schulbildung – in Zeichensprache. »Damit helfe ich meinen Schülern sehr. Sie entwickeln dadurch mehr Selbstvertrauen.« Penelopes Lehrtätigkeit deutet darauf hin, dass sie sich für den Lebensplan eines Lichtarbeiters entschieden hat. Sie wollte ein Mensch mit einer besonders schwierigen Lebenssituation sein, um nicht nur selber daran zu wachsen, sondern auch anderen Menschen bei ihrer seelischen Weiterentwicklung zu helfen.

Als Kind litt Penelope unter Alpträumen, von denen sie häufig laut schreiend erwachte. Diese Kindheitserinnerung sollte später in ihrer Sitzung bei Staci Wells noch eine wichtige Rolle spielen.

Bis zu ihrem neunten Lebensjahr besuchte Penelope eine Privatschule für gehörlose Kinder. Dann beschloss ihre Mutter, sie auf eine öffentliche Schule zu schicken. An ihrer ersten Schule hatte Penelope sich voll akzeptiert und unterstützt gefühlt. An der neuen Schule brauchte sie manchmal einen »Dolmetscher«, der ihre Zeichensprache verstand. Auch in anderer Hinsicht musste sie sich sehr anpassen, um dort zurechtzukommen.

»Meine Klassenkameraden an der Grund- und Hauptschule waren gern mit mir zusammen, um damit anzugeben, wie gut sie die Zeichensprache beherrschten. Das fanden sie cool«, textete Penelope. »Diese Schulen wurden hauptsächlich von Weißen besucht. Also machte ich gleich im ersten Jahr noch eine weitere Erfahrung: nämlich was es bedeutet, einer anderen ethnischen Gruppe anzugehören.« Ich fragte mich, warum Penelope sich zusätzlich zu ihrer Behinderung auch noch entschieden hatte, als Afroamerikanerin zur Welt zu kommen.

Als Penelope dann später aufs Gymnasium kam, fühlte sie sich nicht mehr so sehr akzeptiert. Wenn sie mit ihrer, wie sie selbst es beschreibt, »komischen Stimme« im Unterricht etwas sagte, warfen die anderen Schüler ihr befremdete Blicke zu. Das tat ihr manchmal sehr weh.

Penelope erklärte mir, dass ungefähr 50 Prozent aller Menschen, denen sie begegnet, sie akustisch gut verstehen. Wenn Verständnisschwierigkeiten auftreten, bittet sie um Papier und Bleistift. »Du kannst dir gar nicht vorstellen, wie viele Leute das zu vermeiden versuchen. Es ist ihnen einfach zu umständlich.«

Bestimmte Verhaltensweisen »normaler« Menschen sind für Gehörlose besonders frustrierend, sagt Penelope. »Manchmal sprechen die Leute mit uns langsamer als sonst. Dabei ist das gar nicht notwendig. Wenn jemand zu schnell spricht, sodass wir ihm seine Worte nicht mehr von den Lippen ablesen können, sagen wir es ihm schon von ganz allein. Noch schlimmer ist es, wenn Leute sich schreiend mit uns zu verständigen versuchen oder uns fragen, ob wir lesen können. Manchmal würde ich am liebsten einen Zettel nehmen und draufschreiben: NEIN.«

Ich lachte darüber, mit wie viel Humor meine Nichte ihre Situation beschrieb. Da wurde mir klar, dass Penelope ja gar nicht wissen konnte, dass sie mich zum Lachen gebracht hatte, weil unser Gespräch via Internet stattfand. Wie oft sie wohl schon auf diesem Weg mit anderen Menschen kommuniziert hatte und dabei gar nicht merkte, wie sie wirkte? Noch vor ein paar Monaten – ehe ich begonnen hatte, mich mit dem Thema der vorgeburtlichen Lebensplanung zu beschäftigen – hätte diese Vorstellung mich traurig gemacht. Doch jetzt wusste ich, dass Penelope sich genau diese frustrierenden Erfahrungen gewünscht hatte.

»Hast du dich als Schülerin eigentlich auch manchmal mit Jungs getroffen?«, fragte ich.

»Das war die schmerzlichste Erfahrung während meiner Zeit am Gymnasium«, antwortete sie. »Ich war bereit dazu. Ich war intelligent und hatte so vieles mitzuteilen. Aber die Sprachbarriere zu überwinden, war den arroganten Typen an meiner Schule zu mühsam – sie wollten immer gleich Petting, und daran hatte ich kein Interesse. Ich wollte Gespräche führen. Ich sehnte mich nach der Unterstützung und dem Mitgefühl eines jungen Mannes. Und diese Zuwendung bekam ich nicht. Das hat mir sehr wehgetan.«

Gleichzeitig weiß Penelope aber auch, dass sie durch diese bitteren Erfahrungen ein einfühlsamerer Mensch geworden ist. »Ich habe Mitgefühl mit meinen Leidensgenossen«, sagt sie. »Die Taubheit hat meine Sensibilität erhöht.«

Ich fragte Penelope, worin für sie der tiefere Sinn ihrer Behinderung liegt.

»Ich wusste, dass es mir vorherbestimmt war, taub zu sein, um die Außenseiter der Gesellschaft besser verstehen zu lernen«, antwortete sie. »Ich bemühe mich immer darum, zwischen verschiedenen Gruppen von Menschen zu vermitteln – nicht nur zwischen ›Normalen‹ und Gehörlosen, sondern auch zwischen unterschiedlichen kulturellen Gruppierungen.«

Es überraschte mich, dass Penelope sich ihrer Sache so sicher war. »Woher wusstest du, dass es dir vorherbestimmt war, diese ›Außenseiter‹ zu verstehen?«, fragte ich.

»Ich spürte es in meinem Herzen. Es war Intuition. Ich selbst bin durch meine Taubheit ja auch zum unbeachteten Außenseiter der Gesellschaft geworden. Und deshalb ist es mir ein Bedürfnis, mich um andere Menschen zu kümmern, die aus irgendwelchen Gründen vernachlässigt werden. Ich fühlte mich schon immer zu allen Leuten hingezogen, die nicht akzeptiert werden und nirgends hingehören. Anscheinend hat meine Seele Mitgefühl mit den vielen unterprivilegierten Menschen, die in unserer Gesellschaft keine Rolle spielen.«

Penelopes Sitzung bei Staci Wells

Ein paar Tage nach diesem Gespräch nahm ich – ebenfalls per Instant Messaging – Kontakt zu Staci auf, um mir Informationen über Penelopes vorgeburtliche Lebensplanung zu verschaffen.

»Die Eindrücke, die ich empfange, kommen von meinem Geistführer. Er hält die Akasha-Chronik, die er ›Buch der Leben‹ nennt, in den Händen«, erklärte Staci. »Dieses Buch enthält sämtliche Informationen über die heutigen und früheren Existenzen aller Menschen. Ich habe das Gefühl, dass deine Taubheit eine Chance für dich ist, Wege des inneren Wachstums zu erkunden, die dir früher verschlossen waren«, textete sie, diesmal an Penelope gewandt. »Durch deine Taubheit stehst du stärker mit deiner inneren Erfahrungswelt, deinen Gedanken und deiner Intuition in Kontakt. Du lernst dich selbst besser kennen.«

Staci teilte uns mit, dass sie in der Nacht zuvor von Penelope geträumt hatte. Es ist zwar nicht ungewöhnlich, dass Staci schon vor einer Sitzung Hinweise zu der Person empfängt, um die es geht; doch diesmal war die Information zum ersten Mal in Form eines Traums zu ihr gelangt. »Ich träumte von deiner letzten Inkarnation, die zu deiner Entscheidung beigetragen hat, in diesem Leben taub auf die Welt zu kommen.«

Staci hatte Penelope in jenem früheren Leben als dreijähriges Mädchen gesehen, das miterleben musste, wie ihre Mutter von deren Freund wüst beschimpft wurde. »Dieses Mädchen war sehr sensibel«, teilte Staci uns mit. Die Mutter war zwei oder drei Jahre lang mit jenem Freund zusammen, der sie immer wieder beschimpfte. Staci erkannte, dass Penelopes damalige Mutter auch in diesem Leben ihre Mutter ist.

»Irgendwann begann der Freund die Mutter auch körperlich zu misshandeln«, fuhr Staci fort. »Und einmal geriet er so in Rage, dass er sie sogar mit einer Telefonschnur würgte. Er wollte ihr Angst einjagen und ihren Willen brechen. Eines Tages stand Penelope mit einer Nachbarin draußen im Flur, während ihre Mutter und der Freund sich in der Wohnung laut stritten. Es flogen Gegenstände umher. Die Nachbarin legte den Arm um Penelope, um sie zu trösten. Beide waren vor Angst wie gelähmt.

Der Freund rannte hinter Penelopes Mutter her, bis diese sich ins Schlafzimmer rettete und die Tür hinter sich verschloss, sodass er ihr nicht folgen konnte. Aber er trat die Tür ein und schoss mehrmals mit einem Gewehr auf die Mutter – sie verblutete. Penelope hörte diese Schüsse genau.

Dann ging der Freund ins Badezimmer, setzte sich auf den Fußboden und weinte. Die Nachbarin nahm Penelope mit in ihre Wohnung und rief die Polizei. Kurze Zeit später fiel ein weiterer Schuss: Der Freund hatte sich in den Kopf geschossen. Auch diesen tödlichen Schuss hörte Penelope.

An dieser Stelle endete mein Traum«, schrieb Staci. »Deine Mutter ist eines unnatürlichen Todes gestorben, Penelope – und außerdem viel zu früh. Du hast sie in jener Existenz in den darauffolgenden zehn Jahren sehr vermisst. Auch du selbst bist damals nicht sehr alt geworden. Ich glaube, du hast nicht einmal das dreißigste Lebensjahr erreicht. Ihr beide habt auf der Ebene eurer Seelen die Vereinbarung getroffen, auch in diesem Leben wieder zusammen zu sein und eure damalige Beziehung fortzuführen. Dein [jetziger] Vater ist aber *nicht* der Mann, der damals deine Mutter erschossen hat. Dieser Mann ist zurzeit nicht auf der Erde inkarniert.

Die Schreie und Schüsse, die du an jenem Tag hörtest, und die panische Angst, die du dabei empfandest, haben dich dein ganzes früheres Leben lang verfolgt«, erklärte Staci. »Du hattest immer wieder Depressionen. Und als du starbst, war es eine ungeheure Erleichterung für dich, endlich von diesen schrecklichen Erinnerungen erlöst zu werden. Du hast damals Selbstmord begangen. All das hat dich bei der Entscheidung, in deiner nächsten Existenz taub zur Welt zu kommen, sehr stark beeinflusst: Du wolltest nicht noch einmal so etwas Schreckliches mit anhören müssen. Kannst du das nachvollziehen, Penelope? Ich meine, nicht nur mit dem Verstand, sondern auch auf emotionaler und physischer Ebene?«

»Ja. Diese furchtbaren Alpträume, die ich als Kind hatte …«, textete Penelope zurück. »Meine Mutter hat mir erzählt, dass ich im Schlaf immer schrie. Wahrscheinlich sind diese Erlebnisse von früher ständig in meinem Traumbewusstsein herumgegeistert. Vielleicht ist das auch der Grund, warum mein Hände immer so zittern.«

»Stimmt. Mein Geistführer sagt mir, dass du dieses Erlebnis bisher nur auf der unterbewussten Ebene verarbeiten konntest«, bestätigte Staci. »Anders hättest du es nicht verkraften können.«

»Mein Verlobter hat mich schon öfters gefragt, warum ich immer so aggressiv werde, wenn ich mich über etwas aufrege«, erinnerte sich Penelope. »Er wollte wissen, ob ich irgendein traumatisches Erlebnis gehabt hätte. Jetzt weiß ich es. Es war tatsächlich ein traumatisches Erlebnis – aber aus einem *früheren Leben*. Ich muss endlich aus diesem Teufelskreis herauskommen.«

»Du wirst aggressiv, weil du dich unterschwellig an die Dinge erinnerst, die du in deinem früheren Leben mit ansehen musstest«, erklärte Staci. »In deinem Unterbewusstsein ist dieses Trauma immer noch abgespeichert.«

Ich fragte Staci, ob sie uns noch mehr Informationen geben könne.

»Ja. Ich erfahre, dass Penelopes Taubheit sie dazu befähigt, auf alle behinderten Menschen mit Liebe und Mitgefühl zuzugehen. Und sie hat auch ein großes Herz für Tiere und beschäftigt sich gern mit ihnen. In ihrem späteren Leben wird sie anderen gehörlosen Menschen helfen, sie beraten und unterstützen.«

»Ich habe auch vor, mir die Tatsache zunutze zu machen, dass ich gehörlos und eine Frau bin und einer ethnischen Minderheit angehöre«, textete Penelope zurück. »Dadurch will ich die Öffentlichkeit auf mich aufmerksam machen und versuchen, mir mehr Gehör zu verschaffen.«

»Ethnische Minderheit …«, wiederholte Staci. »Ja, das passt zu deiner Entscheidung, die Welt aus einer mitfühlenderen Perspektive zu betrachten. Du bist in diesem Leben in vielerlei Hinsicht ein Außenseiter – anders als andere Menschen.«

»Ja!«, bestätigte Penelope. »Ich hatte schon immer das Gefühl, nirgends hinzugehören.«

»Und wie fühlst du dich jetzt?«, fragte ich sie.

»Erleichtert. Ich hatte immer so viele Fragen, auf die es keine Antworten zu geben schien. Jetzt fühle ich mich als Mensch bestätigt. Und ich fühle mich auch nicht mehr so allein.«

»Kannst du Penelopes vorgeburtliches Planungsgespräch wiedergeben, in dem sie sich dazu entschlossen hat, in ihrem jetzigen Leben taub auf die Welt zu kommen?«, bat ich Staci.

Penelope und ich warteten gespannt, während Staci sich auf Penelopes vorgeburtliche Planungssitzung »einstimmte«. Ein paar Sekunden später schilderte sie uns dieses Gespräch so genau und wortgetreu, dass wir das Gefühl hatten, es hautnah mitzuerleben.

»Penelope befindet sich in einem großen Zimmer mit hohen Wänden«, begann Staci. »An diesen Wänden hängen Bilder von ihren früheren Inkarnationen. Sie kauert mit gekreuzten Beinen auf dem Fußboden; um sie herum sitzen andere Seelen, die in ihrem bevorstehenden Leben eine wichtige Rolle spielen werden. Hinter ihr steht ihr wichtigster Geistführer. Er führt gewissermaßen Regie bei der Sitzung.«

Geistführer: Wir haben uns hier versammelt, um Penelope bei der Planung ihrer kommenden Inkarnation zu helfen. Viele von euch haben Penelope auch schon in anderen Existenzen und zwischen ihren irdischen Leben beigestanden. Penelope leidet immer noch sehr unter den schrecklichen Erlebnissen in ihrer letzten Inkarnation und möchte in ihrem kommenden Leben gern davon geheilt werden. Sie bittet euch alle, ihr mit eurer Energie beizustehen und bei ihrer Entscheidung zu helfen.

»Jetzt fassen sich alle anwesenden Seelen bei den Händen«, fuhr Staci fort. »Ich sehe, wie Energie von einer Seele zur anderen fließt, bis der ganze Raum davon erfüllt ist.

Als Erstes entscheidet Penelope sich für ihre Hautfarbe, denn das ist ein wichtiges Bindeglied zwischen ihr und der Seele, die damals ihre Mutter war und es in ihrem jetzt folgenden Leben auch wieder sein wird. Sie probiert diese Hautfarbe gewissermaßen an und sieht jetzt tatsächlich dunkler aus. Dann spricht Penelope mit ihrer Mutter. Sie einigen sich darauf, dass diese Frau Penelope zur Welt bringen und ihr mehr Zuwendung schenken wird, als sie es in ihrem letzten gemeinsamen Leben tun konnte. Penelope gesteht der Seele ihrer Mutter ein, dass sie immer noch ein großes Bedürfnis hat, von ihr in den Armen gehalten zu werden. Die beiden nehmen sich vor, in ihrer nächsten gemeinsamen Inkarnation viel miteinander zu schmusen und zu kuscheln.

Doch jetzt fällt Penelope wieder ein, was damals geschehen ist, und sie bittet darum, so etwas nicht noch einmal erleben zu müssen. Der Mann, der ihre Mutter im letzten Leben erschossen hat, erhebt sich und verspricht, sich diesmal nicht zur selben Zeit auf der Erde zu inkarnieren wie Penelope und ihre Mutter. Dann setzt er sich wieder.«

Penelope: Aber diese schrecklichen Geräusche. Ich habe Angst davor, sie wieder hören zu müssen. Ich will so etwas überhaupt nicht mehr erleben.

Geistführer: Würdest du lieber taub auf die Welt kommen, um nichts mehr hören zu müssen, was dich an jene furchtbaren Geräusche aus deinem früheren Leben erinnert? Die Erinnerung daran wird dich dann zwar trotzdem immer noch beeinflussen – aber du wirst sie auf einer tieferen, unterbewussten Ebene spüren, wo du sie leichter ertragen kannst.

Penelope: Ja, das will ich.

Geistführer: Warte. [*Er hebt die Hand.*] Ehe du dich so vorschnell entscheidest, solltest du lieber erst noch einmal darüber nachdenken. Die grauenhaften Szenen, die du in deinem letzten Leben miterleben musstest, werden dich in deiner nächsten Inkarnation trotzdem prägen und beeinflussen, denn schließlich willst du ja deinen Heilungsprozess abschließen. Du wirst diese Erinnerungen also trotzdem noch in dir spüren, aber auf einer so tiefen Ebene, dass du sie anfangs gar nicht richtig einordnen kannst.

Penelope: Ja, genau so will ich es haben.

»Jetzt verändert sich Penelopes Energie: Ihre Vorfreude darauf, wiedergeboren zu werden, wird vom Ernst des Problems überschattet, an dem sie in ihrem nächsten Leben arbeiten muss. Aber sie erklärt sich trotzdem dazu bereit.«

Penelope: Ich möchte anderen Menschen innere Stärke vermitteln. Und ich möchte lernen, ein mitfühlenderer Mensch zu werden. In meiner letzten Inkarnation konnte ich gar kein Mitgefühl mehr empfinden, nachdem meine Mutter gestorben war. In meinem nächsten Leben möchte ich mich mit Liebe und Mitgefühl um andere Menschen kümmern.

Geistführer: In deiner nächsten Inkarnation wirst du Gelegenheit erhalten, deine früheren Erfahrungen zu nutzen und anderen Menschen auf eine liebevolle, mitfühlende Art und Weise zu dienen. Außerdem wirst du deinen Mitmenschen auch etwas beibringen können.

»Es ist von ehrenamtlicher Tätigkeit die Rede. Die Nachbarin, die Penelope in ihrem letzten Leben geholfen hat, wird zu den Behinderten gehören, die Penelope später [auf ehrenamtlicher Basis] unterrichten soll. Penelope möchte das gern tun, um sich bei ihr für ihre damalige Hilfe zu bedanken.

Die Nachbarin steht auf und erklärt sich mit diesem Plan einverstanden. Ich sehe, wie ihre Seele die Gestalt eines körperbehinderten Menschen annimmt. Ich erfahre, dass Seelen während der Planungssitzung ihr äußeres Erscheinungsbild ändern, damit sie einander in ihrer späteren physischen Inkarnation besser wiedererkennen.«

Ich hatte bei meinen Recherchen zum Thema der vorgeburtlichen Lebensplanung erfahren, dass die Persönlichkeit ihren freien Willen behält und daher jederzeit von den Plänen ihrer Seele abweichen kann. »Was ist mit diesem Mann, der im letzten Leben Penelopes Mutter ermordet hat?«, fragte ich. »Hat seine Persönlichkeit sich aus freiem Willen zu dieser Tat entschlossen, oder hatte seine Seele den Mord schon vor der Geburt geplant?«

»Dieser Mann hat bereits in mehreren Inkarnationen große Aggressionen gehabt und sich selbst abgelehnt. Er hat noch nicht gelernt, wie man ein gesundes Selbstwertgefühl entwickelt. Penelopes Mutter hatte während der Planungssitzung vor ihrem damaligen Leben gesagt, dass sie schon viele Inkarnationen lang an Beziehungsproblemen gearbeitet hat und das auch in ihrem kommenden Leben gern wieder tun würde – und zwar zusammen mit diesem Mann. Auf Seelenebene hat sie sich also freiwillig und aus einem Gefühl bedingungsloser Liebe für dieses Opfer entschieden.

Dieser Mord war weder geplant gewesen, noch war er vorhersehbar. Es handelte sich damals tatsächlich um eine Entscheidung aus freiem Willen, die die Persönlichkeit jenes

Mannes damals spontan getroffen hat. Und Penelope nimmt ihm das auf der Ebene ihrer Seele auch nicht übel. Sie ist voller Mitgefühl und Verständnis für die Probleme, mit denen er zu kämpfen hatte, und verzeiht ihm alles«, antwortete Staci.

Da kam mir der Gedanke, dass so eine aus freiem Willen getroffene Entscheidung, einen anderen Menschen umzubringen, doch sicherlich sehr viel Karma erzeugt. »Warum ist diese Seele denn nicht jetzt gleich wieder auf der Erde gekommen, um diese karmische Energie auszugleichen – und zwar ohne Penelope zu bedrohen?«

»Weil es dafür keinen dringenden Grund gab«, erwiderte Staci. »Dazu wird der Mann in anderen Existenzen noch genügend Zeit haben. In Penelopes jetziger Inkarnation geht es hauptsächlich darum, sich von den traumatischen Erfahrungen jenes früheren Lebens zu heilen. Und da sie so sensibel ist, hätte sie das nicht gekonnt, wenn dieser Mann wieder in ihrem Leben aufgetaucht wäre. Am wichtigsten war es ihr, sich von ihrer damaligen Selbstmorderfahrung zu heilen.«

»Aber es gibt doch sicherlich auch in der Geisterwelt viele Möglichkeiten für eine Seele, einen Heilungsprozess zu durchlaufen«, wandte ich ein. »Warum hat Penelope dafür ausgerechnet eine neue Inkarnation gewählt?«

»Das eine schließt das andere nicht aus«, erklärte Staci. »Sie hat auch im Jenseits Instruktionen und Heilungschancen erhalten und zu diesem Zweck viele Gespräche mit ihren Geistführern und mit der Seele ihrer verstorbenen Mutter geführt. Und sie ist auch tatsächlich zu einer gewissen Einsicht gelangt – aber mehr auf verstandesmäßiger Ebene. Also musste sie wieder auf die Erde zurückkehren, um sich auf einer tieferen Ebene von ihrem Seelenschmerz heilen zu können. Penelope sehnte sich zudem sehr danach, ihre Mutter in der physischen Dimension wiederzutreffen, um gemeinsam mit ihr an diesem

Heilungsprozess weiterzuarbeiten. Ihre Mutter wiederum war dankbar für die Chance, etwas von dem schweren Leid wiedergutzumachen, das Penelope damals durchmachen musste.«

»Was können gehörlose Menschen sonst noch aus Penelopes Geschichte lernen?«, fragte ich Staci.

»Erstens«, zählte Staci auf, »sind unsere inneren Erfahrungen mindestens ebenso real wie die äußere Welt. Zweitens können manche Menschen sich besser auf die Verfolgung ihrer Ziele konzentrieren, wenn sie taub sind. Drittens ist Taubheit keine Behinderung, sondern eine Chance. Denn dadurch verlagert man sein Augenmerk mehr nach innen, und das führt zu persönlichem und spirituellem Wachstum. Und viertens ist kein Mensch an seiner Taubheit ›schuld‹. Im Gegenteil: Sie war seine eigene freie Entscheidung. Und wie alle Entscheidungen birgt sie eine Chance, das Leben genau so zu erfahren, wie man es zur Erreichung seiner spirituellen Ziele gerade braucht. Manche Menschen kommen aber auch taub auf die Welt, um früheres Karma auszugleichen. Vielleicht haben sie anderen Menschen in früheren Existenzen Ohren oder Gliedmaßen abgeschnitten und haben jetzt das Gefühl, sich durch Taubheit, den Verlust eines Armes oder Beins oder andere entstellende Behinderungen bestrafen zu müssen. Oder die Seele hat das Bedürfnis, ein Gefühl innerer Harmonie zu erleben. Wenn eine Seele so sensibel ist wie die von Penelope, können äußere Kräfte, Energien und Geräusche es ihr erschweren, diesen Zustand der inneren Harmonie zu erreichen. Deshalb wollte ihre Seele sämtliche Geräusche, die sie an die grauenvollen Erlebnisse aus ihrer früheren Inkarnation erinnern könnten, aus ihrer Wahrnehmung ausklammern. Die Ängste aufzulösen, ist eine der schwierigsten Aufgaben für euch Menschen. Penelope arbeitet immer noch daran.«

»Du hast gesagt, dass manche Seelen das Bedürfnis haben,

sich für frühere Missetaten zu bestrafen«, sagte ich. »Ist es denn nicht eher so, dass sie Einfühlungsvermögen und Mitgefühl entwickeln möchten?«

»Mitgefühl ist das übergeordnete Ziel – das ist richtig. Aber solange eine Seele sich selbst nicht verzeihen kann, ist sie in ihrer Entwicklung festgefahren. Deshalb beschließt sie, sich für ihre Tat zu bestrafen. Viele Menschen treten mit einer starken Resonanz negativer Emotionen ins Jenseits über und sehen alles durch die Brille ihrer Angst oder ihres schlechten Gewissens. Eine solche Seele kann kein Mitgefühl mit sich selbst haben; sie geht erbarmungslos mit sich ins Gericht.«

Ich fragte, ob bei Penelopes vorgeburtlicher Lebensplanung nicht auch die Angst eine Rolle gespielt habe.

»Ja. Diese Angst hat sie aus ihrem früheren Leben mitgebracht. Sie starb in einem Zustand der Angst, und daher konnte ihre Seele nicht über dieses Gefühl hinauswachsen. Diese unaufgelöste Angst aus ihrer früheren Inkarnation trägt sie immer noch mit sich herum. Sie weiß, dass sie sich davon befreien muss.«

In den vielen Sitzungen mit meinen vier Medien gehörte Mitgefühl zu den Lebenslektionen, die die Geistwesen am häufigsten erwähnten. Andere wichtige Ziele, die die Seelen erreichen wollten, waren Einfühlungsvermögen und bedingungslose Liebe zu sich selbst und ihren Mitmenschen. Als unsterbliche Seelen sehnen wir uns danach, unser wahres Wesen kennenzulernen; und eine der wichtigsten Eigenschaften unserer Seele ist Mitgefühl. Durch jeden Ausdruck von Mitgefühl, den wir auf der physischen Ebene erleben (sei es unser eigenes oder das Mitgefühl, das andere Menschen uns entgegenbringen), vertieft sich unsere Selbsterkenntnis.

In den Augen der Gesellschaft ist Taubheit ein Makel. Und

wenn andere Menschen uns als unzulänglich betrachten, ist das für uns eine wertvolle Chance, Mitgefühl mit Geschöpfen zu entwickeln, die die Gesellschaft ebenfalls für »minderwertig« hält. In der nicht-physischen Dimension gibt es solche Gegensätze nicht: Dort sind alle Seelen gleich und niemand zweifelt an ihrer strahlenden Schönheit. Auf der Seelenebene hat die Vorstellung von »Minderwertigkeit« keinen Sinn. Doch in der physischen Dimension erhält diese leere, sinnlose Vorstellung vorübergehend eine illusorische Bedeutung. Das gibt uns die Möglichkeit, die Eigenschaft des Mitgefühls auf eine sehr intensive Art und Weise zu erfahren, die uns anders nicht möglich wäre.

Penelope hat ihre Gehörlosigkeit unter anderem deshalb vorausgeplant, weil sie diese Eigenschaft des Mitgefühls kennenlernen wollte. Diese Frau empfindet großes Mitgefühl – nicht nur für ihre gehörlosen Leidensgenossen, sondern auch für alle anderen Menschen, die in unserer Gesellschaft irgendwie benachteiligt sind. Deshalb bemüht sie sich, eine bessere Verbindung zwischen der Welt der »normalen« Menschen und der stummen Welt der Gehörlosen aufzubauen. Überall, wo es Unterschiede zwischen kulturellen oder sonstigen Gruppen von Menschen gibt, versucht sie zu vermitteln.

Es ist auch kein Zufall, dass Penelope sich entschloss, als Frau und Afroamerikanerin zur Welt zu kommen – denn auch das sind zwei Bevölkerungsgruppen, die in den Vereinigten Staaten oft ohne großes Einfühlungsvermögen behandelt werden. Immer wenn andere Menschen unfreundlich und mitleidlos mit ihr umgehen – egal, aus welchem Grund –, wird ihre Sehnsucht nach Mitgefühl dadurch stärker, und sie lernt diese Eigenschaft immer mehr zu schätzen.

Frauen, Angehörigen ethnischer Minderheiten und Gehörlosen wurde in der menschlichen Gesellschaft noch nie sehr viel Einfluss zugestanden. Mich beeindruckte der Kontrast zwischen dem Selbstbewusstsein, mit dem Penelope in der Welt etwas verändern möchte, und der Machtlosigkeit der sozialen Gruppen, denen sie angehört. Sie hat sich ganz bewusst für Lebensumstände entschieden, unter denen man normalerweise keine äußere Macht besitzt – und das war ein großer Anreiz für sie, innere Macht zu entwickeln. Damit hat Penelope sich für einen Lebensplan der Kategorie »Lernen durch Gegensätze« entschieden – ein sehr häufiger Lebensplan, der ein intensives spirituelles Wachstum ermöglicht. Hätte Penelope keine Lebensumstände gewählt, unter denen ihre Mitmenschen sie mitleidlos behandelten, so hätte sie wahrscheinlich auch weniger Gelegenheit und innere Motivation gehabt, jene mitfühlende Haltung zu entwickeln, die sie jetzt anderen Menschen entgegenbringt. Und wäre sie nicht aus eigener freier Entscheidung in eine Situation hineingeboren worden, in der ihr nur wenig äußere Macht zur Verfügung stand, so hätte sie vielleicht nie erfahren, was sie in der Welt alles bewirken kann.

In der physischen Dimension, in der unser Ego ein Gefühl des Getrenntseins von allen Mitgeschöpfen erzeugt und unsere Ängste nur allzu häufig die Oberhand gewinnen, ist es nicht immer leicht, mit anderen Menschen Mitgefühl zu haben. In der nicht-physischen Dimension ist das ganz anders. In Penelopes vorgeburtlicher Planungssitzung wurde der Seele des Mannes, der in jener früheren Inkarnation Penelopes Mutter getötet hatte, beispielsweise großes Mitgefühl entgegengebracht. In dieser Dimension gibt es keinen Zorn oder Hass und auch keine Rachsucht, sondern nur Vergebung und Verständnis. Und auch für den Selbstmord, den Penelope in ihrem früheren Leben begangen hat, wird sie von den anderen Seelen in keiner Weise verurteilt. Natürlich muss sie diesen Lernprozess abschließen; doch die anwesenden Seelen empfinden nur Mitgefühl angesichts der Probleme, die sie damals dazu brachten, ihrem Leben ein Ende zu setzen.

Seelen fällen keine Urteile übereinander. Wir verurteilen uns höchstens selbst, wenn unser Leben nach unserem physischen Tod noch einmal vor unserem inneren Auge abläuft. Während dieser Rückschau sitzen unsere Geistführer neben uns und weisen uns auf Situationen hin, in denen es besser gewesen wäre, uns mitfühlender zu verhalten; doch selbst diese Kommentare werden liebevoll und ohne jedes Werturteil ausgesprochen. Nur wenn wir uns in einem physischen Körper befinden und scheinbar von allen anderen Lebewesen getrennt sind, fällen wir Urteile über andere Menschen und begegnen ihnen ohne Mitgefühl. Sobald wir uns von diesen Werturteilen befreien und allen Menschen die gleiche Liebe und das gleiche Mitgefühl entgegenbringen, erinnern wir uns wieder daran, wer wir in Wirklichkeit sind.

Doch nicht nur Mitgefühl spielt in Penelopes vorgeburtlichem Lebensplan eine wichtige Rolle, sondern auch das Bedürfnis, etwas für andere Menschen zu tun. Denn auf Seelenebene lieben wir uns gegenseitig und möchten einander deshalb auch bei unserer Weiterentwicklung helfen. In Penelopes Lebensplan finden wir viele Beispiele dafür, wie Seelen sich gegenseitig auf selbstlose Art und Weise unterstützen. Penelope selbst hat ihr Leben so geplant, dass sie der Menschheit – vor allem der benachteiligten Gruppe der Gehörlosen – damit einen Dienst erweisen kann. Penelopes Mutter wollte ihr weiterhelfen, indem sie ihr die Liebe und körperliche Zuwendung schenkte, für die die beiden in ihrem letzten Leben nicht genug Zeit hatten. Penelopes Nachbarin aus dem früheren Leben versuchte ihr einen Dienst zu erweisen, indem sie in ihrer nächsten Inkarnation körperliche Behinderungen auf sich nahm. Dadurch gab sie Penelope die Gelegenheit, sie liebevoll und mitfühlend zu behandeln. Und die Seele des Mannes, der damals ihre Mutter umbrachte, hatte ein so großes Bedürfnis, Penelope nicht im Weg zu stehen, dass er sich sogar bereit erklärte, nicht zur selben Zeit zu inkarnieren wie sie und sein eigenes inneres Wachstum und die Auflösung seines Karmas auf einen späteren Zeitpunkt zu verschieben.

Diese Liebe und Selbstlosigkeit, mit der Seelen einander behandeln, zeigt sich auch in dem Lebensplan für Penelopes frühere Inkarnation. Als Penelopes Mutter ihr damaliges Leben plante, wusste sie, dass ihr Partner sie möglicherweise misshandeln würde; doch sie wollte ihm eine Chance geben, Selbstwertgefühl zu entwickeln. Und obwohl er sie auch schon in früheren Inkarnationen brutal behandelt hatte, verspürte sie nach wie vor das Bedürfnis, ihm diesen Dienst zu erweisen. Höchstwahrscheinlich werden diese beiden Seelen auch noch eine weitere gemeinsame Inkarnation planen, in der dieser Mann wieder eine Chance erhält, sich für die Liebe zu entscheiden, statt seinen Aggressionen nachzugeben.

Wir lieben die Seelen, mit denen wir unsere künftige Inkarnation planen. Zwar mag es in unserer irdischen Existenz Menschen geben, die uns das Leben schwer machen, uns Stress oder Sorgen bereiten oder vielleicht sogar unsere »Feinde« sind. Doch in der nicht-physischen Dimension sind die zerstrittenen Ehe- oder Geschäftspartner oder die grausamen Eltern und deren misshandelte Kinder die besten Freunde. Sie lieben einander von ganzem Herzen und reinkarnieren deshalb zu einem späteren Zeitpunkt oft wieder gemeinsam, um Lernaufgaben, die sie bisher noch nicht gemeistert haben, abzuschließen.

Eine Seele muss aber nicht unbedingt auf der Erde inkarniert sein, um anderen Seelen in der physischen Dimension helfen zu können. In der Sitzung mit Staci haben wir erfahren, dass auch körperlose Seelen Penelope in ihren früheren Existenzen weitergeholfen haben. Die Seelen, die in der nicht-physischen Dimension weilen, unterstützen uns, indem sie uns Liebe und Inspiration senden. Sie kommunizieren im Traum mit uns und beeinflussen uns im Wachzustand durch Impulse und Emotionen, die plötzlich in uns aufsteigen. Die Seelen, die uns lieben, sind immer bei uns – egal, ob sie gemeinsam mit uns inkarnierten oder nicht. Die Bande des Herzens zerreißen nie.

Viele Seelen planen ein Leben, in dem ihnen ein Unfall passiert, in dem sie erkranken oder unter geistigen und körperlichen Behinderungen leiden (also beispielsweise an einen Rollstuhl gefesselt sind), um nicht mehr vor den Menschen davonlaufen zu können, die ihnen ihre Liebe erweisen. In früheren Leben ist es solchen Seelen vielleicht schwergefallen, liebevolle Zuwendung von den Mitmenschen anzunehmen. Deshalb planen sie als nächstes eine Inkarnation, in der sie mehr oder weniger gezwungen sind, diese Lektion zu lernen.

Seelen entscheiden sich aber auch oft für eine schwierige Lebenssituation, um Ängste zu überwinden. So wollte Penelope sich beispielsweise in diesem Leben von der Angst aus ihrer früheren Inkarnation befreien. In ihrer heutigen Inkarnation ist diese Angst größtenteils in ihrem Unterbewusstsein abgespeichert, weil sie selbst es so wollte, und auch ihr Heilungsprozess findet auf dieser Ebene statt.

Bei meinen Recherchen zu diesem Buch begegnete ich einem jungen Mann, der während einer Meditation mit einer künftigen Inkarnation seiner Seele in Kontakt trat. Diese Inkarnation erklärte ihm, dass die Menschen aus der Zukunft unsere heutige Zeit als »Zeitalter der Angst« bezeichnen.

Angst gehört zu den Emotionen, die unser heutiges Leben am meisten prägen. Sie ist ein so untrennbarer Bestandteil unseres Alltagslebens, dass wir sie kaum noch bemerken. Ungeheilte Ängste aus unzähligen früheren Inkarnationen sind auch heute noch tief in unserem individuellen und kollektiven Bewusstsein verankert. Um uns von diesen Ängsten heilen zu können, müssen wir sie noch einmal durchleben (denn wenn wir uns gegen eine Energie wehren, wird sie dadurch nur noch stärker). Und dann müssen wir uns entscheiden, darüber hinauszuwachsen. Schwierige Lebenssituationen bieten uns eine Chance, solche bewussten und/oder unbewussten Ängste zu heilen.

Auch falsche Vorstellungen gehören zu den negativen Emotionen, die der Heilung bedürfen – zum Beispiel, wenn man sich selbst oder andere Menschen als »minderwertig« empfindet. Solche Seelen werden für ihre späteren Inkarnationen Lebenspläne entwerfen, in denen ihnen andere inkarnierte Seelen nach dem Prinzip »Lernen durch Gegensätze« ihren eigenen Mangel an Selbstwertgefühl vorhalten wie einen Spiegel.

Penelope zum Beispiel wusste schon vor ihrer Geburt, dass Taubheit nichts Negatives oder »Schlechtes« und schon gar keine Bestrafung für frühere Missetaten ist, sondern ganz im Gegenteil eine wertvolle Chance, etwas zu lernen. Und sie hat sich auch nie über ihr bevorstehendes Schicksal beklagt oder sich ein einfacheres Leben gewünscht. Auch die anderen Seelen in der Geisterwelt bemitleideten sie in keiner Weise wegen des »schweren« Loses, das sie auf sich genommen hatte; denn auch ihnen war von vornherein klar, dass Penelope an dieser Erfahrung innerlich wachsen kann, und sie wünschten sich nichts sehnlicher, als ihr dabei zu helfen.

Auch jetzt in der physischen Dimension ist Penelope dankbar für die seelische Weiterentwicklung, die ihre Behinderung ihr ermöglicht hat. Diese Haltung der Dankbarkeit ist sehr wichtig. Denn dadurch bringen wir uns mit der Schwingungsfrequenz des göttlichen Geistes in Einklang. Dankbarkeit ist eine sehr hohe, fast heilige Schwingung, genau wie Liebe, Vergebung, Freude und Mitgefühl. Das hat nichts damit zu tun, dass wir uns über unser Leid »freuen«. Es bedeutet nur, dass wir die positiven Seiten oder Konsequenzen einer schwierigen Lebenssituation erkennen. Selbst an der schwersten Lebenskrise kann man innerlich wachsen und etwas Sinnvolles daraus lernen. Diese Erweiterung unseres inneren Horizonts sollten wir uns bewusst machen und dankbar dafür sein.

Die meisten Menschen hören mit den Ohren. Penelope dagegen hat sich für ein Leben entschieden, in dem sie keine andere Alternative hat, als mit dem Herzen zu hören, denn sie wollte sich selbst als mitfühlende Seele kennenlernen. Das Herz hat seine eigene Sprache, und Penelope ist gerade dabei, diese Sprache zu lernen. Die meisten von uns hören viel zu sehr auf die Außenwelt – auf die Stimmen jener Menschen, die uns sagen, wer wir sind und was wir zu denken und zu tun haben. Penelope dagegen hat von vornherein ein Leben geplant, in dem sie auf ihre innere Stimme hören muss – die Stimme ihrer Seele. Das hat sie innerlich sehr bereichert. Schwierige Lebenssituationen, wie beispielsweise Taubheit, durchtrennen den Schleier, der uns von unserem wahren, göttlichen Wesen trennt. Erst wenn wir uns diesen Herausforderungen stellen, gelangen wir zu tieferer Selbsterkenntnis. Penelopes Taubheit erleichtert ihr den Weg nach Hause – zurück zu ihrer wahren Identität.

Bob

Bob Feinstein nimmt in diesem Buch eine Sonderstellung ein, denn er ist der Einzige, dessen schwierige Lebenssituation – Blindheit – durch einen nicht vorausgeplanten »Unfall« entstanden ist. (Später werden Sie lesen, dass wir »Unfälle« oder zumindest die Neigung dazu oft schon vor unserer Geburt vorausplanen.) Während Bobs Sitzung bei Staci Wells erfuhr ich zu meinem Erstaunen, dass Bob ursprünglich ein ganz anderes Leben geplant hatte, in dem Blindheit keine Rolle spielte. Als er dann trotzdem kurz nach der Geburt erblindete, stellte er gemeinsam mit seinen Geistführern einen neuen Lebensplan auf.

Ich habe das Wort »Unfall« in Anführungsstriche gesetzt, weil ich nicht glaube, dass es wirklich Unfälle gibt. Das Universum ist bis ins kleinste Teilchen klar geordnet. Und auf irgendeiner Ebene – manchmal bewusst, manchmal unbewusst – erschaffen wir ohnehin alle unsere Erlebnisse und Erfahrungen selbst. Das Drehbuch für manche »Unfälle« schreiben wir schon vor unserer Geburt; andere manifestieren wir gemeinsam mit anderen Seelen im Lauf unserer irdischen Inkarnation. Es gibt keinen Zufall.

Anfangs war ich mir gar nicht so sicher, ob ich Bobs Lebensgeschichte überhaupt in dieses Buch aufnehmen sollte. Denn ich dachte, dass Sie am meisten von Geschichten profitieren würden, in denen sich eine Seele schon vor ihrer Geburt für eine bestimmte schwierige Lebenssituation entscheidet. Nach einigem Nachdenken wurde mir jedoch klar, dass Bobs Geschichte in Wirklichkeit ein Geschenk aus der geistigen Welt an uns ist: Denn aus ihr können wir lernen, wie eine Seele auf unerwartete Ereignisse auf der Erdebene reagiert.

Bobs Geschichte

»Als ich aus dem Brutkasten kam, war ich blind.«

Bob kam im Dezember 1949 zur Welt – drei Monate zu früh und mit einem Geburtsgewicht von nur knapp zwei Pfund. Eine zu hohe Sauerstoffzufuhr in seinem Brutkasten hatte dazu geführt, dass die Zellen seiner Netzhaut sich zu rasch vermehrten, sodass sie am Ende nur noch aus Narbengewebe bestand.

»Als ich klein war, erwähnte meine Mutter mir gegenüber nie, dass ich blind bin«, erzählte Bob. »Erst im Alter von drei Jahren wurde mir allmählich klar, dass bei mir irgendetwas anders war. Ich hörte Sätze wie ›Mach das Licht aus‹ oder ›Es ist so dunkel hier drin‹ und verstand nicht, was damit gemeint war. Oder meine Mutter sagte: ›Da drüben läuft Tante Sylvia‹, und ich fragte sie: ›Woher weißt du denn das?‹ Darauf antwortete sie: ›Weil ich sie sehe‹, und ich fragte, was das bedeutete. ›Manche Leute sehen mit den Augen, und du siehst eben mit den Händen‹, erklärte Mutter mir daraufhin.«

Erst als Bob in die Schule kam, wurde ihm klar, wie groß der Unterschied zwischen ihm und seinen Mitmenschen war. Während andere Kinder lernten, mit Füller und Bleistift umzugehen, lernte Bob Blindenschrift und Maschineschreiben. In manchen Stunden wurde er zusammen mit Kindern unterrichtet, die sehen konnten. Dann sagte der Klassenlehrer am ersten Schultag immer: »Wir müssen besonders nett zu Robert sein. Er ist anders als wir.« Wenn Bob die Seiten der Bücher berührte, die die »normalen« Kinder benutzten, staunte er immer wieder darüber, dass sie sich so leer anfühlten. Da gab es keine Erhebungen, von denen er die Buchstaben ablesen konnte. Und es überraschte ihn auch, dass andere Kinder draußen herumrennen und Rad fahren konnten, ohne geführt werden zu müssen.

»Ich war sehr naiv«, erinnert Bob sich. »Manchmal fragten mich meine Mitschüler: ›Wie viele Finger meiner Hand habe ich nach oben gestreckt?‹, und ich sagte: ›Ich weiß es nicht.‹ Damit nahm ich ihnen den Wind aus den Segeln. Andere blinde Kinder versuchten dann zu raten, nannten eine falsche Zahl und wurden ausgelacht. In gewisser Hinsicht kam mir meine Naivität damals sehr zugute.«

Trotzdem hatte Bob Schwierigkeiten mit seinen Mitschülern. Ein Schüler, dessen Aufgabe es war, ihn in den Blindenschrift-Klassenraum zu begleiten, ging immer zu schnell und verlangsamte seinen Schritt auch nicht, wenn Bob ihn darum bat. »Warum muss immer ich dich im Schulgebäude herumführen?«, beschwerte sich der Junge. »Wieso läufst du nicht schneller?«

Und auch zu Hause war das Leben für Bob nicht gerade einfach. »Mein Vater hatte kein großes Interesse an mir. Ich glaube, er war sehr enttäuscht darüber, einen blinden Sohn zu haben.«

Daher verbrachte Bob seine Zeit hauptsächlich mit seiner Mutter und seinen Tanten, die ihn liebten und alles für ihn taten. Manchmal tat Bob so, als lese er aus einem Buch ohne Blindenschrift, er blätterte die Seiten um und erfand dabei Geschichten. »Einmal hat mir jemand gesagt, dass ich das Buch verkehrt herum halte; doch meine Mutter hat mich nie davon abgehalten, so etwas zu tun. Als blindes Kind fühlte ich mich dadurch ›normaler‹. Meine Mutter hat instinktiv erkannt, wie sie mit mir umgehen musste.« Wenn sie zusammen einkaufen gingen, ließ sie ihn alle Waren anfassen, obwohl er dabei manchmal etwas zerbrach. Sie hatte das Gefühl, dass er auf diese Weise am meisten über das Leben lernen konnte.

Als Bob dann ins Gymnasium kam, wurde die Situation für ihn noch schwieriger. »Ich fühlte mich sehr einsam«, erzählte er traurig. »Meine Klassenkameraden redeten von Partys, Kneipen und allen möglichen Freizeitvergnügungen; aber sie nahmen mich nie mit.«

Es gab jedoch auch Bereiche, in denen Bob akzeptiert wurde. Mit fünfzehn Jahren nahm er an einem Musik-Camp teil. »Das war eigentlich mein schönster Sommer! Dort hatte ich viele Freunde.« Die Lehrer in dem Camp interessierten sich für Braille-Musik, und so erhielt Bob die Gelegenheit, im Orchester Klarinette zu spielen. Er hatte fast so etwas wie das absolute Gehör und brachte seine Kameraden zum Lachen, indem er ihnen erklärte, dass eine Autohupe in B-Dur ertönte, oder das Knarren einer Tür als »hohes A« identifizierte.

Bob studierte am Oberlin College, wo er auch sein Examen ablegte. »Ich war stolz darauf, dass ich es geschafft hatte, an einer ganz normalen Universität zu studieren, wo keine großen Ausnahmen für mich gemacht wurden. Auf meine Art hatte ich der Welt bewiesen, dass Blindheit nicht unbedingt ein unüberwindliches Hindernis sein muss.« Auf dem College lernte Bob auch, mit seiner Homosexualität zurechtzukommen, die, wie ich bald erfahren sollte, zu seinem vorgeburtlichen Lebensplan gehörte.

Einer der größten Lichtblicke in seinem Leben war Harley, sein Labrador, der ihn acht Jahre lang begleitete. »Mit Harley spazieren zu gehen, machte mir so viel Freude, dass ich darüber manchmal sogar meine Blindheit vergaß«, erinnerte er sich. »Dabei hielten die anderen Leute Harley nicht unbedingt für den besten Blindenhund, weil er so viel Unsinn anstellte. Einmal schnappte er einem Gast im Restaurant eine Hühnerkeule vom Teller weg. Alle waren schockiert! Aber nach meinem Gefühl konnte dieser Hund einfach nichts falsch machen. Ich liebte ihn abgöttisch.« Einmal hielt Harley Bob davon ab, auf einem U-Bahnsteig zu weit nach vorn zu treten; sonst wäre er auf die Gleise gefallen und womöglich von der Bahn überfahren worden.

Ich bat Bob, mir zu beschreiben, was für ein Gefühl es ist, blind zu sein. »Wie stellst du dir bestimmte Gegenstände vor? Bei kleineren Dingen ist das sicher kein Problem: Du nimmst sie in die Hand und ertastest ihre Form. Aber wie funktioniert das zum Beispiel mit einem Flugzeug? Hast du eine Vorstellung davon, wie Flugzeuge oder andere größere Objekte aussehen?«

»Ehrlich gesagt, nein«, antwortete Bob. »Man lernt zwar die Wörter, verbindet aber keine Vorstellung damit. Das ist genau wie mit bestimmten Tierarten: Wenn ich sie noch nie gestreichelt habe, weiß ich nicht, wie sie aussehen. Ich habe auch keine Vorstellung von einem Wolkenkratzer, dem Mond oder den Sternen. Und natürlich weiß ich auch nicht, ob ein Mensch gut aussieht oder hässlich ist.«

»Was siehst du in deinen Träumen?«

»Ich höre immer nur Stimmen, wie im Radio. Das Interessante daran ist: Ich träume nie davon, beim Gehen einen Stock zu brauchen oder mich von einem Blindenhund führen zu lassen. Wenn ich im Traum irgendwo hinwill, bin ich automatisch sofort dort.« (Das erinnerte mich daran, dass wir uns in der Geisterwelt an jeden beliebigen Ort begeben können, indem wir einfach nur an ihn denken.) »Ich spüre in meinen Träumen auch nicht viel und Gerüche kommen ebenfalls nicht darin vor. Ich höre nur Stimmen, weil ich noch nie im Leben etwas gesehen habe.«

»Kommt in deinen Träumen jemals etwas vor, was dich daran erinnert, dass du blind bist?«

»Nein. Im Traum spielt meine Blindheit überhaupt keine Rolle. Wenn ich mir zum Beispiel etwas zu essen bestellen möchte, weiß ich ganz einfach, was auf der Speisekarte steht. Ich brauche es nicht erst nachzulesen.«

»Was meinst du: In welcher Hinsicht unterscheiden Blinde sich von Menschen, die sehen können?«

»Ich glaube, dass wir für bestimmte Dinge ein feineres Gespür haben: Berührungen, Gerüche, Güte und Freundlichkeit ... Als Blinder registriert man die Freundlichkeit seiner Mitmenschen wie ein Barometer, weil man darauf angewiesen ist.«

»Und was wäre möglicherweise bei dir anders, wenn du nicht blind wärst?«

»Ich habe viel Verständnis für die Außenseiter der Gesellschaft«, antwortete er. Das erinnerte mich an Penelope. »Wenn ich sehen könnte, wäre ich vielleicht arroganter, würde mich mehr für Geld und für Äußerlichkeiten interessieren. Aber weil ich blind bin, bedeuten mir diese Dinge nichts. Mir kommt es nur auf das Wesen eines Menschen an. Wie er aussieht, ist unwichtig. Außerdem glaube ich, dass ich durch meine Blindheit ein sehr tierliebender Mensch geworden bin; denn ich weiß, wie es ist, auf einen Hund angewiesen zu sein. Man lernt, Vertrauen zu Tieren zu haben. Und irgendwie lernt man auch den Menschen zu vertrauen, denn wenn einen jemand führt, bleibt einem gar nichts anders übrig, als sich auf ihn zu verlassen.«

Bobs Sitzung bei Staci Wells

Durch mein Gespräch mit Bob hatte ich eine ungefähre Vorstellung davon bekommen, wie schwer das Leben für blinde Menschen ist. Nun wollte ich erfahren, warum Bob sich ein Leben in Blindheit gewählt hatte: Inwiefern konnte er sich durch diese schwierige Erfahrung weiterentwickeln? Damals wusste ich noch nicht, dass seine Blindheit in seinem ursprünglichen Lebensplan ja gar nicht vorgesehen gewesen war.

Auch in der Sitzung bei Staci kam wieder das Schachbrett vor, mit dessen Hilfe Seelen ihre kommende Inkarnation vorausplanen. Doch im Gegensatz zu den anderen vorgeburtlichen Planungssitzungen im Buch benutzte Bobs Seele gleich zwei Bretter: Ein Schachbrett zeigte verschiedene Möglichkeiten auf, wie er auf den Unfall im Brutkasten reagieren könnte; und auf dem zweiten war sein neuer Lebensplan verzeichnet.

Vor der Sitzung erklärte ich Staci, warum Bob blind war. Daraufhin verschaffte sie sich Zugang zu seinem ursprünglichen und seinem neuen Lebensplan. Wir erfuhren, dass Bob in dieser Inkarnation lernen wollte, sich selbst mehr zu lieben und zu akzeptieren. Zu diesem Zweck hatte er sich ursprünglich eine ganz andere schwierige Lebenssituation vorgenommen: Er hatte vorgehabt, eine Frau namens Maureen zu heiraten, später zu entdecken, dass er homosexuell ist, und irgendwie mit dieser Tatsache zurechtzukommen. Als dann der »Unfall« im Brutkasten passierte, stellte Bob gemeinsam mit seinen Geistführern einen anderen Plan auf, mit dem er die gleichen Ziele erreichen konnte. So einen neuen, improvisierten Lebensplan hatten Staci und ich bis dahin noch nie gesehen. Es war eine faszinierende Chance, zu beobachten, wie eine Seele und ihre Geistführer sich an eine neue, unerwartete Entwicklung auf der physischen Ebene anpassen.

»Du bist eine sehr verantwortungsbewusste Seele«, erklärte Staci Bob, als sie begann, sich auf seine früheren Inkarnationen einzustimmen. »Du hast in früheren Existenzen schon oft große Armut auf dich genommen, um in deiner spirituellen Entwicklung weiterzukommen. In jenen früheren Inkarnationen warst du nicht selbstbewusst genug: Du hast deinem Körper nur das gegeben, was er unbedingt zum Leben brauchte. In einer dieser Existenzen lebtest du als Einsiedler in Spanien, um dich vor den Angriffen und Ungerechtigkeiten der Menschheit abzuschirmen. Du warst ein Wandermönch, abgemagert bis auf die Knochen, du betteltest dir dein Essen zusammen und lebtest von der Großzügigkeit anderer Leute.

Jene Inkarnation hat deine Entscheidungen für dein jetziges Leben mitbestimmt. Damals machte es dir Freude, ein einsames Leben zu führen, und du hast andere Menschen stets mit Liebe und Güte behandelt. Du bist eine sehr sensible Seele. Deshalb hast du dich entschieden, dich in diesem Leben (und auch in vielen früheren Existenzen) von der Welt abzuschirmen.

In der Planungssitzung vor deiner jetzigen Inkarnation ging es vor allem darum, diesmal ein ausgewogeneres Leben zu führen und mehr an weltlichen Dingen teilzuhaben. Du wolltest mehr Kontakt zu anderen Menschen und eine enge, positive Beziehung zu deiner Familie aufbauen. Außerdem wolltest du mehr Selbstwertgefühl entwickeln; denn das war bei dir verkümmert, weil du bei deiner Suche nach spirituellem Wachstum ein bisschen zu sehr in die Richtung eines extremen Eremitendaseins gegangen warst. Trotzdem wolltest du dir deine emotionale Unabhängigkeit bewahren, die du dir in mehreren früheren Existenzen so hart erkämpft hattest. In deinem jetzigen Leben besteht die größte Herausforderung für dich darin, dein Selbstwertgefühl von innen heraus aufzubauen.

Dass du als Frühgeburt zur Welt kommen würdest, war nicht geplant gewesen. Deine Geistführer haben während der Schwangerschaft deiner Mutter sorgsam über dich gewacht. Trotzdem ließ sich die vorzeitige Geburt nicht vermeiden. Sie kam für alle Beteiligten überraschend.

Mein Geistführer möchte, dass ich euch zunächst einmal das Schachbrett beschreibe, auf dem alle irdischen Inkarnationen geplant werden. Dort sind sämtliche Wachstums- und Entwicklungsschritte einer Persönlichkeit optisch dargestellt. Es ist wie ein Flussdiagramm, das aus lauter Ja/Nein-Fragen besteht: Wenn man eine Frage mit ja beantwortet, schlägt man eine Richtung in dem Diagramm ein; lautet die Antwort nein, so geht das Leben auf einem anderen Weg weiter.

Als der Unfall im Brutkasten passierte, hieß es in der geistigen Welt: ›Zurück ans Schachbrett!‹ Bob's Seele und zwei seiner Geistführer kehrten in den Raum mit dem Flussdiagramm zurück und entwickelten einen neuen Lebensplan für ihn, damit er die Ziele, die er sich für diese Existenz gesetzt hatte, trotzdem erreichen konnte.

Ich sehe Bob in dem Augenblick vor mir, in dem er wieder in seinem Planungsraum in der Geisterwelt sitzt – sehr verwirrt über diese plötzliche Veränderung in seinem gerade erst begonnenen Leben. Er hat noch gar nicht richtig begriffen, was mit seinem kleinen Körper passiert ist. Aber er erkennt seine Geistführer wieder, vertraut ihnen bedingungslos und ist bereit, sich von ihnen führen zu lassen.

Ich höre, wie einer der beiden Geistführer Bob eröffnet, dass es in seinem Brutkasten zu einem unerwarteten Zwischenfall gekommen ist, durch den sein Gehirn zu viel Sauerstoff bekam. Das scheint ein Schock für Bob zu sein – er sitzt ganz still da, mit weit aufgerissenen Augen, wie betäubt.«

Geistführer: Die Krankenschwester, die die Aufsicht über die Frühgeborenenstation hatte, wo dein physischer Körper jetzt liegt, hat einen Fehler gemacht, sodass dir durch die Schläuche zu viel Sauerstoff zugeführt wurde. Dadurch ist der Sauerstoffspiegel in deinem Gehirn zu hoch angestiegen.

»Ich sehe, wie sie Bob seine Augen zeigen. Bobs Seele befindet sich zurzeit außerhalb seines Körpers, ist aber immer noch mit ihm verbunden. Sie zeigen ihm den Schaden, den seine Augen durch den Unfall genommen haben.«

Geistführer: Dein Gehirn ist dadurch nicht geschädigt worden – nur deine Augen. Dein Intelligenzquotient ist durch diesen Unfall sogar ein bisschen angestiegen – und diese zusätzlichen grauen Zellen wirst du auch gut gebrauchen können. Du hast jetzt die Möglichkeit, deinen Plan für dieses Leben noch einmal zu überdenken und dir zu überlegen, ob du deine Ziele trotz dieser unerwarteten Veränderung erreichen kannst. Wenn nicht, darfst du diesen Körper verlassen, zu uns in die geistige Welt zurückkehren, dir eine neue Elternfamilie aussuchen und einen neuen Lebensplan aufstellen.

»Bob überschüttet seine Geistführer mit Fragen. Er möchte wissen, ob er später überhaupt gehen kann und ob sein Körper auch wirklich so funktionstüchtig sein wird, wie er es erwartet. Sie versichern ihm, dass er sich darum keine Sorgen zu machen braucht.«

Bob: Und was ist mit meiner Arbeit?
Geistführer: Du wirst auf jeden Fall arbeiten können.
Bob: Wird diese Behinderung meinen Entwicklungsprozess in der bevorstehenden Inkarnation beeinträchtigen?
2. Geistführer: Mal sehen.

»Zwischen Bob und seinen Geistführern schwebt mitten in der Luft das Planungs-Schachbrett für sein ursprüngliches Leben, darüber eine Art provisorisches Übergangs-Planungsbrett und ganz oben das Schachbrett mit Bobs Leben, so wie es nach seinem Unfall weitergehen könnte. Diese Schachbretter sehen wie Hologramme aus – nicht aus festem Material, sondern eher durchscheinend. Die Geistwesen erschaffen sie mit ihren Gedanken und ziehen Linien darauf, die für den Entwicklungsprozess der Seele stehen.

So entsteht nach und nach ein Lebensdiagramm mit ein paar Abzweigungen. Einige dieser Abzweigungen sind Häuser: zum Beispiel das Haus, in dem Bobs Familie zur Zeit seiner Geburt lebt, das Haus, in das sie später ziehen wird, und die Orte, wo Bob wohnen wird, wenn er erwachsen ist. Das geht alles sehr schnell.

Mit ihrer Gedankenkraft verschieben die Geistwesen bestimmte Elemente von einem Schachbrett aufs nächste. Die erste Figur, die sie von dem Brett mit Bobs ursprünglichem Lebensplan wegnehmen und auf das mittlere, »provisorische« Planungsbrett stellen, ist seine Mutter.

Geistführer: Sie wird trotzdem deine Mutter bleiben.
Bob: Gott sei Dank.

»Bob scheint etwas beruhigt zu sein. Er atmet tief auf und stößt einen Seufzer [der Erleichterung] aus. Als Nächstes schieben sie seinen Vater auf das mittlere Schachbrett. Der Geistführer versichert Bob, dass auch sein Vater nach wie vor bei ihm sein wird. Und so werden alle Elemente seines Lebensplans blitzschnell vom ursprünglichen auf das provisorische Planungsbrett versetzt und erscheinen dabei gleichzeitig auch auf dem obersten Schachbrett, das Bobs endgültigen Lebensplan darstellt.

Geistführer: Das sind die unveränderlichen Elemente in deinem Leben, die dich stets beeinflussen werden. Allerdings wirst du andere Lehrer bekommen. Diese Schule *[er zeigt auf ein Schulgebäude auf dem unteren Schachbrett]* kommt für dich jetzt nicht mehr infrage, weil du ja blind bist. Jetzt wirst du eine andere Schule besuchen *[auf dem mittleren Schachbrett erscheint ein neues Schulgebäude],* die deinen Bedürfnissen am ehesten gerecht wird. Dort wirst du die Ausbildung erhalten, die du brauchst, um dich mit deiner Behinderung in der Welt zurechtzufinden.«

»Als Nächstes planen sie, was für Freunde Bob am Gymnasium haben wird. Auch diese Figuren werden vom unteren auf das mittlere Schachbrett gestellt. Und nun kommen wir zu einem besonders wichtigen Teil seines Lebensplans.«

Geistführer: Die Frau, die dich ursprünglich heiraten wollte, wird es sich unter diesen neuen Umständen wahrscheinlich anders überlegen. Du wirst trotzdem in Situationen geraten, in denen du lernen musst, dich selbst zu akzeptieren – aber ohne sie. Diese Situationen werden sogar noch schwieriger für dich werden, weil du keine Lebenspartnerin hast, die dich dabei unterstützt.

Bob: Wird Maureen in diesem Leben wenigstens meine gute Freundin sein?

Geistführer: Das ist ihre Entscheidung. Wir wollen sie fragen.

»In Gedankenschnelle erscheint Maureen auf der Bildfläche. Sie befindet sich zu diesem Zeitpunkt noch nicht in einem physischen Körper. Von der Brust abwärts besteht sie nur aus ihrem Lichtkörper – dem Körper, den wir in der geistigen Welt haben. Nur vom Brustkorb aufwärts hat sie die Gestalt, die sie in ihrem späteren Leben annehmen wird. Es ist aber noch keine feste Gestalt, sondern nur ein durchscheinendes Gebilde. Sie scheint etwa 25 oder 35 Jahre alt zu sein. Mein Geistführer bezeichnet diese Gestalt als das ›Gewand der Persönlichkeit‹. Maureen trägt nur einen Teil dieses Gewandes, weil sie bereits dabei ist, ihre Entscheidung zu revidieren. Die Geistführer zeigen ihr das neue Diagramm von Bobs Leben, und sie schweigt lange Zeit, ehe sie schließlich ihre Meinung dazu sagt.«

Maureen:	Nein, das möchte ich nicht. Denn dann könnten wir uns ja gar nicht auf der Schule kennenlernen, wie es ursprünglich geplant war. Bob wird wegen seiner Blindheit eine ganz andere Schule besuchen.
Geistführer:	Das spielt keine Rolle. Wir können es trotzdem so einrichten, dass ihr euch kennenlernt.
Maureen:	Nein, nein, das will ich nicht.
Geistführer:	Wir könnten sogar dafür sorgen, dass ihr euch im gleichen Alter kennenlernt, wie ihr es ursprünglich auf der Schule getan hättet.
Maureen:	Nein. Diese gemeinsamen Erfahrungen, die wir miteinander geteilt hätten, wenn wir auf die gleiche Schule gegangen wären, sind sehr wichtig – nicht nur, weil Bob mir dadurch besonders vertraut geworden wäre, sondern

auch umgekehrt. Für ihn wäre diese gemeinsame Basis sogar noch wichtiger gewesen als für mich.

»Sie wenden sich an Bob und fragen ihn nach seiner Meinung. Er erklärt, dass er Verständnis für Maureens Entscheidung hat und damit einverstanden ist; doch man sieht ihm die Enttäuschung an.«

Bob: Ich entbinde dich von der Vereinbarung, die du mit mir getroffen hast. Wir werden uns zu einem anderen Zeitpunkt und an einem anderen Ort wieder begegnen und ein gemeinsames Leben miteinander führen.

Maureen: Ja, das werden wir. Ich danke dir für dein Verständnis. Drei Inkarnationen später werden wir wieder Gelegenheit haben, zusammen zu sein.

»Er nickt zustimmend, sie umarmen sich und Maureens Geistkörper verschwindet. Bob stößt einen hörbaren Seufzer aus, als er sie freigibt und sich von seinen Hoffnungen auf ein gemeinsames nächstes Leben mit ihr verabschiedet. So etwas ist selbst auf der Seelenebene nicht einfach. Es tut zwar nicht so weh wie in der physischen Welt; doch auch in der nichtphysischen Dimension fällt es vielen von uns schwer, keine Erwartungen und Ansprüche an andere Seelen zu stellen, die uns wichtig sind.

Maureen hat klar erkannt, dass die Richtung, in die Bobs Leben sich jetzt weiterentwickeln würde, der Erreichung ihrer Ziele nicht förderlich wäre. Außerdem spürte sie aber auch, dass sie unter diesen Umständen nicht mehr die optimale Lebenspartnerin für ihn wäre. Sie ist also nicht nur in ihrem eigenen Interesse, sondern auch aus Liebe zu Bob aus ihrer gemeinsamen Vereinbarung ausgestiegen.«

»In dieser Inkarnation«, sagte ich, »wollte Bob ja eigentlich lernen, sich so zu akzeptieren, wie er ist, und mehr Selbstwertgefühl entwickeln. Wie kann seine Blindheit ihm dabei helfen?«

Um diese Frage zu beantworten, zeigte uns Stacis Geistführer eine andere Szene aus dem Gespräch zwischen Bob und seinen Geistführern.

Bob: Mir ist klar geworden, dass ich ganz besondere Bedürfnisse haben werde, wenn ich mich entscheide, diesen Körper und dieses Leben zu akzeptieren. Wird mich das in meiner seelischen Entwicklung und bei der Erreichung meiner Ziele weiterbringen oder behindern?

Diese Frage beantworteten beide Geistführer wie aus einem Munde.

Geistführer: Du wirst dadurch noch viel eher zu dir selbst finden. Du wirst das Ziel deines Entwicklungsprozesses fast 20 Jahre früher erreichen, weil du nicht durch optische Reize von der Erkenntnis deiner wahren Identität abgelenkt wirst.

Bob: Das klingt gut. Dann scheint meine Blindheit mir ja eine Menge Zeit und Schwierigkeiten zu ersparen.

Geistführer: Das stimmt. Aber dafür wirst du natürlich auch mit Problemen konfrontiert werden, die ein Leben als Blinder mit sich bringt.

Bob: Ich verstehe.

Geistführer: Es wird dir nach wie vor schwerfallen, dich selbst zu lieben; aber du wirst dich eher kennenlernen und dein Ziel dadurch leichter erreichen. Wenn du in diesem Leben auf die Grundschule kommst, wirst du schon auf der gleichen Entwicklungsstufe stehen, die du in deinem ursprünglich geplanten Leben erst als Gymnasiast erreicht hättest.

Bob: Das erspart mir viel Stress, den ich sonst in meinem Leben gehabt hätte.

Geistführer: Richtig. Zwar wirst du trotzdem hin und wieder an dir selbst zweifeln und dich fragen, ob du auch wirklich gut genug bist oder ob irgendetwas mit dir nicht stimmt. Aber du wirst intelligenter sein und klarer und logischer denken können. Deshalb wirst du auch die Verbindung zwischen deinem höheren Selbst [deiner Seele] und deinem niedrigeren Selbst [deiner Persönlichkeit] eher erkennen und den Menschen, die dich lieben, weniger wehtun.

»Offenbar sollte Bob seinem ursprünglichen Plan zufolge erst durch seine Ehe klar werden, dass er homosexuell ist. Er wollte also zunächst versuchen, ein ganz ›normales‹ Leben als heterosexueller Mann zu führen. Diesen Entwicklungsschritt kann er jetzt überspringen. In seinem neuen Leben wird sein inneres Wachstum mehr mit seiner Homosexualität und dem damit verbundenen Lebensstil zu tun haben.«

Bob: Wie werde ich jetzt erfahren, dass ich homosexuell bin?

Geistführer: Du wirst dich selbst jetzt auf eine ganz andere, viel intensivere Weise kennenlernen, als es ohne diesen Unfall und die dadurch verursachte Behinderung möglich gewesen wäre. Ohne die optische Ablenkung durch deinen Gesichtssinn wirst du zu viel tieferen Einsichten und Selbsterkenntnissen gelangen und ständig – oder zumindest fast ständig – mit deinem innersten Wesen in Kontakt stehen.

»Mit dem ›innersten Wesen‹ ist die intelligente Schnittstelle zwischen der Seele und der lebenden [physischen] Person gemeint. Eine enge Verbindung zu dieser schöpferischen Energie zu haben, fördert das spirituelle Wachstum – egal, ob auf bewusster oder unbewusster Ebene.«

Geistführer: Du wirst die Eigenschaft der Güte viel mehr schätzen lernen, als du es ohne deine Blindheit gekonnt hättest, und dich daran erinnern, dass du ein guter, wertvoller Mensch bist – voller Liebe und wert, geliebt zu werden. Das wird zwar nicht ohne innere Arbeit ablaufen; aber es wird dir leichter fallen, als wenn du sehen könntest und von den vielen optischen Eindrücken auf der Welt abgelenkt würdest. Und dir wird auch schon in der Schule klar werden, dass du anders bist – dass du dich zum Klang einer Männerstimme, zum Geruch eines Mannes und zu männlichen Eigenschaften hingezogen fühlst.

»Das stimmt«, gab Bob später zu. »Ich wusste es schon von Kindheit an. Schon im Alter von acht oder neun Jahren wollte ich mich lieber von Männern als von Frauen umarmen lassen. Und bereits mit vierzehn reagierte ich stärker auf Jungs als auf Mädchen.«

Damit war die faszinierende Sitzung mit Staci und ihrem Geistführer zu Ende, und die beiden gaben mir Gelegenheit, noch ein paar abschließende Fragen zu stellen. Ich wusste schon aus meinen früheren Gesprächen mit Bob, dass er durch seine Blindheit Erfahrungen gemacht hatte, die sein Selbstwertgefühl auf die Probe stellten und ihm Motivation und Gelegenheit gaben, in seinem eigenen Inneren nach Liebe zu suchen. Doch wie wir erfahren hatten, bestand eines seiner Ziele für dieses Leben ja eigentlich darin, mehr Kontakt zu anderen Menschen aufzubauen.

»Bitte frag deinen Geistführer doch einmal, warum Bob das schwere Los der Blindheit akzeptiert hat, obwohl er wusste, dass ihn das von seinen Mitmenschen isolieren würde.«

Stacis Redefluss verlangsamte sich und ihr Geistführer begann direkt durch sie zu sprechen. »Nach eurer Zeitrechnung erfuhr die Seele zwei Tage nach der Geburt von dieser neuen Situation. Damals war das Kind noch nicht völlig blind, aber sein Augenlicht begann bereits zu schwinden. Genau wie alle Seelen hat auch diese Seele in den ersten Lebenswochen viel Zeit außerhalb ihres Körpers verbracht.

Die Seele sah eine Möglichkeit, diese schwierige Lebenssituation zu bewältigen und sich dabei trotzdem ganz wohlzufühlen.« [Schließlich hatte Bob sich ja in seinen früheren Inkarnationen bereits daran gewöhnt, allein zu sein.] »Ein Ziel dieser Inkarnation besteht darin, emotionale Unabhängigkeit zu entwickeln.«

»Wie definiert ihr in der Geisterwelt emotionale Unabhängigkeit?«, fragte ich.

»Als die Erkenntnis, dass jeder selbst für sein Glück und sein Wohlbefinden verantwortlich ist.«

»Hatte Bob das Gefühl, als Mönch in Spanien nicht gut genug für sein Glück und Wohlbefinden gesorgt zu haben?«

»So würden wir es nicht ausdrücken. Wir würden eher sagen, dass er damals noch übersensibel war. Es fiel ihm leichter, die Welt zu ertragen, indem er sich von ihr abschottete, nur wenig Kontakt zu anderen Menschen pflegte und nicht viel mit dem Alltagsleben zu tun hatte.«

»Warum hattet ihr das Gefühl, dass seine Blindheit ihm dabei helfen würde, emotionale Unabhängigkeit zu entwickeln?« Ich wollte, dass Stacis Geistführer mir möglichst viele Erklärungsmöglichkeiten dafür gab, warum eine Seele sich ausgerechnet für das schwere Los der Blindheit entscheidet.

»Weil das eine noch größere Herausforderung für seine Seele war. Seine Seele konnte in dieser Existenz als Person nur überleben und glücklich sein, wenn Bob klar wurde, dass nur er selbst und niemand anders für sein Wohlbefinden verantwortlich ist. Wenn man so etwas lernt, entwickelt man automatisch Selbstbewusstsein und Selbstwertgefühl. Wir hatten der Seele ja die Möglichkeit gegeben, aus diesem Leben auszusteigen; aber sie entschied sich dafür, zu bleiben. Diese Seele bewältigt gern schwierige Situationen.«

»Und warum hat Bob sich entschieden, homosexuell zu sein?«

»Aus demselben Grund: Es war eine Chance für ihn, Selbstwertgefühl zu entwickeln. Blinde und Homosexuelle haben in eurer westlichen Welt keinen hohen Stellenwert; sie werden nicht sonderlich gut behandelt. Sich als homosexuellen Mann zu akzeptieren, ist ein Teil seines schwierigen Lernprozesses. Manchmal braucht man besonders schwierige Situationen, um eine Lektion zu lernen.«

Ich fragte Stacis Geistführer, wie ein blinder Mensch wissen kann, ob er seine Blindheit schon vor der Geburt vorausgeplant hat oder ob sie unerwartet eingetreten ist. »Wenn jemand blind auf die Welt kommt oder eine erbliche Veranlagung für Blindheit hat«, antwortete der Geistführer, »deutet das auf eine vorgeburtliche Planung hin.« Als ich ihn fragte, was für Gründe eine Seele denn sonst noch für einen solchen Plan haben könnte, erklärte er mir, dass manche Komponisten und andere Künstler blind auf die Welt kommen, um ihr Hörvermögen oder andere Sinne zu schärfen: »Blinde sehen manchmal Dinge, die sie nicht sehen könnten, wenn sie ihr Augenlicht hätten.«

Bob verkörpert in seinem Leben die Eigenschaft des Mutes. Er hatte ohnehin schon einen schwierigen Lebensweg geplant, um zu Selbsterkenntnis, Selbstakzeptanz und schließlich Selbstliebe zu gelangen. Als dieser Plan durchkreuzt wurde, plante er ein neues Leben, in dem er zusätzlich zu seiner Homosexualität auch noch eine weitere schwierige Situation – Blindheit – meistern musste. Statt dieses neue Problem zu umgehen, indem er in die Geisterwelt zurückkehrte – was durchaus verständlich und akzeptabel gewesen wäre –, beschloss er, sich seiner zweifachen Herausforderung zu stellen.

In Bobs erstem Lebensplan hatten er und eine andere Seele, mit der ihn eine große Liebe verband, vorgehabt, zu heiraten, obwohl diese Ehe später wieder geschieden werden sollte. Ich habe bei meinen Recherchen immer wieder festgestellt, dass wir normalerweise schon vor der Geburt wissen, ob eine Ehe halten wird oder nicht. Eine Scheidung ist kein persönliches Versagen, sondern gehört zu unserem Lebensplan.

Zwei Seelen beschließen, in ihrer nächsten Inkarnation zu heiraten, um sich gegenseitig etwas beizubringen, voneinander zu lernen und ihr Karma auszugleichen. Sobald dieses innere Wachstum erreicht ist, hat die Ehe ihren göttlichen Zweck erfüllt. Das bedeutet aber nicht, dass eine Scheidung oder eine lebenslange Ehe von vornherein vorherbestimmt ist; wir haben stets die freie Wahl. Wir können zum Beispiel beschließen, einen Menschen, mit dem wir ursprünglich unser ganzes Leben verbringen wollten, zu verlassen. Wir können aber auch unsere Meinung ändern und für immer bei jemandem bleiben, mit dem wir eigentlich nur eine vorübergehende Beziehung eingehen wollten. Die Entscheidung liegt bei uns.

Ursprünglich hatte Bob ein Leben geplant, in dem er erst während seiner Ehe feststellen und akzeptieren sollte, dass er homosexuell ist. Einen solchen Plan zu verwirklichen, erfordert sehr viel Selbstliebe. Zunächst einmal hätte Bob sich seine Homosexualität eingestehen müssen. Als Nächstes hätte er den Mut aufbringen müssen, es seiner Frau zu sagen. Und schließlich hätte er sich selbst und seine Frau genug lieben müssen, um eine Ehe aufzugeben, die seiner wahren Identität nicht mehr gerecht wurde. Ob Bob tatsächlich ein so großes Ausmaß an Selbstliebe entwickelt hätte, wissen wir nicht.

Als er dann unerwartet kurz nach seiner Geburt erblindete, entwickelte er einen neuen Plan, der ihm den gleichen Entwicklungsprozess ermöglichte. Bob wusste, dass er wegen seines »doppelten Handicaps« von vielen seiner Mitmenschen gemieden werden würde und dass ihm wahrscheinlich ein einsames Leben bevorstand. Also entwickelte er einen Lebensplan nach dem Muster »Lernen durch Gegensätze«. Bob wusste, dass die Gesellschaft nicht immer positiv auf seine Blindheit und seine Homosexualität reagieren würde, war aber dennoch entschlossen, sich selbst mehr akzeptieren und lieben zu lernen. Gerade deshalb plante Bob Lebensumstände voraus, die ihn dazu motivieren sollten, das, was er in der Außenwelt nicht fand, in seinem eigenen Inneren zu entdecken. Obwohl seine Blindheit eine noch größere Schwierigkeit für ihn darstellte als die Hürden in dem Leben, das er ursprünglich geplant hatte, erhöhte sich dadurch doch die Wahrscheinlichkeit, dass er sein Ziel erreichen würde – denn diese Blindheit befreite ihn von allen äußeren Ablenkungen. Seine Geistführer wussten, dass der Verlust seines Augenlichts Bob in gewisser Weise sogar dazu zwingen würde, auf seine innere Weisheit zu hören.

Bob hat sich dafür entschieden, blind zu sein, weil ihm das eine Chance bot, die Größe und Erhabenheit seiner Seele wiederzuentdecken. Sein Ziel (Selbstliebe zu entwickeln) war das gleiche geblieben; nur der Weg dorthin hatte sich von Grund auf verändert. Bob braucht kein Augenlicht, um die Schönheit seiner inneren Landschaft zu entdecken. Und er hat auf seinem Lebensweg schon sehr viel erreicht. So hat er beispielsweise ein großes Einfühlungsvermögen entwickelt, vor allem für die »Außenseiter der Gesellschaft«, wie er selbst sagt. Und er erkennt mit untrüglicher Intuition das wahre Wesen eines Menschen. Obwohl Bob blind ist, hat er einen guten Blick für alles, worauf es wirklich ankommt: Güte, Mitgefühl und zwischenmenschliche Beziehungen. Er hat gelernt, den Tieren und Menschen, die ihn führen, zu vertrauen. Und obwohl er manchmal wegen seiner Blindheit von der Gesellschaft ausgegrenzt wird, geht er trotzdem immer noch auf andere Menschen zu. Er ist liebevoll und freundlich – eine sehr sensible Seele. Diese innere Schönheit seines Wesens hat er in seiner jetzigen Inkarnation wiederentdeckt.

Wenn Bob Eigenschaften wie Güte und Mitgefühl bei sich

oder anderen Menschen entdeckt, sieht er diese nicht mit seinem rationalen Verstand, sondern mit dem Herzen. Schönheit und Liebe kann man nur auf diese Art und Weise verstehen. Wenn wir eine Blüte betrachten, sagt uns ja schließlich auch nicht der Verstand, dass ihre Farben reizvoll sind und ihre Blütenblätter eine schöne Form haben, dass sie angenehm duftet und wir uns deshalb an ihr freuen sollten. Und wenn wir ein neugeborenes Baby sehen, analysieren wir nicht die Form seines Gesichts oder Körpers, um zu dem Schluss zu gelangen, dass dieses Kind niedlich und liebenswert ist. Solche Wesen treffen uns mitten ins Herz – genau wie die Güte unserer Mitmenschen. Den Verstand umgehen wir dabei, weil wir seine Interpretationen nicht brauchen.

Wenn wir wieder in unserer geistigen Heimat weilen und die Dinge nicht mehr durch den nebelhaften, verzerrenden Filter unseres physischen Gehirns betrachten, entspricht dieses fühlende Wissen, das aus dem Herzen kommt, unserer wahren Natur. Seelen, die in unserer heutigen Zeit auf der Welt inkarnieren (die Geistwesen manchmal als das »Zeitalter des Verstandes« bezeichnen, weil die Menschheit mentalen Prozessen heutzutage eine so große Bedeutung beimisst), verlieren vielleicht vorübergehend den Kontakt zu ihrem Herzen und sehen das Leben nur noch durch die Brille ihres rationalen Verstandes. Mit anderen Worten: Sie erforschen einen Teil ihrer selbst, der eigentlich gar nicht ihrem wahren Wesen entspricht. Doch schmerzliche Lebenserfahrungen kann man nur mit dem Herzen verstehen und heilen. Sie zwingen uns, unser Augenmerk vom analytischen Denken auf die Gefühle zu verlagern. Wir heben den Verstand von seinem Thron und machen ihn zum Diener unseres Herzens. Sobald wir unseren Lebensmittelpunkt in unserem Herzen verankern, erinnern wir uns wieder an die unsterbliche Seele, die wir in Wirklichkeit sind. Diese Erfahrung führt zu einer tieferen Selbsterkenntnis, die wir ohne die krassen Gegensätze, die wir in der physischen Dimension erleben, nicht erlangen könnten. Als Seele besteht Bob nur aus Güte und Freundlichkeit. Seine Blindheit hat ihm diese Seiten seines inneren Wesens nähergebracht. So konnte er das Ziel erreichen, das er sich für diese Inkarnation gesetzt hatte: sich selbst zu akzeptieren und zu lieben. Ohne Augenlicht kann er seine physische Gestalt zwar nicht sehen; doch mit den inneren Augen der Güte erkennt er seine unsterbliche Identität. Schwierige Lebenssituationen zeigen uns, dass die wahre Liebe in unserem eigenen Inneren wohnt – und dass wir eigentlich selbst die große Liebe unseres Lebens sind.

Kapitel 5

Alkoholismus und Drogensucht

Ich habe mein Hauptaugenmerk in diesem Buch auf besonders häufige Lebensprobleme gerichtet, weil ich denke, dass ich Ihnen damit am meisten weiterhelfen kann. Zu den häufigsten Schwierigkeiten, mit denen Menschen zu kämpfen haben, gehört sicherlich die Drogensucht. In diesem Kapitel möchte ich daher Alkoholismus und Drogensucht aus zwei verschiedenen Perspektiven beleuchten: aus der Sichtweise der Eltern und dem Blickwinkel einer Süchtigen.

Millionen von Eltern versuchen zu verstehen, warum ihre Kinder Drogen nehmen. Sie leiden unter enormen Schuldgefühlen und werfen sich vor, als Erzieher versagt zu haben. Viele betrachten die Drogensucht ihres Kindes nur als sinnloses Leiden – sowohl für das Kind selbst als auch für die ganze Familie. Zu diesen Eltern gehört auch Sharon Dembinski, deren Sohn Tony es erst nach langem Kampf gelungen ist, seine Heroinsucht zu überwinden.

Als ich mich mit dem Thema Drogensucht zu beschäftigen begann, wusste ich noch nicht, ob Seelen solche schwierigen Situationen schon vor ihrer Geburt planen. Ich hatte zwar bereits mit Jennifer (Kapitel 3) gesprochen, deren zwei Söhne mit mehrfachen Behinderungen zur Welt gekommen waren. Wenn Jennifer und ihre Söhne dieses Problem schon vor ihrer Geburt geplant hatten, war es gar nicht so unwahrscheinlich, dass Eltern und Kinder womöglich auch Erfahrungen mit Drogen vorausplanen. Aber Jennifers Söhne waren schließlich schon mit ihren Handicaps *auf die Welt gekommen,* während Sharons Sohn erst als Teenager heroinsüchtig geworden war. Warum sollten zwei Menschen eine Inkarnation planen, in der das Kind drogenabhängig wird? Was für einen tieferen Sinn erfüllt ein solches Problem für Mutter und Kind? Und wie konnten die zwei ihre Lebenspläne gemeinsam zu einer Chance werden lassen, die beide innerlich an dieser schweren Krise wachsen ließ?

Sharon

Sharons Geschichte

Sharon, die als Kinderkrankenschwester auf einer Neugeborenen-Intensivstation arbeitete, hatte gerade Dienst, als ihre Tochter Sarah anrief. Sie hatte Tony bewusstlos im Badezimmer gefunden. Neben ihm lag eine blutverschmierte Spritze; sein Arm war mit einem Gürtel umwickelt, sein Gesicht blau angelaufen.

»Ich begann hysterisch zu schluchzen«, erinnerte sich Sharon. »Dann rannte ich zu meinem Auto und fuhr nach Hause, so schnell ich konnte. Unterwegs betete ich die ganze Zeit: *Lieber Gott, bitte lass ihn nicht sterben! Bitte mach, dass er noch am Leben ist, wenn ich zu ihm ins Krankenhaus komme!«*

Tony hatte sich eine Überdosis Heroin gespritzt; er lag im Halbkoma und hatte starke Schmerzen in der Brust. Später stellten die Ärzte fest, dass er einen Herzinfarkt erlitten hatte. Man verlegte ihn auf die Intensivstation eines größeren Krankenhauses, und die Ärzte erklärten Sharon, dass er die Nacht wahrscheinlich nicht überleben würde.

»Ich flehte Gott an, sein Leben zu retten, und versprach, alles für ihn zu tun – und auch allen anderen Menschen beizustehen, die Hilfe brauchen«, erzählte Sharon mit leiser Stimme. »Er sah so bildhübsch aus, wie er da lag. Er hatte immer noch den gleichen dunkelbraunen Lockenkopf wie als Baby. Ich strich ihm immer wieder mit den Fingern durchs Haar, streichelte seine Locken, dachte daran, wie hübsch er war und wie sehr ich ihn liebte. Zwischen Sarahs und Tonys Geburt hatte ich drei Babys verloren. Ich bin mit fünf Schwestern aufgewachsen und hatte nie eine engere Beziehung zu Männern außer zu meinem Vater und meinem Ehemann. Nie hatte ich einen Bruder oder einen guten Freund gehabt. Deshalb war es mein größter Herzenswunsch gewesen, einen Sohn zu bekommen. Und alle, die ins Krankenzimmer kamen – Ärzte, Krankenschwestern –, staunten darüber, was für ein gut aussehender Junge er war.«

Tony überlebte die Nacht, und die Ärzte erklärten Sharon, dass er vielleicht auch weiterhin am Leben bleiben würde – aber höchstwahrscheinlich, so sagten sie, hatte sein Gehirn Schaden genommen. Schließlich hatte er anderthalb Stunden lang bewusstlos im Badezimmer gelegen.

Tony blieb noch fünf weitere Tage bewusstlos. Während dieser Zeit saß Sharon fast ständig an seinem Bett. »Irgendwann schlug er die Augen auf und sah mich an. Da wusste ich, dass mit seinem Gehirn alles in Ordnung war«, erzählte Sharon mit Tränen in den Augen. »Er sagte: ›Es tut mir leid‹ und fing an zu weinen. ›Dir braucht nichts leidzutun, Tony‹, beruhigte ich ihn. ›Jetzt ist alles gut. Du wirst wieder gesund.‹ Wir umarmten uns, und ich fragte ihn, ob er vorgehabt habe, sich das Leben zu nehmen. Doch er versicherte mir, dass es nur ein Unfall gewesen sei. Er wollte nicht sterben. Das war eine ungeheure Erleichterung für mich! Es bestand also noch Hoffnung, dass er seine Heroinsucht überwinden würde«, schluchzte Sharon. »Ich werde mich immer fragen, was ich bei seiner Erziehung eigentlich falsch gemacht habe«, fügte sie traurig hinzu.

Nach seiner Entlassung aus dem Krankenhaus kam Tony in ein Rehabilitationszentrum. Dort wurde er rückfällig: Er ließ sich von einem Mitbewohner zum Heroinkonsum überreden und spritzte sich wieder eine Überdosis. Nachdem er ärztlich versorgt worden war, holte Sharon ihn zu sich nach Hause.

»Ich wusste nicht, ob ich mit Angst oder Zuversicht in die Zukunft blicken sollte«, erinnerte sie sich. »Manchmal war ich zutiefst verzweifelt; und im nächsten Augenblick dachte ich wieder: ›Es wird schon alles gut werden.‹« Doch trotz dieser Stimmungsschwankungen versuchte sie in ihren Gesprächen mit Tony immer positiv zu denken. Sie ermutigte ihn damit, dass er schließlich an den meisten Tagen seines Aufenthalts in dem Rehazentrum standhaft geblieben war und *kein* Heroin genommen hatte. Um ihrem Sohn zu helfen, nahm sie an verschiedenen Internet-Chats teil, zum Beispiel besuchte sie einen Chatroom der Befürworter der Methadon-Therapie. Methadon hat eine ähnliche chemische Zusammensetzung wie Heroin, macht aber weniger abhängig und wird daher häufig zur Heroinentwöhnung eingesetzt. »Die Menschen, die ich dadurch kennenlernte, waren alle sehr freundlich, warmherzig und aufgeschlossen«, erzählte Sharon.

Besonders gut verstand sie sich mit Eddie, einem Mann, der damals auch gerade gegen seine Rauschgiftsucht ankämpfte. Eddie vermittelte ihr Einblicke in Tonys Gefühlsleben. Zu jener Zeit neigte Tony dazu, sich in seinem Zimmer einzuschließen; an manchen Tagen kam er nur zu den Mahlzeiten heraus. Eddie versicherte Sharon, dass dieses Verhalten ganz normal sei: Tony gehe der Welt aus dem Weg, weil er von seiner Sucht geheilt werden wolle und Angst habe, dass irgendein äußerer Einfluss ihn zu einem Rückfall verleiten könnte. »Eddie machte oft sehr scharfsichtige Bemerkungen, die mir die Augen öffneten«, erklärte Sharon. Einige seiner Botschaften inspirierten sie sogar so sehr, dass sie sie in Tonys Badezimmer an den Spiegel klebte. Mit der Zeit schloss Tony Eddie genauso ins Herz wie Sharon.

Drei Monate nach Tonys Entlassung aus dem Rehazentrum starb Eddie an einer Überdosis Rauschgift. Als Sharon ihrem Sohn davon erzählte, fielen die beiden sich nur stumm in die Arme und weinten.

Zwischen Eddies Tod und meinem Gespräch mit Sharon sind 15 Monate vergangen. Seitdem geht es Tony gut; er hat eine neue Freundin und ist auf Arbeitssuche. Ich fragte Sharon, inwieweit sie selbst sich in diesen eineinviertel Jahren verändert habe. »Ich bin mitfühlender und verständnisvoller geworden«, erwiderte sie. »Und ich sehe die Dinge jetzt aus einer ganz anderen Perspektive. Ich weiß, dass ich keinen Einfluss auf Tonys Verhalten habe. Ich kann nur seine positiven Seiten fördern und unterstützen. Aber ich habe keine Kontrolle über ihn. Das Einzige, was ich beeinflussen kann, ist meine Reaktion auf sein Verhalten.«

Auch in beruflicher Hinsicht hat Sharons Leben sich seitdem verändert. Motiviert durch Eddies Tod und ihr damaliges Versprechen an Gott, anderen Menschen zu helfen, wenn er Tony am Leben ließ, gründete Sharon ein neues Hilfsprogramm an ihrem Krankenhaus: »Mothers on Methadone« (MOM) bietet schwangeren Frauen, die eine Methadon-therapie hinter sich haben, und deren Kindern medizinische Versorgung und emotionale Unterstützung an. Bei ihrer Mitwirkung an diesem Programm kann Sharon ihre Liebe zu Babys mit ihrer neu entdeckten Leidenschaft verbinden: Menschen zu helfen, die den Weg aus der Heroinsucht gefunden haben.

»Wir bieten den Eltern psychologische Betreuung«, erzählte Sharon begeistert. »Denn wenn sie keine Unterstützung erhalten, werden sie womöglich wieder rückfällig, und dann hat das Baby keine Mutter mehr und kommt in eine Pflegefamilie – ein drastischer Einschnitt im Leben der Kinder, der ihnen meistens nicht guttut. Wenn auch nur eine einzige Mutter keinen Rückfall erleidet und weiterhin für ihr Kind da sein kann, haben wir schon unheimlich viel erreicht!«

Bevor Sharon MOM gründete, hatte sie drogensüchtige Mütter manchmal verurteilt. »Ich fragte mich: Wie kann eine Mutter nur so etwas tun? Doch jetzt sehe ich die Sache ganz anders.«

Sharon hat auch Veränderungen bei ihren Kolleginnen und Kollegen im Krankenhaus beobachtet. »Was ich mit meinem Sohn durchmachen musste, hat sie sehr betroffen gemacht. Denn wenn meinem Sohn so etwas passieren konnte, dachten sie, kann es schließlich ebenso gut ihre eigenen Kinder treffen. Dank dieser Erfahrung reagieren sie jetzt ganz anders auf ihre Patienten.«

»Was würdest du Eltern empfehlen, die ein drogensüchtiges Kind haben, Sharon?«, fragte ich.

»Haltet euer Problem nicht geheim. Geht auf andere Leute zu. Wenn ihr euch mit anderen Betroffenen aussprecht, werdet ihr jede Menge Unterstützung erhalten.«

Sharons Sitzung bei Glenna Dietrich

Ich wollte Sharon nicht in dem Glauben lassen, bei der Erziehung ihres Sohnes versagt zu haben. Denn ich hatte schon öfter erlebt, wie Menschen sich von ihrer Trauer und ihren Schuldgefühlen befreien und ihre Lebensprobleme aus einer ganz neuen Perspektive betrachten, wenn sie erfahren, dass sie sie selbst vorausgeplant haben. Ich hoffte, dass die Sitzung bei Glenna Dietrich Sharon den inneren Frieden zurückgeben würde.

Glenna hatte aus der Geisterwelt bereits einige Informationen über Sharons Sohn erhalten. »In seinen früheren Existenzen ist ihm in beruflicher Hinsicht alles gelungen, was er sich wünschte. Es schien alles wie von selbst zu gehen. Vielleicht war er früher sogar einmal eine Art Magier oder Schamane. In seiner jetzigen Inkarnation möchte er dieses magische Gefühl wiedererleben. Die chemische Reaktion, die in seinem Körper abläuft, wenn er Drogen nimmt, schenkt ihm diese außergewöhnliche Erfahrung.

Sein ganzes Leben steht unter einem besonderen Stern. Er ist sehr begabt und ungeheuer kreativ. Wenn man sich das Leben von Albert Einstein und anderen Menschen ansieht, die künstlerisch begabt waren oder der Welt revolutionär neue Erkenntnisse gebracht haben, fällt auf, dass diese Leute in jungen Jahren immer große Probleme hatten, weil es sehr schwierig ist, eine so außergewöhnliche Schwingung in einem menschlichen Körper auszuleben. Doch sobald sie etwas reifer werden, kommt alles ganz von selbst in Fluss.«

»Ehe Tony anfing, Drogen zu nehmen, hatte er eine erstaunliche künstlerische Begabung«, bestätigte Sharon. »In den letzten Jahren hat er sie zwar völlig vernachlässigt – aber das Talent besitzt er nach wie vor. Er hat einen IQ von 140.«

»Wenn ich mich auf ihn einstimme, spüre ich ein Gefühl von Angst«, erklärte Glenna.

»Dieses Gefühl habe ich auch«, stimmte Sharon zu.

»Wenn man ein großes Talent hat und es nicht ausleben kann«, fuhr Glenna fort, »entsteht eine kreative Blockade im Körper. Und blockierte Energie erzeugt Krankheiten. Also versuche ihn dazu zu führen, dass er seine Kreativität wieder zum Ausdruck bringt. Und vor allem: Liebe ihn. Denn er hat das Gefühl, etwas falsch gemacht und deinen Respekt verloren zu haben. Er glaubt, in deinen Augen jetzt nichts mehr wert zu sein.«

In Glennas Stimme schwang tiefes Mitgefühl mit. Das beruhigte mich: Ich wusste, dass Sharon in guten Händen war.

»Haben wir beide dieses Problem schon vor unserer Geburt geplant, weil es – aus einer höheren Perspektive betrachtet – gut für uns war?«, fragte Sharon.

»Ja. Erstens war es gut für euch und zweitens brauchte dein Sohn genau diese Erfahrung«, antwortete Glenna. »Wir kommen auf die Erde, um im Lauf der Zeit alle möglichen Erfahrungen zu machen. Wir waren alle schon einmal Mörder, Vergewaltiger, Heilige. Wir haben bereits alles erlebt – oder werden es noch erleben. Und wir planen diese Erfahrungen schon vorher, um die perfekten Voraussetzungen für die Lektion zu schaffen, die wir zum betreffenden Zeitpunkt gerade lernen müssen.

Du selbst hättest eigentlich gar nicht mehr auf die Welt zu kommen brauchen. Du hast deinen Lernzyklus schon abgeschlossen. Aber du bist freiwillig zurückgekehrt, um deinem Sohn zu helfen. Das bedeutet nicht, dass das dein einziger Lebenszweck ist; aber es war der Hauptgrund, warum du noch einmal auf der Erde inkarniert bist. Und irgendwo tief im Inneren weiß Tony das auch. Einerseits ist das ein wunderbares

Gefühl für ihn; aber anderseits hat er deshalb natürlich auch ein schlechtes Gewissen.«

Dass eine Seele nicht zu reinkarnieren brauchte und es trotzdem tat, hörte ich zum ersten Mal. Ich musste an Sharons MOM-Programm denken – wie sie aus ihrer leidvollen Erfahrung etwas Positives gemacht hatte, um anderen Menschen zu helfen. Offenbar hatten Glenna und ich es hier mit einer sehr reifen, hoch entwickelten Seele zu tun.

»Tony ist nicht in der Lage, sich selbst liebevolle Zuwendung entgegenzubringen«, erklärte Glenna. »Er ist diesmal auf die Welt gekommen, um genau das zu lernen. Du hingegen bist ein ungeheuer liebevoller, hilfsbereiter Mensch. Das ist deine besondere Begabung. Tony empfängt diese Liebe und Fürsorge nicht nur von dir, sondern beobachtet dich dabei auch und lernt diese Gabe von dir.«

»Neulich sagte er etwas zu mir, was mich total umgehauen hat«, erinnerte sich Sharon. »Er hat gesagt: ›Mutter, du bist mein größtes Vorbild, weil du so viel für andere Menschen tust.‹«

Sharon, Glenna und ich sprachen noch ein wenig miteinander. Dann verstummte Glenna und ein anderes Bewusstsein trat in ihren Körper ein.

»Wir freuen uns über eure Einladung«, begrüßten uns die Geistwesen, die Glennas Körper jetzt als Kanal benutzten. Offenbar waren es mehrere Wesen; doch sie sprachen wie aus einem Munde. Ihre Stimmen klangen sanft, liebevoll und voller Freude.

»Wir heißen euch an dieser Grenzlinie zwischen eurer und unserer Welt willkommen. Wir leben in Dimensionen, die nicht weiter von der euren entfernt sind als eine Haaresbreite. Wir sind zwei Geistführer. Einer von uns begleitet dich bereits seit dem Augenblick deiner Empfängnis, Sharon. Er hat auch schon vorher gemeinsam mit dir sämtliche Erlebnisse und Erfahrungen geplant, mit denen deine Seele dich in dieser Inkarnation konfrontieren wollte. Wir leben im Engelreich; du könntest uns also als deine Schutzengel bezeichnen. Hast du Fragen an uns?«

Sharon hatte sich damit einverstanden erklärt, dass ich bei diesem Gespräch die Führung übernahm. Zunächst fragte ich die beiden Geistwesen nach ihren Namen.

»Unsere Namen sind Schwingungen und deshalb wissen wir nicht, wie wir sie in Laute umsetzen sollen, die euer Medium aussprechen kann«, erklärten sie.

»Haben Sharon und Tony schon vor ihrer Geburt geplant, dass Tony drogenabhängig werden sollte – und wenn ja, warum? Was möchte Sharon daraus lernen – inwiefern will sie sich durch diese Erfahrung innerlich weiterentwickeln?«

»Es war wichtig für sie, all diese Schwierigkeiten in Demut und Bescheidenheit auf sich zu nehmen. Ihre Seele und ihre Persönlichkeit besitzen in ihrer jetzigen Inkarnation eine Fülle positiver Eigenschaften und Fähigkeiten, dadurch entsteht eine Menge Energie. Und die Persönlichkeit hat ihren Mitmenschen sehr viel zu geben. Deshalb mussten ihr Grenzen gesetzt werden; denn in eurer Dimension wächst die Seele an ihren Begrenzungen. Wenn ihr auf äußere Einschränkungen stoßt, müsst ihr eure Frustration überwinden und seid gezwungen, eure Energie nach innen zu richten und innerhalb eurer eigenen Parameter zu arbeiten. Diese nach innen gewandte, konzentrierte Energie überwindet die irdische Dichte eurer Dimension und erschafft Licht und eine höhere Schwingung.«

Damit hatten die Engel uns eine plausible Erklärung dafür geliefert, warum unsterbliche, nicht-physische Seelen unsere irdische Dimension so anziehend finden. Ich erinnerte mich daran, was Doris' Seele (Kapitel 2) mir erklärt hatte: Seelen betrachten sich als grenzenlose Wesen. Doch da die Wahrnehmung von Gegensätzen zu tieferer Selbsterkenntnis führt, inkarnieren sie sich in der physischen Dimension. Diese Wahrnehmung ist zwar in Wirklichkeit nur eine Illusion und steht in krassem Gegensatz zu unserer unbegrenzten Macht, die uns später in der Geisterwelt wieder bewusst wird. Doch auf der physischen Ebene entscheiden wir uns absichtlich für diese Illusion des Begrenztseins und wachsen dadurch darüber hinaus.

»Und mit welcher Art von ›Grenzen‹ musste Sharon sich in diesem Leben auseinandersetzen?«, fragte ich.

»Was die Beziehung zu ihrem Sohn anbelangt, hat sie früher stets in dem Glauben gelebt, perfekt sein zu müssen. Doch dann erlebte sie Situationen, in denen ihre Fähigkeiten und ihre Weisheit nicht ausreichten, um alle Aspekte ihrer Umgebung (auch das Verhalten ihres Sohnes) unter Kontrolle zu bekommen. Außerdem musste sie lernen, die Lebenswege ihrer Mitmenschen zu akzeptieren und zu respektieren – selbst wenn diese anders sind als ihr eigener Weg. Diese Lektion hat Sharon sehr gut gelernt. Ihr Mitgefühl und ihr Glaube an die Güte der Menschen sind dadurch gewachsen. Somit ist sie in diesem Leben ein ganzes Stück weitergekommen.«

Damit hatten die Engel uns eine sehr gute Zusammenfassung von Sharons Lebensplan gegeben. Anscheinend hatten sie und ihr Sohn das Drogenproblem unter anderem auch deshalb vorausgeplant, damit Sharon ihre respektvollen, mitfühlenden Wesenszüge wiederentdecken konnte. Statt Menschen, die den Weg der Drogensucht wählten, als »schlecht« abzustempeln (eine falsche Vorstellung, von der sie sich dann in späteren Inkarnationen wieder heilen müssten), hat Sharon die Erfahrung mit ihrem Sohn genutzt, um auf die Hilfe anderer Menschen – Tonys Leidensgenossen – zu bauen und deren Güte zu erkennen. Sie hat bereitwillig Liebe von anderen Menschen angenommen und diesen dadurch ein wertvolles Geschenk gemacht: nämlich die Chance, Liebe zu zeigen. Da wir auf der Ebene unserer Seele nichts anderes sind als Liebe, können wir auch in unserem physischen Leben nichts Sinnvolleres tun, als Liebe zu schenken und zu empfangen.

Aber schließlich hätte Sharon diese Selbsterkenntnis ja auch auf anderen Wegen gewinnen können. Warum hatte sie sich ausgerechnet dazu entschlossen, Mutter eines drogensüchtigen Sohnes zu werden?

»Weil Tony es sich so gewünscht hat«, erklärten die Engel.

Die Engel hatten auch von Frustration gesprochen; und aus meinen Gesprächen mit Sharon wusste ich, dass es sie tatsächlich sehr frustriert hatte, keine Kontrolle über Tonys Verhalten zu haben. Aber ich wusste auch, dass sie schließlich über dieses Gefühl der Frustration hinausgewachsen war und ihre eigene Machtlosigkeit akzeptiert hatte. »Wie konnte sie ausgerechnet durch die Erfahrung, ein drogenabhängiges Kind zu haben, ihre Frustration überwinden?«, fragte ich die Engel.

»Diese Erfahrung hat ihr Wege gezeigt, auf andere Menschen zuzugehen«, erklärten die Engel. »Und sie hat dadurch auch gelernt, sich in ihr eigenes Inneres zu versenken und dort eine Kraft zu finden, die sie ohne diese Erfahrung und ohne die intensive Liebe zu ihrem Sohn niemals entdeckt hätte. Zurzeit ergründet sie das Kontinuum zwischen der dunklen Seite ihrer Lebenserfahrung – der Angst, ihren geliebten Sohn zu verlieren – und dem Weg ins Licht – der mitfühlenden Zuwendung, die sie der Welt und allen Menschen entgegenbringt.«

»In der Geisterwelt«, sagte ich, »können wir also tun und manifestieren, was wir wollen, ohne mit irgendwelchen Widerständen kämpfen zu müssen. Und ohne Widerstände erleben wir natürlich auch keine Frustrationen. Wenn das stimmt, warum möchte eine Seele denn dann überhaupt lernen, wie man das Gefühl der Frustration überwindet?«

»Es geht ihr einfach um die Gefühle, die mit solchen Erfahrungen verbunden sind. In eurer Dimension wächst man an seinen Emotionen.«

»Ihr habt gesagt, dass Sharon in ihrem jetzigen Leben auch lernt, innerhalb ihrer eigenen Parameter zu arbeiten. Was ist damit gemeint, und wie hat ihr die Erfahrung mit ihrem drogensüchtigen Sohn geholfen, das zu lernen?«

»Sharons Seele hat im Lauf vieler Inkarnationen schon eine ganze Menge erlebt. Sie hat sämtliche Erfahrungen gemacht, die es gibt. Und als sie dann mit dieser ganzen Weisheit in ihrem jetzigen Körper reinkarnierte, brachte sie sehr viel Wissen, Erkenntnis und Bewusstheit mit in die Welt, aber auch das Gefühl, anders zu sein als ihre Mitmenschen – eine gewisse Arroganz. Mit anderen Worten: Sie musste Bescheidenheit lernen. Erst wenn ein Mensch Situationen erlebt, in denen er sich verzweifelt und machtlos fühlt, lernt er, Verständnis und Mitgefühl zu haben. Mitgefühl entsteht durch Erfahrung – nicht dadurch, dass man einfach nur mit ansieht, wie andere Leute schwierige Situationen durchmachen, oder etwas darüber hört oder liest.«

Die Engel hatten aber auch noch einen anderen Grund für Tonys Drogensucht erwähnt: Sharon sollte dadurch lernen, ihre Energie zu konzentrieren. Ich fragte die Engel, was sie damit gemeint hatten.

»Jetzt kann Sharon die Empfindungen der Liebe und des Mitgefühls, die sie aus dieser Erfahrung gewonnen hat, sehr zielgerichtet einsetzen. Sie hat ein klares Ziel vor Augen. Diese innere Klarheit ist dadurch entstanden, dass sie sich von allem alten Ballast befreite, der nicht mehr zu ihr passte.«

»Ihr habt gesagt, dass sie auch lernen wollte, die Lebenswege anderer Menschen zu respektieren. Wie hat ihr die Erfahrung mit ihrem drogenabhängigen Sohn dabei geholfen?«

»Sie hat eine Perspektive eingenommen, aus der heraus sie Verständnis und Mitgefühl für Menschen aufbringen kann, die sich für eine andere Lebenserfahrung entschieden haben als sie selbst. Diese Entscheidungen ihrer Mitmenschen kann sie jetzt respektieren, weil sie erkannt hat, dass alle Wege zu mehr Bewusstheit führen. In Wirklichkeit kommt es nur auf die Lektionen an – der Weg, den man wählt, um sie zu lernen, ist unwichtig. Wenn ein Mensch zu dieser Erkenntnis gelangt, ist das ein Zeichen von großer Weisheit.«

Die Worte des Engels erinnerten mich an die vielen Menschen, über die ich in meinem Leben schon negativ geurteilt hatte. Wie oft hatte ich mich schon gefragt, warum sich jemand für einen Weg entschied, den ich für einen großen Fehler hielt? Doch genau wie Tony hatten auch diese Menschen in Wirklichkeit nur Entscheidungen getroffen, die sie zu der Bewusstheitseinsstufe hinführten, die sie im Augenblick gerade erreichen mussten.

»Ihr habt gesagt, dass diese Erfahrung Sharon in ihrem Glauben an die Güte der Menschen bestärkt hat. Wie konnte das geschehen?« Die Antwort auf diese Frage interessierte mich ganz besonders, denn Sharon hatte Dinge erlebt, durch die man sehr leicht zornig und verbittert wird oder in Resignation und Selbstmitleid versinkt – und doch hatte sie es geschafft, aufgrund dieser Erfahrungen noch mehr gute Seiten an anderen Menschen zu entdecken.

»In ihrem Leben sind immer wieder Dinge passiert, die ihr das Gefühl gaben, völlig machtlos zu sein. Und doch ist es ihr gelungen, ihrem Sohn das Leben zu retten und ihn von einer Abhängigkeit zu befreien, die sie für lebensbedrohlich hielt. In dieser verzweifelten Situation suchte sie Halt bei anderen Menschen, und man begegnete ihr mit Güte und Hilfsbereitschaft. Durch so eine Erfahrung entwickelt man Vertrauen – nicht nur Vertrauen auf seine eigene innere Kraft, sondern auch auf andere Menschen, selbst völlig fremde, die einem mit ihren Informationen und guten Ratschlägen weiterhelfen.« Das erinnerte mich an Sharons Rat an betroffene Eltern: Geht auf andere Leute zu.

Doch trotz der Liebe, die ihre Mitmenschen ihr entgegengebracht hatten, war Sharons Weg doch sehr leidvoll gewesen. Also hatte sie sicherlich auch noch andere Gründe dafür gehabt, so große Schwierigkeiten auf sich zu nehmen. Wollte sie dadurch vielleicht Lektionen vertiefen, die sie bereits in früheren Inkarnationen gelernt hatte? Und warum hatte sie sich entschlossen, Tony bei der Verwirklichung seines Lebensplans zu helfen?

»Hat Sharon diese schwierige Erfahrung hauptsächlich deshalb auf sich genommen, um ihrem Sohn damit einen Dienst zu erweisen?«

»Richtig. Sie hat diesen Weg aus Liebe zu ihrem Sohn gewählt.«

»Und hatte sie auch vor, aus dieser Situation heraus etwas zu tun, was der Welt zugutekommen würde?«

»Alle Lernsituationen, sämtliche Emotionen und Erkenntnisse, die ein Mensch [auf der Erde] gewinnt, wirken sich automatisch auf sämtliche anderen Bewohner der Erdebene aus und erreichen sogar die übrigen Dimensionen. Kein Mensch kann etwas denken, sagen oder tun, ohne dass die emotionale Schwingung dieses Gedankens oder Ausspruchs oder dieser Tat sich über sämtliche Dimensionen ausbreitet. Es ist wie ein Stein, den man ins Wasser wirft und der um sich herum Wellen erzeugt, die sich nach und nach immer weiter ausbreiten.

Für das begrenzte menschliche Gehirn ist das nicht so ohne Weiteres verständlich. Deshalb erklären wir es euch.«

Damit hatten die Engel uns verdeutlicht, was für eine ungeheure Verantwortung auf jedem Menschen lastet – aber auch, was für enorme Chancen wir in diesem Leben haben. Wenn uns das klar wäre, würden wir uns nie wieder macht- oder bedeutungslos fühlen, sondern uns bemühen, anderen Lebewesen in jeder Sekunde unseres Lebens immer nur Liebe entgegenzubringen – selbst in unseren »geheimsten« Gedanken.

All das schien Sharon bereits begriffen zu haben. Ich erinnerte mich daran, mit welcher Begeisterung sie mir die positiven Auswirkungen ihres MOM-Programms geschildert hatte.

»Aufgrund der Erfahrungen mit ihrem drogenabhängigen Sohn«, sagte ich, »hat Sharon an ihrem Krankenhaus ein Programm initiiert, um heroinsüchtigen schwangeren Frauen zu helfen. Brauchte sie ihre Erfahrung mit Tony vielleicht auch als Motivation, um später dieses Programm ins Leben zu rufen?«

»Ja«, antworteten die Engel.

Sharon hatte sich wirklich einen perfekten Lebensplan zurechtgelegt. Ich fragte mich, ob ihre Begegnung mit Eddie auch von vornherein geplant gewesen war.

»Sharon hat durch die Drogenprobleme ihres Sohnes einen jungen Mann kennengelernt, der inzwischen wieder in der Geisterwelt weilt und von dem sie sehr viel Unterstützung erhalten hat. Er hieß Eddie. Gehört Eddie zu Sharons Seelenfamilie und war er auch ein Teil ihres Lebensplans?«

»Er gehört zu Tonys Seelengruppe«, korrigierten mich die Engel. »Und er war tatsächlich von vornherein mit eingeplant.«

»Wussten Sharon und Eddie denn schon in ihrem vorgeburtlichen Planungsstadium, dass sie einander auch wirklich begegnen würden?«

»Es ist alles vorausgeplant«, sagten die Engel. »Alle Dinge geschehen synchron.« Damit meinten sie, dass es keinen Zufall gibt. Menschen wie Sharon und Eddie, die sich scheinbar zufällig über das Internet kennenlernen, ziehen sich in Wirklichkeit gegenseitig an, weil sie eine ähnliche Frequenz haben. Hätte das Internet sie nicht zueinandergeführt, so wären sie sich auf irgendeine andere Weise begegnet.

Ich fragte die Engel, ob auch Tonys fast tödliche Überdosis Heroin vorn vornherein geplant gewesen war.

»Ja«, antworteten sie.

»Warum brauchten Sharon und Tony zusätzlich zu der schweren Erfahrung seiner Drogenabhängigkeit auch noch dieses dramatische Ereignis?«

»Dadurch erreichten ihre Energien und Emotionen einen Höhepunkt. Nur so konnten sie sich innerlich wandeln und andere, bessere Entscheidungen treffen.«

»Tony hat später noch zweimal eine Überdosis Heroin genommen. Gehörte auch das zum Plan dieser beiden Seelen?«

»Ja. Durch jedes dieser Ereignisse kam es zu einer Explosion emotionaler Energien. Dadurch konnten sich diese Energien schließlich wandeln und auf eine höhere Ebene aufsteigen.« Ich war zwar nicht ganz sicher, was die Engel damit meinten, hatte aber das Gefühl, dass es vielleicht mit Sharons MOM-Programm zusammenhing.

»Aber Sharon hätte doch schließlich auch vorausplanen können, ein Programm zur Unterstützung drogensüchtiger werdender Mütter ins Leben zu rufen, ohne selbst einen drogenabhängigen Sohn zu haben«, wandte ich ein. »Warum musste sie unbedingt beides planen?«

»Durch die Drogensucht ihres Sohnes und ihr eigenes Gefühl der Hilflosigkeit und Hoffnungslosigkeit entstand eine intensive emotionale Energie. Diese floss in Sharons MOM-

Programm ein, das allen Beteiligten zugutekommt, indem es sie auf eine höhere Bewusstseinsstufe emporhebt. Die Mütter, die im Rahmen des Programms betreut werden, haben diesen Weg und diese Erfahrung aus ganz bestimmten Gründen gewählt. Gleichzeitig helfen sie anderen Menschen wie Sharon dadurch, Mitgefühl und Vertrauen in die Welt zu entwickeln und die Lebensentscheidungen anderer Leute zu respektieren, statt mit Zorn oder Mitleid darauf zu reagieren. Denn im Gegensatz zu Mitgefühl ist Mitleid eine sehr abwertende, respektlose Haltung. Ihr Menschen müsst solche Lektionen erst einmal lernen, um ein höheres Bewusstsein und mehr Weisheit in eure Dimension hineinbringen zu können.«

»Haben Sharon und Tony denn auch schon vor ihrer Geburt beschlossen, dass Tony ausgerechnet von Heroin abhängig werden sollte – und wenn ja, warum? Schließlich hätte er ja auch Alkoholiker werden können.«

»Das hat etwas mit der chemischen Zusammensetzung dieser Droge zu tun«, erklärten die Engel. »Heroin macht sehr abhängig, mehr als Alkohol – und diese extreme Abhängigkeit war genau die Erfahrung, die Tony und Sharon brauchten.« Obwohl ich bereits wusste, dass unsere vorgeburtlichen Lebenspläne sehr detailliert sind, erstaunte mich diese Aussage dennoch: Sharon und Tony hatten also nicht nur die Sucht, sondern sogar die Art der Droge vorausgeplant.

»Und haben die beiden bei ihrer vorgeburtlichen Lebensplanung auch über die Möglichkeit gesprochen, dass Tony an seiner Heroin-Überdosis sterben könnte?«

»Ja.«

»Warum haben sie sich nicht für diese Alternative entschieden?«

»Weil Tonys Weiterleben ihnen viel mehr Gelegenheit gab, sich innerlich zu heilen und in ihrer Beziehung zueinander eine höhere Bewusstseinsstufe zu erreichen«, erwiderten die Engel.

»Wenn ich es richtig verstanden habe, können Seelen ja völlig frei entscheiden, wann und wo sie sich inkarnieren wollen. Warum haben Sharon und Tony für ihre Inkarnation ausgerechnet unsere heutige Zeit gewählt?«

»Weil dieses Zeitalter euch Menschen viele Möglichkeiten bietet, eure eigenen Grenzen zu erfahren und euer Bewusstsein zu erweitern. Die jetzige Zeit ermöglicht den Menschen in eurer Dimension ein besonders schnelles inneres Wachstum. Viele Seelen, die in dieser Zeit inkarnierten, sind gerade dabei, ihren Kreislauf der Wiedergeburten zu beenden und in andere Dimensionen aufzusteigen.«

»Warum gibt es in unserem Zeitalter mehr Möglichkeiten, an seine eigenen Grenzen zu stoßen, als früher oder in der Zukunft?«

»Weil euer Planet zurzeit gerade einen Zusammenbruch sämtlicher Systeme erlebt. Wenn alte Systeme in die Brüche gehen, entsteht Chaos. Und dieses Chaos ist ein wichtiger Bestandteil aller Begrenzungen und auch jeden neuen Wachstums. Es ist einer der fruchtbarsten Böden für Lernerfahrungen aller Art.«

»Was würdet ihr einem Leser meines Buches empfehlen, der drogensüchtig ist und den tieferen spirituellen Sinn hinter dieser Erfahrung begreifen möchte?«

»Respektiere deine Vergangenheit, werde dir klar darüber, wer du bist – und liebe dich selbst«, sagten die Engel.

»Und welche Botschaft würdet ihr Eltern eines drogenabhängigen Kindes mit auf den Weg geben?«

»Genau die gleiche.«

»Gibt es noch irgendetwas, was die Leser über dieses Thema wissen sollten?«

»Ihr solltet euch mit Möglichkeiten der Bewusstseinserweiterung beschäftigen. Man kann sein Bewusstsein nämlich auch erweitern, ohne seinen Körper zu schädigen oder zu zerstören. Dafür gibt es in eurer Dimension Techniken, die man erlernen kann. Befasst euch mit den Methoden der Bewusstseinserweiterung, die in früheren Kulturen praktiziert wurden. Vielleicht lässt sich einiges davon in euer heutiges Leben hinüberretten.«

»Was würdet ihr einem jungen Menschen raten, der drogensüchtig ist und sich deshalb Vorwürfe macht oder das Gefühl hat, seine Eltern enttäuscht zu haben?«

»Solche Menschen haben diesen Weg aus einem ganz bestimmten Grund gewählt«, erwiderten die Engel. »In eurer Dimension gibt es Zeiten, in denen euer Lebenszweck hinter einem Schleier von Werturteilen verschwindet, die andere Menschen euch aufzwingen. Eure Familie und eure Kultur üben großen Druck auf euch aus. Doch die Jugend von heute ist dabei, über die Werturteile der älteren Generation hinauszuwachsen. Die alten Systeme, auf denen eure Erziehung, eure Religion, eure Politik und eure Wissenschaft beruhen, werden sich jetzt entweder erweitern oder völlig zusammenbrechen, um dann neu aufgebaut zu werden.«

»Und was würdet ihr Menschen raten, die Drogensüchtige im Grunde ihres Herzens verurteilen, dieses Vorurteil aber gern überwinden möchten?«

»Das negative Urteil ihrer Mitmenschen ermöglicht es Drogensüchtigen oft erst, das ganze Wechselbad der Gefühle zu erleben, das zu ihrem selbst gewählten Weg gehört. Also haben auch diese Vorurteile ihren Sinn. Nichts, was in eurer Dimension geschieht, ist wertlos.«

»Wie kann ein Drogensüchtiger innerlich daran wachsen, dass andere Menschen ihn verurteilen?«, fragte ich.

»Dadurch entstehen Grenzen, die er überwinden muss. Und über diese Grenzen kann er nur hinauswachsen, indem er erkennt, dass er es wert ist, sich selbst zu lieben und von seinen Mitmenschen geliebt zu werden – auch wenn es Leute gibt, die sein Handeln verurteilen.«

Nun schaltete Sharon sich ein: »Könnt ihr mir sagen, wie erfolgreich das Programm, das ich an meinem Krankenhaus entwickelt habe, sein wird?«, fragte sie.

»Dass du Energie in die Gründung einer Organisation gesteckt hast, die etwas für andere tun will, ist bereits Teil des Erfolges. Gedanken, Erfahrungen und Energien reichen schon aus, um andere Menschen in deiner Dimension zu beeinflussen. Daher solltest du deine Bemühungen selbst auf jeden Fall als Erfolg betrachten – egal, was die anderen Leute dazu sagen. Räume diesem Programm einen Ehrenplatz in deinem Herzen ein.«

Mit diesen Worten verabschiedeten sich die Engel. Sharon und ich schwiegen noch eine Weile, während wir all die vielen Informationen zu verarbeiten versuchten, die wir in dieser Sitzung erhalten hatten.

»Ich musste während des Gespräches ein paarmal weinen«, gestand Sharon. Ich fragte sie, welche Aussagen der Engel sie am meisten berührt hätten.

»Am meisten beeindruckte es mich«, erwiderte Sharon, »zu verstehen, dass die Erfahrung meiner Begrenzungen und meiner Machtlosigkeit mich demütig werden ließen. Ich bin dadurch ein sehr viel stärker mitfühlender Mensch geworden. Als du nach Eddie fragtest – meinem Freund, der jetzt nicht mehr unter uns weilt –, rührte mich schon allein die Erwähnung seines Namens zu Tränen. Und als ich dann auch noch erfuhr, dass er zu Tonys Seelenfamilie gehört, ergab das alles endlich einen tieferen Sinn für mich.«

Wie viele Menschen hatten auch Sharon und Tony ein Leben geplant, in dem sie aus Gegensätzen lernten: Sie hatten sich Rollen auf den Leib geschrieben, die einen krassen Kontrast zu der nicht-physischen, unsterblichen Identität ihrer Seele bildeten. Denn Tony ist in Wirklichkeit gar kein Heroinsüchtiger, sondern im Gegenteil eine sehr tapfere Seele, die die schwierige Erfahrung der Drogensucht nur auf sich genommen hat, um daraus zu lernen, wie man sich selber liebt. Und auch Sharon ist nicht die ängstliche, frustrierte Mutter oder die überlastete Krankenschwester, die drogensüchtige Schwangere betreut und sich dabei insgeheim fragt: Wie kann man nur? Sondern sie ist in Wirklichkeit eine sehr liebevolle Seele, die absichtlich Augenblicke der Frustration und der Abwertung anderer Menschen in ihren Lebensplan eingebaut hat, um ihr wahres Wesen wiederzuentdecken: Respekt, Toleranz und Mitgefühl.

Sharon und Tony haben dieses Drogenproblem aber auch geplant, um der Menschheit damit einen Dienst zu erweisen. Das macht sie zu echten Lichtarbeitern – Menschen, die ihr inneres Licht mit vielen anderen Menschen teilen und ihnen dadurch zur Erleuchtung verhelfen. Sharon wusste schon vor ihrer Geburt, dass sie als Reaktion auf die Drogenabhängigkeit ihres Sohnes ein Programm zur Unterstützung drogensüchtiger werdender Mütter ins Leben rufen würde. Natürlich hätte sie später auch von diesem Plan abweichen und beschließen können, ihr Herz zu verhärten und sich innerlich zurückzuziehen. Doch sie hatte sich durch viele frühere Inkarnationen bereits so weit entwickelt, dass Mitgefühl für sie die naheliegendste Reaktion war.

Die Geschichte von Sharon und Tony erinnert uns daran, dass die physische Ebene eine Welt der Illusionen ist: Nichts ist so, wie es zu sein scheint. Manchmal nimmt unser Dienst an der Menschheit die Form großer Projekte an. Viel häufiger jedoch bietet das Leben uns einfach nur die Gelegenheit, über unsere Werturteile hinauszuwachsen – denn jede abwertende Einstellung trennt uns von den Menschen, die wir verurteilen. Und diese Trennung wiederum erzeugt Angst und hindert uns an der Erkenntnis einer Wahrheit, die uns vor unserer Geburt noch bewusst war: dass wir in Wirklichkeit alle eins sind. Jeder Mensch ist ein Funke des großen, allumfassenden Bewusstseins – eine Zelle aus dem Herzen des göttlichen Wesens. Wenn wir andere Menschen verurteilen, vergessen wir unsere eigene Göttlichkeit; erst wenn wir uns innerlich von allen Werturteilen befreien, erinnern wir uns wieder an unseren göttlichen Ursprung.

Das, was wir an anderen Menschen verurteilen, sind in Wirklichkeit Seiten unserer eigenen Persönlichkeit. Wenn wir einen drogensüchtigen Menschen als »schwach« abtun, gibt es auch in uns selbst einen Charakterzug, den wir für Schwäche halten und deshalb ablehnen. Denn wenn wir uns nicht selbst hin und wieder als schwach empfinden würden, könnten wir diese Eigenschaft auch keinem anderen Menschen zuschreiben. Dann würden wir diese Verhaltensweise der anderen Person entweder gar nicht bemerken, oder wir würden sie nicht als Schwäche einstufen. All unsere Werturteile über andere Menschen sind in Wirklichkeit nur verkappte Urteile über unser selbst. Erst wenn wir dieser Tatsache ins Auge sehen, können wir innerlich wachsen. Dieser schwierige Entwicklungsprozess ist nur möglich, wenn wir schonungslos ehrlich zu uns selbst sind – aber es lohnt sich, diesen Weg zu gehen.

Sharon hat es inzwischen geschafft, keine Werturteile mehr über andere Menschen zu fällen. Statt ihren Sohn wegen seiner Rückfälle in die Drogensucht zu verurteilen, erinnert sie ihn immer wieder an die vielen Tage seines Aufenthalts im Rehazentrum, an denen er standhaft geblieben ist. Sie begegnet drogensüchtigen werdenden Müttern mit bedingungsloser Liebe und Herzlichkeit. Denn jetzt kann sie in die Seelen der Drogenabhängigen hineinschauen und erkennt dort Warmherzigkeit und Mitgefühl. Sie hat kein Mitleid mehr mit diesen »Außenseitern« der Gesellschaft. »Mitleid trennt uns – Mitgefühl vereint uns«, hat das Medium Glenna Dietrich in einem unserer Gespräche gesagt. Denn wenn man einen Menschen bemitleidet, betrachtet man ihn als Opfer und übersieht den Mut, den es ihn gekostet hat, die vor seiner Geburt geplante schwierige Situation auch tatsächlich durchzustehen.

Inzwischen fällt Sharon nur noch Urteile über sich selbst. Das kommt teilweise von ihrem Streben nach einer Perfektion, die sie ihrer Ansicht nach nicht erreicht hat. Mit unseren Anschauungen (vor allem unseren Urteilen über uns selbst) schaffen wir uns die meisten der Grenzen, von denen die Engel gesprochen haben, selbst. Wir können uns nur dann akzeptieren und lieben, wenn wir diese falschen Vorstellungen infrage stellen und etwas daran ändern. Ich hoffe, dass die Sitzung mit den beiden Engeln Sharon (und anderen Eltern drogensüchtiger Kinder) gezeigt hat, dass niemand die Schuld an einem solchen Problem trägt.

Werturteile sind Gedanken, und Gedanken sind lebendige Energien. Und da sich ähnliche Energien gegenseitig anziehen, ziehen wir mit Werturteilen unweigerlich Menschen in unser Leben, die ebenfalls dazu neigen, andere Leute abzuwerten. Die Welt ist nichts anderes als ein Spiegel, in dem wir uns selbst sehen. Wenn wir von Menschen umgeben sind, die vorschnell über andere urteilen, will uns das Leben damit vielleicht sagen, dass wir ebenfalls dazu neigen, uns über unsere

Mitmenschen zu erheben, und diese Einstellung einmal kritisch unter die Lupe nehmen sollten.

Drogen- oder alkoholabhängige Menschen geben uns aber nicht nur Gelegenheit, uns in einer Haltung der Wertfreiheit zu üben, sondern auch die Chance, Mitgefühl zu zeigen. Das ist sogar einer der Gründe, warum diese Menschen ihre Drogensucht geplant haben. Die heroinsüchtigen Mütter, denen Sharon im Rahmen ihres Hilfsprogramms begegnet, geben ihr immer wieder Gelegenheit, Mitgefühl zu empfinden. Wer erweist damit wem einen Dienst? Wenn wir einen drogen- oder alkoholabhänigen Menschen lieben und uns fragen, warum er uns solches Leid zufügt, lautet eine mögliche Antwort: Wir sind in dieser Inkarnation auf die Welt gekommen, um anderen Menschen Mitgefühl entgegenzubringen und diese Seite unserer Seele dadurch erst richtig kennenzulernen. Und der drogensüchtige Mensch erweist uns in Wirklichkeit einen Liebesdienst, indem er uns diese Erfahrung ermöglicht. Wir können gekränkt oder wütend auf seine Sucht reagieren und sie als Belastung empfinden – oder erkennen, dass diese leidvolle Erfahrung uns den Weg zu einer tieferen Selbsterkenntnis zeigt.

Sharons Erlebnis mit ihrem Sohn hat ihr aber auch noch einen weiteren inneren Gewinn eingebracht: nämlich ihren Glauben an die Güte der Menschen. Sie hätte sich ebenso gut entscheiden können, zu glauben, dass das Leben nur aus Kampf und Leiden besteht und dass andere Menschen einen nur verletzen. Sie hätte sich innerlich abkapseln und eine emotionale Distanz zu ihren Mitmenschen aufbauen können. Stattdessen erzählte sie anderen von ihrem leidvollen Kampf um ihren drogensüchtigen Sohn und öffnete sich für ihre Liebe und ihr Mitgefühl. Sie war stark genug, ihre Verletzlichkeit zu zeigen, und wehrte sich gegen die Versuchung, ein zynischer, verbitterter Mensch zu werden. Dadurch weiß sie den Wert der Liebe jetzt viel mehr zu schätzen, als wenn sie keinen drogensüchtigen Sohn gehabt hätte.

Diese Liebe, die Sharon gibt und empfängt, wirkt sich nicht nur auf ihr unmittelbares Umfeld aus, sondern zieht viel weitere Kreise. Auch wenn diese Energiewellen für unsere Augen unsichtbar sind, hinterlassen sie doch im gesamten Universum ihre Spuren. So können wir, indem wir uns selbst verändern, gleichzeitig auch andere Menschen ändern – aber natürlich nur, wenn diese für die energetischen Auswirkungen unseres inneren Wandels offen sind. Dadurch, dass Sharon Respekt und Toleranz gegenüber den Lebensentscheidungen anderer Menschen entwickelte, hat sie es uns allen erleichtert, die Lebenswege unserer Mitmenschen zu respektieren. Dadurch, dass sie ihrem Sohn Tony Mitgefühl entgegenbrachte, bahnte sie uns allen einen Weg, uns anderen Menschen gegenüber ebenso zu verhalten. Durch die liebevolle Zuwendung, die sie den Frauen in ihrem MOM-Projekt schenkt, fördert sie dieses Gefühl der Liebe auch in anderen Menschen zutage, denen sie vielleicht nie begegnen wird. Und wenn Tony lernt, sich selbst liebevolle Zuwendung entgegenzubringen, hilft er damit gleichzeitig auch Ihnen, den Lesern dieses Buches, liebevoller und rücksichtsvoller mit sich umzugehen. Immer wenn ein Mensch eine schwache Seite seiner Persönlichkeit heilt, erhöht sich dadurch die Schwingung im Universum und fördert die Heilung der ganzen Menschheit. So viel Macht haben wir. Manchmal sind diese Auswirkungen sofort spürbar und messbar, manchmal indirekt und unsichtbar. Doch die Welt folgt stets den energetischen Spuren, die wir hinterlassen.

Pat

Nachdem ich die vorgeburtliche Lebensplanung eines Drogensüchtigen aus der Perspektive der Eltern untersucht hatte, wollte ich dieses Problem auch aus der Warte einer betroffenen Person beleuchten. Ich sprach mit Pat, der über 40 Jahre lang Alkoholiker war. Schon allein diese lange Zeit deutet darauf hin, dass er die Entscheidung, zu trinken, nicht erst nach seiner Geburt getroffen hat, sondern dass sie von vornherein zu seinem Lebensplan gehörte.

Pats Geschichte

Pat wurde im Jahr 1933 geboren und wuchs in Amarillo im Bundesstaat Texas auf. Seine Stimme klingt freundlich und warmherzig. Er erzählte mir, dass er erst im Alter von 58 Jahren zu trinken aufgehört hatte. Begonnen hatte sein Alkoholproblem bereits mit vierzehn, als er gemeinsam mit einem Freund eine Tanzveranstaltung besuchte.

»Wir waren beide so schüchtern«, erinnerte sich Pat, »dass wir uns erst mal zwei Flaschen Bier holten, um unsere Verlegenheit hinunterzuspülen. Anfangs kostete uns das große Überwindung, denn die ersten Schlucke schmeckten abscheulich. Doch die beflügelnde Wirkung stellte sich sehr rasch ein. Ich hatte das Gefühl: ›Oh Mann, ich tanze wie ein junger Gott, und alle Mädels finden mich toll!‹ Und tatsächlich ging ich sofort auf die Tanzfläche und amüsierte mich prächtig. Unter Alkoholeinfluss wurde ich zu Fred Astaire: Ich sah plötzlich blendend aus und war charmant, geistreich und witzig. Natürlich wusste ich, dass das alles in Wirklichkeit gar nicht stimmte. Aber der Alkohol gab mir das Gefühl, ein toller Typ zu sein.«

Damals wünschte sich Pat nichts sehnlicher, als aus seiner Heimatstadt Amarillo herauszukommen. Mit sechzehn verließ er das Gymnasium und ging zur Marine. »Dort soff ich wie ein Loch, gemeinsam mit den anderen Jungs, die etwas älter waren als ich. Als ich die Marine wieder verließ, war ich Alkoholiker.«

Pat trank fast täglich. Oft ging er morgens schon betrunken zur Arbeit, wurde dann im Lauf des Tages allmählich nüchtern und griff abends zu Hause sofort wieder zur Flasche. »Ich war wie eine Marionette. Der Alkohol hatte mich völlig im Griff«, gestand er.

Im Lauf der Jahre hatte Pat die verschiedensten Jobs: Er war Bademeister, Lehrer und – was ihm am meisten gefiel – Leiter eines Outdoor-Camps für Großstadtkinder. »Beruflich habe ich stets alles erreicht, was ich wollte«, stellte er fest. »Ich stieg immer sehr rasch in hohe Positionen auf – und gab den Job dann bald wieder auf. Wahrscheinlich hatte ich insgeheim Angst davor, gar nicht die Fähigkeiten für so einen hohen Posten mitzubringen.« Damals fiel mir dieser erste Hinweis auf Pats unterschwellige Angst nicht weiter auf; doch später sollte diese Seite seiner Persönlichkeit noch eine wichtige Rolle spielen.

Pat ist inzwischen zum zweiten Mal verheiratet. Von seiner ersten Frau Carole hat er drei Kinder: Kathy, Donna und Andrew. Er hat seine erste Familie verlassen und seine Stellung in dem Outdoor-Camp aufgegeben, um seine zweite Frau Shirley zu heiraten, die während ihrer Ehe mit ihm ebenfalls mit Alkoholproblemen zu kämpfen hatte. Nach der Stelle in dem Camp nahm Pat einen Job in einer Autowerkstatt an, wo er Lichtmaschinen reparierte.

Während er mir seine Lebensgeschichte erzählte, fragte ich mich insgeheim, ob seine beiden Frauen wohl schon vor ihrer

Geburt gewusst hatten, dass er Alkoholiker werden würde. Und wenn ja: Inwiefern hatte sein Alkoholismus ihnen geholfen, ihre Lebensziele zu erreichen? Hatte auch Shirley ihre Trunksucht schon vor ihrer Geburt geplant? Ich nahm mir vor, Staci Wells in unserer bevorstehenden Sitzung danach zu fragen.

»Meine Gier nach Alkohol wurde immer größer«, erzählte Pat. »Aber ich redete mir ein: ›Es gibt keinen Grund, aufzuhören. In meinem Leben läuft doch alles wunderbar.‹ Und selbst an dem Abend, an dem mir klar wurde, dass ich Alkoholiker war, hatte ich mir kurz vorher dazu gratuliert, keiner zu sein.«

»Was geschah an diesem Abend?«, fragte ich; denn anscheinend war das ein entscheidender Wendepunkt in seinem Leben gewesen.

»Damals war ich 58. Ich kam von der Arbeit nach Hause und trank ein Bier.« Pats Stimme klang jetzt ein wenig angespannt. »Dann begann ich Selbstgespräche zu führen. *Du kannst kein Alkoholiker sein, Pat,* redete ich mir ein. *Schließlich hast du gestern Abend nur ein einziges Bier getrunken, und heute auch. Im Kühlschrank stehen Wein und Wodka, und du hast nichts davon angerührt. Das beweist, dass du kein Alkoholiker bist.* Ich beglückwünschte mich dazu, feierte eine Party mit mir selber – und trank alles leer, was ich an Alkohol im Haus finden konnte.« Pat fing an zu weinen. »Im Kopf war ich noch ziemlich klar; aber mein Körper war vollkommen hilflos. Der Alkohol hatte meine Willenskraft gelähmt. In jener Nacht bat ich Gott um Hilfe.« Pat musste gegen sein Schluchzen ankämpfen. »Und dabei hatte ich Gott jahrelang verleugnet. Ich hatte meinen Kindern immer gesagt: Vielleicht gibt es ja tatsächlich einen Gott; aber wenn, dann muss er schon ein ziemliches Arschloch sein. Ich glaubte nicht daran, dass es einen liebevollen persönlichen Gott geben könnte. Das erschien mir völlig unmöglich.

Doch jetzt betete ich: *Lieber Gott, bitte hilf mir!* Und ich meinte es tatsächlich ernst. Ich war am Ende – total am Ende. Ich konnte nicht mehr weiter. Und da geschah das Wunder. Ich sah zwar kein helles Licht und auch keinen brennenden Busch; aber ich wusste, dass Gott bei mir war.« In Pats Stimme schwang felsenfeste Überzeugung mit.

Zwar änderte sich sein Leben daraufhin nicht sofort. In den nächsten drei Wochen trank er unverändert weiter. Doch er konnte die Erinnerung an jenen Abend nicht mehr abschütteln, und schließlich begab er sich in eine Therapie. »Vier Tage später hatte ich überhaupt keine Lust mehr auf Alkohol«, berichtete Pat. »Vorher hatte ich mir ein ›trockenes‹ Leben gar nicht vorstellen können.«

Ich fragte mich, ob Pat seinen fast lebenslangen Hang zum Alkohol wohl von seinen Eltern geerbt hatte. Denn meine Recherchen zum Thema der vorgeburtlichen Lebensplanung haben eindeutig ergeben, dass wir uns auch unsere Eltern bereits vor der Geburt aussuchen. Wenn Pat in seiner jetzigen Inkarnation Erfahrungen mit Alkoholismus machen wollte, dann hatte er sich vielleicht auch alkoholabhängige Eltern ausgesucht.

»Haben deine Eltern auch getrunken?«, fragte ich ihn.

»Mein Vater war wahrscheinlich Alkoholiker; aber er trank heimlich. Er trug immer einen Flachmann bei sich. Meine Mutter war Abstinenzlerin.«

»Wie hat sich denn dein ständiges Trinken auf deine erste Ehe und deine Familie ausgewirkt?«

»Ich trank so exzessiv, bis ich vergaß, dass ich verheiratet war«, gab Pat zu. »Ich bin meiner Familie im wahrsten Sinn des Wortes davongelaufen. Ich habe nicht mal auf Wiedersehen gesagt. Das war eine sehr bittere Erfahrung für meine Kinder.«

In den Jahren nach dem Weggang ihres Vaters bekamen alle drei Kinder Probleme. Andrew widersetzte sich sämtlichen Erziehungsversuchen; später begann er ebenfalls zu trinken und Drogen zu nehmen. Auch Kathy wurde drogensüchtig. Zwar bekamen alle drei Kinder ihr Leben nach einer Zeit wieder in den Griff; doch Pat bereut es trotzdem immer noch, ihnen einen solchen Schmerz zugefügt zu haben.

»Es verfolgt mich noch heute, dass ich sie in einem so schwierigen Alter …« Pats Stimme versagte, und er begann zu weinen. Dann fasste er sich wieder. »Sie brauchten doch einen Papa. Eine Vaterfigur. Aber anscheinend hatte ich in meiner Kindheit selber nie ein positives Vaterbild aufbauen können.«

Ich fragte ihn, wie sich sein Alkoholismus auf seine Beziehung zu seiner zweiten Frau Shirley ausgewirkt habe. Er erklärte, sie habe ihn deshalb nie verurteilt und sie hätten auch keinen Streit deswegen gehabt. »Aber ich gab ihr die Schuld an allen meinen Problemen. Das tun Alkoholiker meistens«, sagte er. »Ich warf ihr vor, sie sei ein Klotz an meinem Bein. Nur ihr sei es zu verdanken, dass ich meine Stellung in dem Outdoor-Camp verloren hatte und jetzt Lichtmaschinen in irgendeiner Autowerkstatt reparierte. Und irgendwann gab ich diesen Job dann auch auf.«

Pat zögerte einen Augenblick. »Mehrere Male habe ich sogar versucht, mir das Leben zu nehmen«, gestand er mir dann. »Ich wollte gegen einen Baum fahren. Aber irgendwie klappte es nie. Immer kam etwas dazwischen. Einmal blendeten mich die Scheinwerfer entgegenkommender Autos; oder ich hätte durch mein Manöver andere Verkehrsteilnehmer in Gefahr gebracht. Einmal lief mir ein Kaninchen über den Weg, das ich bei meinem Selbstmord hätte überfahren müssen. Und das brachte ich nicht fertig. Also blieb ich auf meiner Spur, statt gegen den Baum zu fahren.«

»Glaubst du, dass das mit dem Kaninchen vielleicht nicht nur reiner Zufall gewesen ist?«

»Natürlich ist mir dieser Gedanke gekommen. Auch die Autoscheinwerfer, die mich blendeten, haben mir zu denken gegeben.« Pat hat intuitiv gespürt, dass es keinen Zufall gibt – eine Wahrheit, die auch mir bei meinen Recherchen immer deutlich wurde. Solche synchronen Ereignisse werden häufig von Engeln oder Geistführern arrangiert, damit wir auf dem Weg bleiben, den wir ursprünglich vorgesehen hatten, und die Erfahrungen machen, die wir für unsere spirituelle Entwicklung brauchen.

»Was für eine Rolle haben Aggressionen bei deiner Trunksucht gespielt?«, fragte ich ihn.

»Alkohol beruhigte mich«, erklärte Pat. »Mich kann schon die kleinste Kleinigkeit auf die Palme bringen. Manchmal genügt es, wenn mir ein Salzstreuer herunterfällt – und schon bin ich auf hundertachtzig. Aber inzwischen ertränke ich meinen Ärger nicht mehr in Alkohol, sondern besinne mich in solchen Situationen sofort auf meine Verbundenheit mit Gott.«

»Lange Zeit hast du ja gar nicht an einen persönlichen, liebevollen Gott glauben können. Bis du schließlich an einen Punkt in deinem Leben kamst, an dem du einfach wusstest, dass Gott dich liebt. Wie ist das gekommen?«

Pat erzählte wieder von jener Nacht, in der er in seiner Wohnung auf dem Fußboden lag und wusste, dass Gott bei ihm war. Und er schilderte mir auch, mit welcher Liebe und Toleranz ihm die Anonymen Alkoholiker begegnet waren und wie sie ihm den Weg zu Gott gezeigt hatten.

»Wenn ich das Leben als bedrohlich empfinde (was inzwischen nur noch ganz selten vorkommt), überlege ich mir, welcher meiner Charakterfehler an dem Problem beteiligt ist. Und dann lege ich einfach alles in Gottes Hände. Das gibt mir inneren Frieden. Mir ist klar geworden, dass wir alle Kinder Gottes sind. Und Gott ist auch gar nicht der arrogante Typ, für den ich ihn früher immer gehalten hatte. Er will uns nichts Böses. Im Gegenteil: Er hebt uns vom Boden auf, wenn wir hinfallen.«

Pat hat sich bei allen seinen Angehörigen entschuldigt; und sie haben ihm verziehen. »Meine jüngste Tochter [Kathy] hat gesagt: ›Ohne deine Trinkerei wäre ich nicht der Mensch geworden, der ich heute bin. Ich bin dir dankbar dafür.‹ Das hat mich wirklich verblüfft!« Pat schrieb auch seiner Frau Carole einen Brief, in dem er ihr beteuerte, wie sehr er sie liebte. Und Carole antwortete ihm. »Mir sind fast die Tränen gekommen, als ich ihren Brief las!«, erzählte er. »Ich konnte nicht glauben, dass sie mich elenden alten Kerl, der sie so gemein im Stich gelassen hatte, trotz allem immer noch lieb hat!«

»Was würdest du einem Menschen empfehlen, dessen Partner Alkoholprobleme hat?«

»Alkoholiker wissen nicht, dass sie krank sind«, erwiderte Pat und plötzlich stiegen ihm wieder Tränen in die Augen. »Sie selbst merken es zuallerletzt. Wenn ihnen niemand sagt, dass sie ein Problem haben, bringen sie sich um – und womöglich nicht nur sich selbst, sondern auch noch andere Leute.«

»Und welchen Rat würdest du einem Menschen auf den Weg geben, der selber trinkt und es einfach nicht lassen kann?«

»Gib die Hoffnung nicht auf. Warte, bis ein Wunder geschieht. Der Tag wird irgendwann kommen. Es ist tatsächlich so einfach, wie es klingt …«

Pats Sitzung bei Staci Wells

In meinem Gespräch mit Pat hatte ich gespürt, wie sehr dieser Mann gelitten hatte – aber auch, dass er von seinem Problem geheilt worden war. Auch seine Angehörigen schienen viel durchgemacht und schließlich einen Heilungsprozess durchlaufen zu haben. Nun waren wir gespannt auf die Sitzung bei Staci, die uns sicherlich mehr darüber erzählen würde, wie die vorgeburtlichen Lebenspläne von Pat und seiner Familie aussahen.

»Ich sehe, dass Beziehungsprobeme in deiner jetzigen Existenz eine wichtige Rolle spielen, Pat«, begann Staci. »Du hast dich entschieden, deine karmischen Lektionen durch Beziehungen zu bewältigen. Deine zweite karmische Aufgabe besteht darin, dich spirituell weiterzuentwickeln. Tun wir das denn nicht alle?, wirst du dich jetzt vielleicht fragen. Und irgendwie stimmt das natürlich. Aber manche Menschen entscheiden sich auf der Ebene ihrer Seele tatsächlich, sich in ihrem nächsten Leben hauptsächlich auf dieses Ziel zu konzentrieren. Wieder andere kümmern sich überhaupt nicht um ihr inneres Wachstum. Du würdest staunen, wie viele Menschen erst einmal ins andere, negative Extrem verfallen müssen, ehe sie überhaupt eine Motivation verspüren, sich innerlich weiterzuentwickeln.

Ich versuche gerade herauszufinden, wie dein Alkoholismus auf Seelebenebe entstanden ist, und erspüre dabei einen Zusammenhang mit deinem Vater. Kannst du dir vorstellen, was das bedeuten könnte?«

»Keine Ahnung«, erwiderte Pat. »Vater starb, als ich neun Jahre alt war. Ich habe ihn nicht sehr gut gekannt und große Angst vor ihm gehabt.«

»Darüber werden wir später noch mehr erfahren«, sagte

Staci. »Du hast dir für dieses Leben auch noch eine weitere schwierige karmische Aufgabe vorgenommen: Verantwortung gegenüber deiner Familie zu entwickeln – der Familie, in die du hineingeboren wurdest, der Familie, die du gegründet hast, und auch allen anderen Menschen, die du als deine Familie betrachtest.

Die wichtigste karmische Aufgabe im Leben deiner Frau Shirley hängt mit ihrer impulsiven Art zusammen. Diese Neigung muss sie überwinden. Ich sehe sie in mehreren Existenzen mit sehr vielen Babys. Mit ihrer krankhaften Sexsucht hat sie auch in ihrem jetzigen Leben zu kämpfen gehabt. Und obwohl spirituelle Weiterentwicklung in dieser Inkarnation keine wichtige Rolle für sie spielt, hat sie auf Seelenebene doch begriffen, dass der Alkoholismus ihr helfen würde, ihre Impulsivität zu überwinden.«

Da hatten wir also einen weiteren wichtigen Grund, warum eine Seele sich möglicherweise schon vor der Geburt entscheidet, ein Leben als Alkoholiker zu führen. Aber wie kann eine Sucht einen Menschen dazu bringen, weniger impulsiv zu handeln? »Hat der Alkohol sie in ihrer Impulsivität gebremst?«, fragte ich. »Oder hat sie unter exzessivem Alkoholeinfluss impulsiv gehandelt, anschließend unter den negativen Konsequenzen gelitten und etwas daraus gelernt?«

»Letzteres«, antwortete Staci. »Und ihre Impulsivität hat Shirley auch dazu getrieben, überhaupt erst so viel Alkohol zu trinken. Menschen, die eine solche karmische Lektion zu lernen haben, sind häufig alkohol- oder drogensüchtig oder nehmen stimmungsaufhellende Substanzen ein. Mein Geistführer sagt mir, dass sich Shirley schon vor der Geburt entschlossen hat, Alkoholikerin zu werden.«

Staci schloss die Augen und begann sich nun wieder mehr auf Pat einzustimmen. »Ich sehe dich am Boden sitzen. Neben dir liegt so etwas Ähnliches wie ein Schachbrett, nur sehr viel größer. Die einzelnen Felder sind zehn mal zehn Zentimeter groß. Ich erfahre, dass sie für verschiedene Inkarnationen stehen, in denen du jeweils an bestimmten Themen arbeiten wirst. Du sitzt zusammen mit einem männlichen Geistführer und noch einem anderen Mann, der sich als dein Onkel zu erkennen gibt, auf dem Boden. Gemeinsam erstellt ihr ein Diagramm deines nächsten Lebens. Man präsentiert dir verschiedene Alternativen, zwischen denen du dich entscheiden musst: Entweder du tust in einem bestimmten Alter (der erste wichtige Schritt scheint im zehnten Lebensjahr stattzufinden) dies oder das, und das wird später diese oder jene Konsequenzen haben.

Ich sehe aber auch noch einen anderen Geistführer, der dir bei deiner Lebensplanung behilflich ist, und außerdem noch ein sehr viel größeres Geistwesen, das diesen ganzen Prozess beaufsichtigt. Der Geistführer, der neben dir am Schachbrett sitzt, ist dein wichtigster Führer und Ratgeber, der dich dein Leben lang begleitet hat – vor allem dann, wenn du vom Alkohol loszukommen versuchtest.

In dieser Planungssitzung ist übrigens auch von deiner erblichen Veranlagung zum Alkoholismus die Rede. Ich sehe deine Vorfahren – Farmer und Landarbeiter, die gerne ihren selbst gebrannten Schnaps tranken. Aber keiner dieser Männer scheint ein richtiger Alkoholiker gewesen zu sein. Sie hatten ihr Alltagsleben durchaus noch im Griff und konnten auch arbeiten; aber sie tranken jeden Tag. Also muss bereits eine gewisse Abhängigkeit da gewesen sein.

Du hast dich schon vor deiner Geburt mit Shirley darauf geeinigt, dass ihr diesen Weg gemeinsam gehen wollt, weil ihr beide in dieser Inkarnation am gleichen Problem arbeiten müsst. Ihr beide scheint euch auf der Ebene der geistigen Welt sehr zu lieben – anscheinend seid ihr verwandte Seelen. Ihr habt schon mehrere frühere Existenzen gemeinsam verbracht und auch zwischen den Leben wart ihr in Freundschaft miteinander verbunden.«

»Haben die beiden tatsächlich geplant, sich gemeinsam mit dem Problem der Alkoholabhängigkeit auseinanderzusetzen?«, fragte ich.

»Ja«, erwiderte Staci. »Ich sehe, wie sie sich liebevoll bei den Händen halten, während sie darüber sprechen.«

Shirley:	Ich werde dich auf diesem Lebensweg begleiten.
Onkel (zu Pat):	Bist du sicher, dass du das willst?
Pat:	Ja. Es ist die einzige Möglichkeit, mit meinen Ängsten fertig zu werden.

»Pat, du hast zur Flasche gegriffen, um deine Ängste und Aggressionen im Alkohol zu ertränken. Die Angst vor deinem Vater sollte dich auf bewusster Ebene daran erinnern, dass deine karmische Aufgabe darin besteht, dich von deinen Ängsten zu befreien. Und ich sehe auch, dass diese Ängste noch aus einer früheren Inkarnation stammen, in der du Soldat warst. Damals bist du als junger Mann, ungefähr 19 Jahre alt, im Krieg gefallen. Ich sehe dich allein über ein Schlachtfeld voller gefallener Soldaten gehen. Und schließlich wurdest auch du getötet – als einer der letzten Überlebenden. Die Angst saß dir dabei wie ein Kloß im Hals.

Angst scheint auch in deinen anderen Inkarnationen eine wichtige Rolle gespielt zu haben. In einem deiner früheren Leben sehe ich dich als Siedler in Nordamerika. Du sitzt in einem Planwagen, als ihr von Indianern angegriffen werdet, du kommst dabei ums Leben. Auch in dieser Inkarnation hast du große Ängste ausgestanden. Und in deinem jetzigen Leben fürchtest du dich zwar nicht vor dem Tod, aber davor, allein zu sein und nicht ohne fremde Hilfe mit deinem Leben zurechtzukommen.«

Offensichtlich hatte Pat die Energie der Angst aus früheren Inkarnationen mit in sein jetziges Leben mitgenommen. Seelen bemühen sich stets, die Seiten ihrer Persönlichkeit, die in ihren früheren Leben ungeheilt geblieben sind, in späteren Inkarnationen zu heilen. Pat hatte schon vor seiner Geburt gewusst, dass er zum Trinker werden würde, um diese Angst zu besiegen. Sein Lebensplan war kühn und genial zugleich: Seine Angst würde ihn dem Alkohol in die Arme treiben; und durch diesen Alkoholismus konnte er dann wiederum von seiner Angst geheilt werden – wenn er richtig darauf reagierte.

»Das ist einer der Gründe, warum Shirley diesen Weg gemeinsam mit dir gehen wollte«, erklärte Staci Pat. »Sie ist da, um dich zu trösten und dir Liebe zu schenken. Sie wollte immer an deiner Seite sein.«

Ich fragte Staci, ob es für Pat auch noch andere Gründe gegeben habe, eine trinkende Partnerin zu wählen, statt sich allein mit dem Problem der Alkoholabhängigkeit auseinanderzusetzen.

»Ja. Auf diese Weise hatte er jemanden, der seine Trunksucht verstand, statt sie zu verurteilen«, erklärte Staci. »Jemand, der es ihm erlaubte, seinen natürlichen Entwicklungsprozess zu durchlaufen, statt ihn zu einer Veränderung zu zwingen.« Aus der Perspektive der vorgeburtlichen Lebensplanung war es tatsächlich eine kluge Entscheidung gewesen, Shirley als Lebenspartnerin zu wählen. Eine andere Frau hätte vielleicht Druck auf Pat ausgeübt, dem Alkohol zu entsagen, und ihn dadurch von seinem geplanten Lebensweg abgebracht. Dann wäre ihm die heilende Erfahrung, nach der er sich sehnte, versagt geblieben.

»Hast du das Gefühl, dass es tatsächlich so gewesen ist, Pat?«, fragte ich ihn.

»Ja. Ganz genau so«, bestätigte er.

»Shirley hat wirklich nie von dir verlangt, dass du mit dem Trinken aufhören sollst?«

»Nein. Sie hat niemals gedroht, mich zu verlassen«, versicherte Pat.

Ich musste an die vielen Menschen denken, die von ihren Freunden und Angehörigen kritisiert werden, weil sie entweder einen alkoholabhängigen Partner wählen oder aber lange Zeit bei einem solchen Menschen bleiben. Viele Leute halten eine solche Entscheidung für unklug oder für ein Zeichen von mangelndem Selbstwertgefühl; oder sie glauben sogar, die betreffende Person wolle sich damit irgendwie selbst bestrafen. Und doch hat Shirley nichts anderes getan, als sich und ihrem Mann aus Liebe die Erfahrungen zu ermöglichen, die sie beide für ihr spirituelles Wachstum benötigten.

Ich bat Staci, uns noch mehr darüber zu verraten, wie Pats Alkoholismus ihn in seiner Entwicklung weiterbringen könnte. Staci hielt inne und stimmte sich wieder auf sein vorgeburtliches Planungsgespräch ein.

»Du wirst gewarnt, dass dein Leben – vor allem deine Kindheit – ziemlich hart sein wird und dass du keine Gelegenheit haben wirst, dich ›abzunabeln‹. Gemeint ist damit nicht die Beziehung zu deiner Mutter, sondern zu deinem Vater. Man sagt dir, dass du keine Chance haben wirst, einen normalen Entwicklungsprozess durchzumachen wie andere Kinder. Die Stütze des Vaters wurde dir frühzeitig entzogen, und du fielst haltlos zu Boden. Diese innere Leere versuchtest du später mit Alkohol auszufüllen. Du hattest nie Gelegenheit zu jenem allmählichen Entwicklungsprozess vom Sohn deines Vaters zu einem eigenständigen, erwachsenen Menschen. Der Alkohol ist schon sehr früh in dein Leben getreten. Schon als junger Mann hattest du Aggressionen. Dahinter verbargst du deine Angst und der Alkohol betäubte wiederum beides: Aggressionen und Ängste. Das alles war schon vor deiner Geburt geplant. Du warst mit jedem dieser Entwicklungsschritte einverstanden.«

Ich fragte Staci, ob Pats Vater vielleicht schon in jungen Jahren gestorben war, um seinen Sohn bei der Verwirklichung seines Lebensplans zu unterstützen.

»Nein«, informierte uns Staci. »Der frühe Tod seines Vaters war schon vorher geplant gewesen. Patrick hat sich für diesen Vater entschieden, um – ich zitiere meinen Geistführer – ›genau die Erfahrungen zu machen, die er brauchte, um seine Alkoholabhängigkeit zu überwinden‹.«

Das war eine sehr wichtige Information: Pat hatte also nicht nur seinen Alkoholismus, sondern auch den Sieg über seine Sucht vorausgeplant. Dieses Muster ist mir bei vielen vorgeburtlichen Lebensplänen aufgefallen. Pat hatte den Kontrast zwischen Alkoholismus und einem alkoholfreien Dasein erfahren müssen – und natürlich auch den Entwicklungsprozess, der ihn von seiner Abhängigkeit befreite. Ohne physische Inkarnation in einer von Polaritäten geprägten Welt wäre ihm das nicht möglich gewesen.

Aber ich fragte mich trotzdem immer noch, warum Pat sich ausgerechnet diese Seele als Vater ausgesucht hatte. »Hat er diesen Vater vielleicht auch deshalb gewählt, weil er wusste, dass dieser Mann sehr jung sterben würde?«, fragte ich.

»Ja«, bestätigte Staci.

»Und diese Erfahrung der Vaterlosigkeit hat er gebraucht, weil sie ihn dem Alkohol in die Arme treiben würde?«

»Er wusste, dass dieser Verlust – zusammen mit seiner genetischen Veranlagung – die Wahrscheinlichkeit einer späteren Alkoholabhängigkeit erhöhen würde.«

»Und hat Pat auch schon vor seiner Geburt gewusst, dass er mehrere Jahrzehnte lang trinken würde?«

»Ja.«

»Warum wollte er unbedingt diese Erfahrung einer fast lebenslangen Alkoholabhängigkeit machen?« Dass Pat sich dadurch von seinen Ängsten heilen wollte, war ein Motiv, das mir einleuchtete; aber ich wollte wissen, ob er auch noch andere Gründe dafür gehabt hatte.

»Weil Pat seine Verbindung zu Allem-Was-Ist, zu Gott, zu seiner eigenen göttlichen Natur und Spiritualität verloren hatte. Und nur auf diesem Weg konnte er sie wiederentdecken. Woanders hätte er sie nicht gefunden. Bestimmte Dinge können wir nur durch schwere Erfahrungen lernen.«

Staci hatte ja bereits erwähnt, dass Pat sich in seiner jetzigen Inkarnation auf seine Spiritualität konzentrieren wollte. Jetzt wussten wir, warum. Offenbar hatte Pat in einer seiner früheren Existenzen Gott aus den Augen verloren. Und nun wollte er seine Spiritualität wiederentdecken. Aber er begnügte sich nicht damit, einfach nur spirituelle Erfahrungen zu machen. Denn sonst hätte er sich ja schließlich auch dafür entscheiden können, sein Leben ganz der Meditation oder anderen spirituellen Praktiken zu widmen. Doch Pat hatte sich etwas viel Schwierigeres vorgenommen: Er wollte erst einmal eine Phase totaler Entfremdung von seiner wahren spirituellen Natur durchmachen, um dann eine umso bewusstere, intensivere Beziehung zu Gott aufbauen zu können.

Ich hatte das Gefühl, dass wir jetzt zum Kern von Pats Lebensplan vorgedrungen waren. Aber warum hatte seine Seele das feste Gefühl, mit diesem Plan ans Ziel zu kommen?

Schließlich hätte es ja auch leicht passieren können, dass er nicht von seiner Sucht loskam und ein Leben lang Alkoholiker blieb. Sein Plan war also ziemlich riskant gewesen. Ich fragte Staci, ob Pat schon vor der Geburt gewusst hatte, dass er tatsächlich in der Lage sein würde, mit Ende 50 ein neues Leben anzufangen.

»Das hat etwas mit der zyklischen Zeitplanung in seiner jetzigen Existenz zu tun«, wiederholte Staci die Worte ihres Geistführers. »Pat wusste, dass er in einem bestimmten Alter – am Ende eines Entwicklungszyklus – die innere Kraft haben würde, seine Sucht zu überwinden und sein Ziel zu erreichen.«

Zu Beginn unserer Sitzung hatte Staci erwähnt, dass Pat in dieser Existenz sein Karma auf der Ebene zwischenmenschlicher Beziehungen bearbeiten wolle. Dieses Ziel verfolgen wir in vielen physischen Inkarnationen. »Inwiefern hat sich Pats Alkoholabhängigkeit positiv auf sein Beziehungsleben ausgewirkt?«, fragte ich Staci.

»Bei Süchtigen wird die Beziehung zum Alkohol oder zur Droge mit der Zeit wichtiger als die emotionalen Beziehungen zu anderen Menschen. Doch nach langjähriger Abhängigkeit wird einem dann irgendwann doch klar, dass eine Flasche kein Ersatz für wahre, bedingungslose Liebe ist. Die Sehnsucht nach dieser Liebe wird stärker als das Bedürfnis danach, sich zu berauschen. Außerdem lässt die betäubende Wirkung des Alkohols nach langjährigem Konsum irgendwann nach. Durch ihren Alkoholismus erleben Trinker ein Defizit an zwischenmenschlichen Beziehungen und beginnen sich daher wieder nach solchen Beziehungen zu sehnen.«

»Genau so ist es«, stimmte Pat zu.

Aber diese Ziele hätte Pat ja schließlich auch durch eine andere Konstellation erreichen können. Ich fragte Staci, ob er auch andere schwierige Lebenssituationen in Betracht gezogen habe – zum Beispiel, Vater eines behinderten Kindes zu sein.

»Eine solche Situation lag außerhalb seines Erfahrungsspektrums«, antwortete Staci. »In seiner vorigen Inkarnation hatte Pat miterlebt, wie die Soldaten im Krieg nicht nur ihre Wunden, sondern auch ihre Psyche mit Alkohol verarzteten. Diese Erfahrung war ihm also bereits vertraut.« Stacis Antwort bestätigte mir, was ich auch schon in anderen vorgeburtlichen Lebensplänen beobachtet hatte: dass eine Seele häufig schwierige Lebenssituationen wählt, mit denen sie auch in früheren Inkarnationen schon Erfahrungen gesammelt hat.

»Aber wir haben doch einen freien Willen«, wandte ich ein. »Hätte Pat seine Ziele auch erreichen können, wenn er sich nach der Geburt entgegen seinem vorgeburtlichen Lebensplan entschlossen hätte, keinen Tropfen Alkohol anzurühren?«

»Dann wäre seine Erfahrung weniger intensiv gewesen«, zitierte Staci die Worte ihres Geistführers. »Vielleicht hätte er dann noch ein oder zwei weitere Inkarnationen gebraucht, um sein schwieriges Ziel zu erreichen. Ohne Alkohol wäre er seiner ersten Frau ein tadelloser Ehemann und Familienvater gewesen. Aber unterschwellig wären seine Aggressionen weiterhin vorhanden gewesen, und daher hätte er wahrscheinlich keine enge emotionale Beziehung zu seinen Kindern aufbauen können. Vielleicht wäre er zum Workaholic geworden – und hätte dadurch in diesem Leben wieder nicht gelernt, ein liebevoller, fürsorglicher Mensch zu werden und enge Beziehungen zu anderen aufzubauen. Jetzt lernt er es.«

Sicherlich hat es in Pats Leben viele Augenblicke gegeben, in denen er lieber Workaholic statt Alkoholiker gewesen wäre. Dann hätte er weniger leidvolle Erfahrungen machen müssen, hätte sich aber dafür auch nicht so sehr weiterentwickelt. Wie viele »trockene« Alkoholiker es wohl heute bereuen, früher getrunken zu haben, weil sie glauben, dadurch viele Jahre ihres Lebens vergeudet zu haben? Oder weil sie ihre frühere Abhängigkeit für eine verachtenswerte Schwäche halten? Wenn diese Menschen wüssten, dass das genau die Erfahrung war, die sie brauchten – dass ihre Alkoholabhängigkeit ihr inneres Wachstum beschleunigt und ihnen vielleicht sogar ein oder zwei zusätzliche Inkarnationen erspart hat –, würden sie die Sache sicherlich anders sehen.

Nun wollte ich nur noch herausfinden, ob auch die anderen Menschen, die in Pats Leben eine wichtige Rolle spielten – seine erste Frau und seine Kinder –, sich schon vor ihrer Geburt für einen alkoholkranken Ehemann beziehungsweise Vater entschieden hatten. Ich bat Staci, sich auf die vorgeburtlichen Lebensplanungsgespräche von Bobs Angehörigen einzustimmen.

»Ich schließe meine Augen und sehe wieder den Raum vor mir, der mir in den Planungssitzungen immer erscheint«, berichtete Staci. »Und ich sehe Pats Tochter Kathy – aber nicht in ihrer menschlichen Gestalt, sondern in ihrem Lichtkörper. Sie ist von schimmernden Lichtfunken umgeben. Ich sehe, wie sie zu Pat hinüberschwebt und ihn fragt: ›Und wie kann ich dir helfen?‹ Die Betonung liegt dabei auf dem Wort ›ich‹. Ich bekomme den Eindruck, dass Kathy eine sehr liebevolle, mitfühlende, starke Seele ist. Sie gehört zur Seelenfamilie der Lehrer und Pat hat auch in früheren Inkarnationen schon viel von ihr gelernt. Er erklärt ihr, dass sein bevorstehendes Leben öfters aus dem Ruder laufen wird.«

Pat: Ich werde dich brauchen, damit du mir den Weg zeigst und mir Kraft gibst. Obwohl du mein Kind bist und ich dir das Verantwortungsgefühl eines Vaters entgegenbringe, werde ich trotzdem immer wissen, wer du bist. Tief in meinem Inneren werde ich den strahlenden Glanz deiner Seele erkennen und wissen, dass ich dorthin gehen muss, wohin du mich führst.

Kathy *[lächelt und nickt zustimmend]:* Aber ich werde dich auch brauchen. Auch du wirst mir meinen Weg zeigen, denn schließlich bin ich dein Kind. Ich werde mich in meinem nächsten Leben mit dem Problem meines mangelnden Selbstwertgefühls auseinandersetzen und mich manchmal sehr einsam fühlen. In diesen Augenblicken werde ich bei dir Trost suchen.

Pat: Ich weiß, und ich erkläre mich damit einverstanden, dir in diesem Leben zur Seite zu stehen.

»Kathy erklärt ihm, dass eines ihrer Ziele in ihrer kommenden Inkarnation darin bestehen wird, zu einer ausgewogeneren Individualität zu finden: Sie muss lernen, sich von anderen Menschen abzugrenzen. Sie sagt, dass sie eine starke Neigung dazu haben wird, die Leiden und Probleme anderer Menschen auf sich zu nehmen und so intensiv zu spüren, als seien es ihre eigenen.«

Kathy: Du wirst mir helfen, mein inneres Gleichgewicht zu finden und zwischen meinem eigenen Leben und den Situationen und Leiden anderer Menschen zu unterscheiden. Da ich im nächsten Leben deine Tochter sein und dich sehr lieben werde, werde ich natürlich auch dazu neigen, mir deinen Kummer aufzuladen und deine Emotionen mitzuempfinden, selbst wenn ich sie vielleicht nicht immer verstehe.

Pat: Ich weiß.

Kathy: Du wirst mir einen Spiegel vorhalten und mich daran erinnern, wer ich wirklich bin; aber lernen muss ich es selbst. Ich erwarte nicht von dir, dass du die Verantwortung für meinen Lernprozess übernimmst. Das ist meine eigene Aufgabe. Du wirst mich innerlich auf diesem Weg führen und begleiten. Mehr erwarte ich nicht von dir.

Pat (erleichtert): Ich liebe dich und werde dich als meine Tochter willkommen heißen, sobald der richtige Zeitpunkt dafür gekommen ist.

Kathy: Bis dahin werde ich hier in der Geisterwelt bleiben. Immer wenn du mich brauchst, kannst du im Schlaf nach mir rufen.

Als Nächstes erschien Pats zweite Tochter Donna auf Stacis innerer Bildfläche. »Ich sehe sie in menschlicher Gestalt: ein neun- oder zehnjähriges Mädchen mit Zöpfen. Sie hüpft zu ihm hinüber und freut sich anscheinend sehr, ihn zu sehen«, berichtete Staci. »Jetzt setzt sie sich vor ihm auf den Boden.«

Pat: Ich möchte dich liebevoll in meine Arme nehmen und dir deinen Weg im Leben zeigen. Aber auch du sollst meinen Weg erhellen und mich dorthin führen, wohin ich gehen muss.

Donna: Du *musst* dich mir gegenüber manchmal gemein und ablehnend verhalten, weißt du, Papa. Diese Erfahrung brauche ich, denn sie zwingt mich dazu, den Blick in mein eigenes Inneres zu richten, meine Gefühle und meine Sichtweise der Realität zu ergründen. Das wird mich daran erinnern, wer ich in Wirklichkeit bin. Anfangs werde ich durch diese Erfahrung vielleicht an mir selbst zweifeln; doch auch das gehört zu meinem inneren Wachstumsprozess und zu dem Weg, den ich in diesem Leben gehen muss.

»Pat stimmt zu und streicht seiner Tochter liebevoll über den Kopf.«

Pat: Es tut mir leid, dass ich dir das antun muss. Ich liebe dich. Und obwohl ich weiß, dass alles, was geschehen wird, so sein muss, tut es mir dennoch sehr weh, dir einen solchen Schmerz zufügen zu müssen.

»Donna nimmt seine Hand und hält sie an ihr Herz.«

Donna: Nein, du bist nicht derjenige, der mir Kummer bereitet. Es ist meine eigene Entscheidung. Ich trage die Verantwortung dafür.

»Mit diesen Worten verabschiedet sie sich. Jetzt sehe ich Pats erste Frau Carole hereinkommen. Sie sieht genauso aus wie in einer ihrer früheren Inkarnationen als Siedlerin, die vom Anfang bis zur Mitte des 19. Jahrhunderts in der Prärie gelebt hat. Sie trägt ein einfaches Kattunkleid und trägt die Haare schlicht zu einem Knoten zurückgekämmt. Ihre ›Präriekleidung‹ zeigt, wie sehr sie sich diesem früheren Leben innerlich immer noch verbunden fühlt; man erkennt daran aber auch, dass sie eine sehr praktisch veranlagte Frau ist.

Carole und Pat waren auch in ihrem damaligen Leben im Bundesstaat Missouri schon zusammen, starben aber beide sehr früh.« (Das war derselbe Staat, in dem Pat in seiner jetzigen Inkarnation versucht hatte, sich das Leben zu nehmen.) »Die beiden hatten ein Kind. Sie und ein paar andere Familien wurden von Indianern angegriffen. Zwar heißt es immer, dass die Indianer ihre Opfer skalpierten; aber es sieht mir eher so aus, als ob die beiden in ihrem früheren Leben enthauptet worden seien. Carole hat sich bereit erklärt, auch in diesem Leben wieder Pats Frau zu werden, damit die beiden alles nachholen können, was sie in ihrem früheren, viel zu kurzen Leben versäumt hatten: mehrere Kinder zu haben, aber auch ein schweres Leben miteinander zu teilen.«

»Und warum wollte Carole ausgerechnet jemanden heiraten, von dem sie wusste, dass er Alkoholiker werden würde?«

Staci gab diese Frage an ihren Geistführer weiter.

Pat: Wahrscheinlich werde ich in meinem nächsten Leben Alkohol- und Beziehungsprobleme haben.

Carole *[droht ihm mit dem Finger]:* Wenn du alles so machst, wie ich es dir sage, wird es keine solchen Probleme geben.

»Anfangs scheint Pat bei dieser Antwort traurig in sich zusammenzusinken – als sei er nicht in der Lage, Caroles Erwartungen zu erfüllen. Doch dann richtet er sich wieder auf.«

Pat: Dann muss ich eben dein Partner werden, um dir zu zeigen, dass das Leben nicht nur aus Schwarz und Weiß besteht. Es gibt auch Zwischentöne.

»Zuerst scheint Carole davon nicht sonderlich begeistert zu sein. Auf ihrem Gesicht erscheinen missbilligende Falten. Doch dann lässt ihr Widerstand nach.«

Carole: Wahrscheinlich hast du recht. Ich werde dich in mein Herz hineinlassen in der Hoffnung, dass du meine Blockade – diese unüberwindliche Mauer rund um mein Herz und meine Gefühle – durchbrechen kannst. Bisher habe ich mein Herz immer nur für meine Kinder geöffnet; aber jetzt werde ich es auch dir öffnen, selbst wenn ich dadurch verletzt werde. Denn ich liebe dich und weiß, dass auch du mich liebst.

»Pat greift liebevoll nach ihren Händen und hält sie für ein paar Sekunden fest. Dann nickt sie ihm zu, steht auf und geht fort. Als Nächstes kommt Pats Sohn Andrew herein. Er nennt Pat ›Papa‹ und spricht mit ihm über Energie, Hyperaktivität und Perfektionismus.«

Andrew: Ich werde mir stets mehr wünschen, als ich habe. Ich werde immer nach Höherem streben und in meinem Leben etwas Besonderes erreichen wollen.

Pat: Ja, ich weiß.

Andrew: Manchmal wird es mir auch an innerem Gleichgewicht fehlen, und ich werde die Menschen vergessen, die von mir abhängig sind und mich lieben. In solchen Zeiten, in denen ich so sehr von dieser harten, unbarmherzigen Energie erfüllt bin, dass ich meine Familie vernachlässige, musst du mich auf den Boden der Tatsachen zurückholen. Ich brauche dich als Ankerpunkt in meinem Leben, auch wenn du selbst keinen festen Boden unter den Füßen hast. Und selbst wenn du es nicht immer schaffen solltest, mich zurückzuholen, brauche ich dich nur zu beobachten: Dann sehe ich, wie es ist, wenn man seine Bodenhaftung verliert. Aus deinem Beispiel werde ich lernen, mit meinem Perfektionismus und meinem Streben nach Höherem nicht zu weit zu gehen und mich intensiver auf meine Ziele zu konzentrieren.

»Die Geistwesen sprechen auch von Andrews hoher Intelligenz. In vielen früheren Inkarnationen hat er an genialen Erfindungen gearbeitet. Einmal half er sogar als Assistent im Labor von Albert Einstein mit. Aber irgendwie hat er es trotzdem nie geschafft, ein Projekt komplett vom Anfang bis zum Ende durchzuziehen. Nach einer gewissen Zeit ließ stets seine Konzentration nach, und er wandte sich wieder etwas Neuem zu. In dieser Inkarnation beschäftigt Andrew sich ausnahmsweise einmal nicht mit seinen wissenschaftlichen Studien, weil er an seinem Konzentrationsvermögen arbeiten möchte. Aber es gehört nun einmal zu seinem Charakter, dass er immer sehr viel erreichen will. Dieser Drang, etwas zu tun und etwas zu *sein*, ist ihm auch in diesem Leben erhalten geblieben. Doch in erster Linie möchte er diesmal von seinem Vater lernen, sein Augenmerk konstant auf eine

Sache zu richten und nicht den Boden unter den Füßen zu verlieren.«

Offenbar hatten Pats Familienangehörige seinem Lebensplan also nicht nur zugestimmt, sondern ihn sogar als eine Art Hilfestellung benutzt, um ihre eigene Entwicklung voranzutreiben. Ich bat Staci, ihren Geistführer zu fragen, was für Gründe eine Seele denn außerdem noch haben könnte, sich für das Dasein eines Alkoholikers zu entscheiden. »Dafür gibt es viele Gründe«, gab Staci die Worte ihres Geistführers wieder. »Manche dieser Seelen fühlen sich in einem physischen Körper einfach nicht wohl und der Alkohol ermöglicht es ihnen, zwischen zwei Welten zu leben. Wieder andere Seelen haben in früheren Inkarnationen Entscheidungen getroffen, die dazu führten, dass sie ihre Mitmenschen misshandelten; sie versuchen die Erfahrung jetzt wieder auszubalancieren, indem sie mit ihrem eigenen Körper Raubbau treiben.«

Mit »Entscheidungen« meinte Stacis Geistführer jene Entschlüsse, die eine Persönlichkeit nach ihrer Geburt aus freiem Willen trifft, und nicht das Drehbuch, das eine Seele sich schon vor ihrer Inkarnation gemeinsam mit anderen Seelen auf den Leib schreibt. Denn wenn alle beteiligten Seelen bereits vor ihrer Geburt damit einverstanden sind, in der nächsten Inkarnation von einer bestimmten Seele schlecht behandelt zu werden, entsteht dadurch kein Karma, das wieder ausgeglichen werden müsste.

Die Frage, warum sich eine Seele in ihrem physischen Körper unwohl fühlen könnte, ließ mich nicht los. Ich fragte Staci danach.

»Seelen, die gerade ins nächste Stadium ihrer Entwicklung eingetreten sind, fühlen sich in einem physischen Körper nicht unbedingt immer wohl. Manche Seelen werden zu Beginn einer solchen neuen Entwicklungsphase sogar mit einer schweren geistigen oder körperlichen Behinderung geboren, um nicht so intensiv am Leben teilnehmen zu müssen, sondern es eher aus der Warte eines außenstehenden Beobachters betrachten zu können.« Das erinnerte mich an Jennifers Söhne Ryan und Bradley (Kapitel 3), die sich bewusst für bestimmte Behinderungen entschieden hatten, um eine solche Beobachterposition einnehmen zu können.

»Was meinst du mit ›nächstem Entwicklungsstadium‹? Bedeutet das, dass diese Seelen zum ersten Mal auf der Erde inkarnieren oder dass sie gerade beginnen, sich mit neuen Lernaufgaben zu beschäftigen?«

»Meistens handelt es sich nicht um ihre allererste Inkarnation, sondern um die erste Inkarnation auf einer neuen Entwicklungsstufe«, zitierte Staci ihren Geistführer. »Manchmal ist es aber auch die erste irdische Inkarnation – vor allem bei Seelen, die vorher Lebensschulen auf anderen Planeten durchlaufen haben und anschließend auf die Erde kommen.«

»Und warum entscheidet sich eine Seele ausgerechnet für den Alkohol und nicht für irgendeine andere Droge?«

»Manchmal hängt das schlicht und einfach davon ab, welche Substanz [in der kommenden Inkarnation] gerade zur Verfügung steht. Oder die Seele entscheidet sich für die Droge, auf die ihr Körper am besten reagiert. Häufig wählt sie auch einfach nur eine Substanz, die sie bereits von früheren Existenzen her kennt.«

»Wenn ich es richtig verstehe, ist der menschliche Organismus doch eigentlich gar nicht für den Konsum von Alkohol eingerichtet. Was sagt dein Geistführer dazu?«

»Er ist ganz deiner Meinung. Die einzige Ausnahme sind vergorene Früchte, die von Bäumen oder Sträuchern auf die Erde fallen. Tiere fressen so etwas manchmal. Aber Alkohol ist nicht gut für euch Menschen. Er zerstört die Gehirnzellen.«

Diese Antwort verblüffte mich. Wenn Gott tatsächlich allwissend ist, dann muss er doch schließlich auch gewusst haben, dass die Menschen eines Tages lernen würden, aus Trauben und anderen pflanzlichen Produkten Alkohol herzustellen. Warum ließ er solche Pflanzen auf der Erde wachsen, wenn der menschliche Körper nicht für den Alkoholkonsum geschaffen war? Ich fragte Staci danach.

»Mein Geistführer sagt, dass Trauben und Traubensaft nicht vergoren zu werden brauchen, um eine gute Nahrung für den Körper zu sein«, antwortete sie. »Außerdem ist Alkohol eine Verlockung. Mit solchen Dingen müssen wir in unserer irdischen Schule umgehen lernen.«

»Dein Geistführer hat ja auch erwähnt, dass manche Seelen sich für ein Alkoholikerdasein entscheiden, weil sie andere Menschen in früheren Existenzen körperlich misshandelt haben und als Buße dafür jetzt ihren eigenen Körper schädigen. Kannst du mir das genauer erklären? Karma soll doch eine Lernerfahrung sein und keine Bestrafung.«

Daraufhin erklärte Stacis Geistführer, dass Seelen manchmal tatsächlich Existenzen planen, in denen sie sich selbst so schlecht behandeln, wie sie früher mit anderen Menschen umgegangen sind. »Nach dem Ende ihrer irdischen Inkarnation erhalten alle Seelen eine Beratung durch höhere Geistwesen und werden angehalten, sich selbst zu verzeihen. Manche schaffen es, sich ihre früheren Missetaten zu vergeben, ohne eine solche selbstzerstörerische nächste Inkarnation zu planen; doch das gelingt nicht allen. Manche Seelen verwerten das, was sie zwischen den einzelnen Inkarnationen im Jenseits lernen, aber auch dazu, in ihrem nächsten Leben anderen Menschen zu helfen. Solche Seelen werden in ihrer nächsten Inkarnation vielleicht Drogenberater; oder sie beschließen, zunächst einmal selbst drogenabhängig zu werden und diese

Sucht dann zu überwinden, um die Erfahrung besser nachvollziehen und anderen Drogensüchtigen anschließend ein besserer Berater sein zu können.

»Und worin besteht der Unterschied zwischen einer Seele, die es sich verzeihen kann, andere Menschen in ihrem früheren Leben misshandelt zu haben, und einer Seele, die zu diesem Akt der Selbstvergebung nicht in der Lage ist?«, fragte ich.

Stacis begann langsamer zu sprechen und channelte die Aussagen ihres Geistführers jetzt Wort für Wort. »Innere Klarheit, Bedauern, Weiterentwicklung«, sagte sie. Stacis Geistführer erklärte, dass Seelen, die nach dem Tod auf ihre früheren Missetaten fixiert bleiben, vieles nicht mehr klar sehen können (und deshalb vielleicht beschließen, sich im nächsten Leben für ihre Vergehen zu bestrafen). Uns selbst verzeihen zu können, ist ein wichtiger Schritt auf unserem Entwicklungsweg; denn diese Fähigkeit der Vergebung erwächst aus einem Gefühl bedingungsloser Liebe.

»Ihr müsst lernen, euch von euren Ängsten zu befreien und euch selbst und eure Mitmenschen bedingungslos zu lieben. Das ist das wichtigste Ziel eures Lebens auf der Erde«, fügte er hinzu.

Bei diesen Worten fiel mir ein, dass Pat ja eigentlich geplant hatte, in diesem Leben seine unaufgelösten Ängste aus früheren Inkarnationen zu heilen. »Wenn ich es richtig verstanden habe, lässt die Seele bestimmte Energien in die Persönlichkeit einfließen, die sie in ihrer nächsten Inkarnation annehmen wird, damit diese unaufgelösten Energien geheilt werden können. Ist das richtig?«

»Mein Geistführer sagt, ja.«

»Aber negative Gefühle wie Angst können in der höheren Schwingungsfrequenz, die im Jenseits herrscht, doch gar nicht existieren. Was meint dein Geistführer dazu?«

»Das ist richtig; aber nicht jede Seele befindet sich ständig auf einer so hohen Schwingungsebene.«

»Also bewohnen Seelen, die solche Emotionen mit sich herumtragen, im Jenseits eine Ebene mit einer niedrigeren Schwingung?«

»Als ›niedrigere Schwingung‹ kann man das nicht bezeichnen, sagt mein Geistführer. Die ›höheren‹ Geistführer – also die Seelen, die nicht mehr auf der Erde zu inkarnieren brauchen – haben diese hohe Entwicklungstufe erreicht. Das bedeutet aber nicht, dass andere Seelen weniger wert sind. Mein Geistführer möchte nicht, dass du das Jenseits als eine Art Klassensystem missdeutest, denn das ist es nicht.«

»Und wie kann eine Emotion wie Angst den physischen Tod überleben?«

»Das hängt davon ab, was die betreffende Seele im Augenblick ihres Todes erlebt hat«, antwortete Staci. Ich musste daran denken, dass Pat bei seinem Tod in früheren Inkarnationen mindestens zweimal panische Angst empfunden haben musste – einmal bei dem Indianerangriff in der Prärie, das zweite Mal als Soldat auf dem Schlachtfeld. Und mir fiel auch das Schicksal von Penelope (Kapitel 4) wieder ein, die sich in ihrem jetzigen Leben von einer Angst zu heilen versucht, die sie in einer früheren Inkarnation im Augenblick ihres Todes empfunden hatte.

»Also haben die Empfindungen, die wir bei unserem Tod haben, einen besonders wichtigen Einfluss?«

»Ja. Denn im Augenblick eures Todes überdenkt ihr euer ganzes Leben noch einmal und alle ungelösten Probleme bleiben an euch haften. Kurz nach dem Tod zieht die Seele dann normalerweise eine Schlussfolgerung aus diesem Leben und überlegt sich, was sie in ihrer nächsten Inkarnation wieder genauso oder vielleicht auch ganz anders machen will.«

»Dann sollte man also versuchen, im Augenblick seines Todes möglichst glücklich zu sein und viel Liebe zu empfinden?«

»Ja«, bestätigte Staci. »Meiner Erfahrung nach läuft der Übertritt ins Jenseits am harmonischsten ab, wenn man von Menschen umgeben ist, die man liebt. Das ist die friedvollste Todeserfahrung, die es gibt.«

Wie viele Trinker hatte Pat versucht, mithilfe des Alkohols eine neue Identität anzunehmen. Und das war ihm auch tatsächlich gelungen – nur dass es eben nicht jene Identität war, mit der er gerechnet hatte. Pat hatte erwartet, dass der Alkohol einen neuen Menschen aus ihm machen würde: einen witzigen Gesprächspartner und eleganten Tänzer – einen coolen Typen, dem die Frauen zu Füßen lagen. Doch in Wirklichkeit wurde er durch seinen Alkoholkonsum wieder zu dem, was er in Wirklichkeit war: zu einem Kind Gottes.

Der Alkohol zwang Pat im wahrsten Sinn des Wortes in die Knie. Im düstersten Augenblick seines Lebens, im tiefsten Abgrund der Verzweiflung entdeckte er seine Spiritualität wieder – und das mit so intensiven Gefühlen, wie es ihm aus einem leichteren Leben heraus niemals möglich gewesen wäre. Seine Verzweiflung verwandelte sich in eine leidenschaftliche, inbrünstige Liebe zu Gott. Diese Liebe hat ihn schließlich dazu gebracht, auch sich selbst annehmen und lieben zu können.

Wenn wir auf der Erde inkarnieren – das heißt, wenn wir einen Teil unseres Bewusstseins in einen menschlichen Körper hineinfließen lassen und das Spektrum unserer Wahrnehmung auf die physische Dimension einengen –, erschaffen wir eine Welt der Illusion, in der wir von unseren Mitgeschöpfen und von Allem-Was-Ist getrennt zu existieren scheinen. In manchen Inkarnationen erscheint uns diese Illusion besonders real, in anderen weniger. Pat hatte ganz fest an die Realität dieser Illusion geglaubt und Gott und seine eigene göttliche Natur dadurch aus den Augen verloren.

Deshalb hat er sich vor seiner Geburt vorgenommen, schon in jungen Jahren Alkoholiker zu werden, um diese Inkarnation auf einer Wahrnehmungsebene totaler Isolation zu beginnen. Von diesem Ausgangspunkt aus wollte er nach und nach immer tiefer in seiner Alkoholabhängigkeit versinken, bis er schließlich »total am Ende« war. Der Abend, an dem Pat auf dem Fußboden lag und Gott verzweifelt um Hilfe anrief – jene Nacht totaler Einsamkeit und scheinbar abgrundtiefer Isolation –, war genau die Erfahrung, nach der er sich gesehnt hatte. In diesem tiefsten Abgrund des Leidens hatte er gehofft, den Funken zu entdecken, der seine Spiritualität wieder zum Leben erwecken würde. »Wenn man gar keinen Kontakt mehr zu seiner Spiritualität hat, beginnt man automatisch danach zu suchen – und irgendwann findet man den Weg zurück«, erklärte Stacis Geistführer.

Manche Seelen entscheiden sich freilich auch, alkoholabhängig zu werden, weil sie im Alkoholrausch das *Gefühl* einer Verbindung zu Gott haben. Dadurch, dass man dieses Gefühl erschafft, lernt man es besser kennen. Die Anonymen Alkoholiker setzen zur Alkoholentwöhnung das bekannte Zwölf-Schritte-Programm ein. Genau wie Pat erklärt sich jeder, der an diesem Programm teilnimmt, bereit, »seinen Willen und sein Leben der Sorge Gottes anzuvertrauen«, wie es in der Beschreibung des dritten Schritts heißt. Dass Alkoholismus so viele Menschen zur Erfahrung ihrer Verbundenheit mit Gott hinführt, ist kein Zufall.

Wenn wir uns in unserer wahren Heimat, der nicht-physischen Dimension, befinden, können wir dieses Gefühl des Einsseins mit Gott nicht neu erschaffen, weil wir es ja ständig haben. In der Geisterwelt ist uns unsere enge Verbundenheit mit der ganzen Schöpfung stets bewusst. Wir wissen, dass wir ein Teil von Gott und daher selbst göttlich sind. Diese Göttlichkeit kann uns niemals wirklich verloren gehen; doch manchmal vergessen wir sie vorübergehend, wenn wir uns in einem physischen Körper befinden. Pat hat diese Erfahrung gemacht und sich deshalb anschließend umso heftiger danach gesehnt, das Gefühl des Einsseins mit Gott in seinem Inneren wiederherzustellen. Nach seinem Tod wird er ein tief empfundenes Bewusstsein dieser engen Beziehung zu Gott und dem Universum mit in die Geisterwelt zurückbringen, das er ohne das »Kontrastprogramm« der Alkoholabhängigkeit in seinem physischen Leben niemals hätte erlangen können.

Pat hat 44 leidvolle Jahre in jenem illusorischen Zustand der Isolation verbracht und damit große Stärke bewiesen. Denn eine Seele, die sich freiwillig von der ihr als Geburtsrecht zustehenden göttlichen Liebe ausgrenzt, um diese Liebe besser kennenlernen zu können, muss schon sehr tapfer sein. Pats Schicksal hat uns wieder einmal gezeigt, dass unsere Erlebnisse und Erfahrungen in der physischen Dimension sehr trügerisch sind. Was manche Menschen als Schwäche oder inneren Rückzug verurteilen, erfordert in Wirklichkeit großen Mut: Eine solche Seele stellt sich einer der größten Herausforderungen, die es gibt.

Oft nimmt die Illusion, die in unserer irdischen Welt herrscht, die Form polarer Gegensätze an. Die Welt mag Pat als ängstlichen Menschen empfunden haben, genau wie auch er sich seiner eigenen Ängste durchaus bewusst war: Angst vor Geselligkeit. Angst vor Frauen. Angst davor, auf einen Posten befördert zu werden, für den er nicht die erforderlichen Fähigkeiten mitbrachte. Angst vor Einsamkeit und davor, sein Leben nicht allein in den Griff zu bekommen. Doch das sind alles nur Überreste von Ängsten aus früheren Inkarnationen, die seine Seele noch nicht bewältigt hat und die sich daher in seinem jetzigen Leben erneut manifestieren. Und hinter dieser Illusion steht eine tapfere Seele, die endlich lernen will, keine Angst mehr zu haben, und deshalb schon vor ihrer Geburt beschloss, sich vor dem Vater zu fürchten: Diese Erfahrung sollte sie an ihre tiefer liegenden Ängste aus früheren Inkarnationen erinnern.

Unsere Ängste entfremden uns unserer wahren Identität. Deshalb sollten wir ihnen nachgehen, statt vor ihnen davonzulaufen. Erst wenn wir uns unseren Ängsten stellen und sie ausleben, erinnern wir uns wieder daran, wer wir in Wirklichkeit sind. Pat zum Beispiel hatte Angst vor dem Alleinsein. Doch erst als er sich von Gott und der Welt verlassen fühlte, wurde ihm klar, dass er niemals wirklich allein war und es auch gar nicht sein konnte. Erst in der scheinbaren Verlassenheit entdeckte er seine Verbundenheit mit Gott und mit allem, was lebt; erst in der Kapitulation fand er zu seiner wahren inneren Souveränität zurück. Dadurch, dass Pat in seinem Leben genau die Dinge manifestierte, vor denen er sich am meisten fürchtete, war er gezwungen, sich wieder an seine ewige Wahrheit zu erinnern.

Man könnte sich jetzt vielleicht fragen: Wer ist Pat eigentlich? Pat ist nichts anderes als Liebe – jene Liebe, die er den anderen Seelen in seiner vorgeburtlichen Planungssitzung so großzügig und bereitwillig entgegengebracht hat. Nur aus Liebe hat Pat das Lebensproblem seiner Alkoholabhängigkeit geplant, um damit nicht nur sein eigenes inneres Wachstum, sondern auch die Weiterentwicklung anderer geliebter Seelen zu fördern. In Wirklichkeit hat er diesen Seelen, die sich entschlossen, ihr nächstes Leben mit ihm zu verbringen, also einen wertvollen Dienst erwiesen. Kathy lernte dadurch, zu ihrer eigenen Identität zu finden, sich von anderen Menschen abzugrenzen und ein harmonisches inneres Gleichgewicht aufzubauen. Wie kann man besser lernen, was inneres Gleichgewicht ist, als durch das Beispiel eines alkoholabhängigen Elternteils?

Die Erfahrungen, die Pats zweite Tochter Donna mit ihrem Vater machte, zwangen sie, nach innen zu schauen und dort ihre Liebe zu sich selbst wiederzuentdecken – ein typischer Lebensplan nach dem Muster »Lernen durch Gegensätze«. Das lieblose Verhalten ihres Vaters (zu dem Donna ihn vor der Geburt ja ausdrücklich aufgefordert hatte) ließ sie ihr wahres Wesen wiedererkennen: den strahlenden Glanz einer liebevollen Seele.

Andrew hat aus dem Beispiel seines Vaters gelernt, sich nicht von seinen Zielen ablenken zu lassen und fest mit beiden Beinen auf dem Boden zu stehen. Pats erste Frau Carole begriff durch die Erfahrungen mit ihrem alkoholkranken Mann, dass es in der Welt nicht nur Schwarz und Weiß, sondern auch Zwischentöne gibt; und seine zweite Frau Shirley erhielt durch die Ehe mit Pat die Gelegenheit, ihre wertvollsten Eigenschaften – Liebe und Mitgefühl – kennenzulernen.

In Pats vorgeburtlichem Lebensplan übernahmen seine künftigen Angehörigen selbst die Verantwortung für die Lektionen, die sie aus seinem Alkoholismus lernen wollten. In der physischen Dimension, in der wir uns nicht mehr an die Entscheidungen erinnern können, die wir vor unserer Geburt getroffen haben, glauben wir häufig, dass unsere Mitmenschen uns Leid zufügen und somit schuld an unseren negativen Erfahrungen sind. Und nur allzu oft reagieren wir darauf mit Angst, Wut, Hass, Selbsthass, Schuldzuweisungen oder dem Gefühl, ungerecht behandelt worden zu sein – allesamt Emotionen, die nicht dem wahren Wesen unserer Seele entsprechen. Erst wenn wir aufwachen und unseren Blick nach innen richten, erinnern wir uns wieder daran, dass wir ja selbst um diese Erfahrungen gebeten haben. Und dann können wir uns auch entscheiden, anders darauf zu reagieren, und den Seelen, die uns unser inneres Wachstum ermöglicht haben, dankbar sein: Ich danke dir dafür, dass du aus Liebe zu mir eine Rolle übernommen hast, in der du viele Jahre lang Zielscheibe meiner Aggressionen warst. Danke dafür, dass du dich an unsere vorgeburtliche Abmachung gehalten hast. Danke, dass du mir die Erfahrungen ermöglichtest, die ich brauchte, um zu dem Menschen zu werden, der ich heute bin.

Wir leben in einer Welt, in der viele Menschen wegen ihrer selbstgewählten schwierigen Lebenssituation eine schlechte Meinung von sich haben. Viele Alkoholiker machen sich Vorwürfe, weil sie glauben, die Menschen, die sie lieben, im Stich gelassen zu haben. Doch in Wirklichkeit haben sie sich vielleicht – genau wie Pat – nur entschieden, vorübergehend die Rolle eines Alkoholikers zu spielen, um dadurch ihren inneren Horizont zu erweitern und gleichzeitig die Entwicklung anderer befreundeter Seelen voranzutreiben.

Kapitel 6

Der Tod eines geliebten Menschen

Der Tod eines geliebten Menschen ist eine der schwersten Erfahrungen, die es gibt; und doch bleibt sie kaum jemandem erspart. Denn wer nicht selbst jung stirbt, verliert garantiert irgendwann einmal in seinem Leben einen Menschen, der ihm wichtig ist. Dass wir fast alle diesen Schmerz durchleiden müssen, deutet darauf hin, dass er uns ein sehr intensives inneres Wachstum ermöglicht.

Manche Menschen erleben solche schmerzlichen Verluste besonders häufig. Um besser verstehen zu können, warum einige Seelen schon vor ihrer Geburt den Verlust eines geliebten Menschen vorausplanen, unterhielt ich mich mit Valerie Villars. Sie war damals 42 Jahre alt und hatte bereits zwei Menschen verloren, die sie von ganzem Herzen liebte, darunter ihren einzigen Sohn Dustin, der drei Monate zuvor gestorben war. Valerie hatte das Gefühl, dass es für sie heilsam sein könnte, mit mir über ihre Erfahrungen zu sprechen.

Die beiden wichtigen Menschen in Valeries Leben waren unerwartet und relativ jung gestorben. Das schien mir darauf hinzudeuten, dass diese Erfahrung zu ihrem vorgeburtlichen Lebensplan gehörte. Doch warum musste Valerie gleich *zwei* geliebte Menschen verlieren? Und warum ausgerechnet ihr einziges Kind?

Valerie

Valeries Geschichte

»Wir waren unzertrennlich«, erzählte Valerie. Damit meinte sie ihre enge Beziehung zu Dustin, ihrem Sohn aus erster Ehe. »Wir spielten Indianerspiele, Fußball und Basketball. Dustin war ein richtiger kleiner Draufgänger. Er wollte immer alles ausprobieren.«

Die beiden anderen hervorstechenden Eigenschaften ihres Sohnes waren Intelligenz und Individualismus gewesen. Niemand kannte sich mit Computern und Autos so gut aus wie er; einmal baute er sogar einen ganzen Motor allein zusammen. Sein Individualismus zeigte sich darin, dass er die Welt immer wieder infrage stellte. »Dustins Ansicht nach hätte hier auf der Erde vieles besser eingerichtet sein können«, erklärte Valerie. »Oft vermisste er in unserer Gesellschaft einfach den gesunden Menschenverstand.«

Dustin starb mit 19 Jahren. Er war eines Freitagnachts spät nach Hause gekommen und hatte noch kurz bei Valerie hereingeschaut, die schon im Bett lag. Die beiden unterhielten sich noch ein wenig; dann umarmten sie sich und wünschten einander eine gute Nacht. »Ich liebe dich«, sagte Valerie. »Ich dich auch«, antwortete Dustin und ließ sich sogar von ihr küssen. Das wunderte sie, denn normalerweise zeigte er gar nicht so gern seine weiche Seite.

Als Valerie am nächsten Tag von einer Fahrt nach New Orleans zurückkehrte, lag Dustin tot in seinem Zimmer. »Er lag auf dem Bett, die Füße auf dem Boden, als sei er nach hinten umgekippt. Ich rannte zu ihm hinüber und merkte, dass er nicht mehr atmete.« Kopflos lief Valerie ins Wohnzimmer und sah zum Glück gerade ihren Mann nach Hause kommen.

»Dustin atmet nicht mehr!«, schrie sie ihm von der Haustür her entgegen. Ihr Mann versuchte den Jungen wiederzubeleben, während Valerie den Notarztwagen rief. Die Rettungssanitäter untersuchten Dustin und erklärten ihr, dass er tot sei. Er habe wohl versehentlich eine Überdosis Drogen genommen.

»Dustin hatte gerade sein Examen am College abgelegt und war sehr glücklich darüber«, erzählte Valerie traurig. »Er hatte gute Noten bekommen und war ausgegangen, um dieses Ereignis zu feiern. Zum Muttertag hatte er mir einen wunderschönen Brief geschrieben, in dem er mir beteuerte, wie sehr er mich liebte. So etwas hatte er bisher noch nie getan. Niemand kann sich vorstellen, wie schrecklich es ist, so plötzlich ein Kind zu verlieren.«

Am Tag vor seiner Beerdigung kam Valeries Schwester Vicki zu Besuch, weil sie ihr etwas Wichtiges mitzuteilen hatte. »Letzte Nacht ist mir Dustin im Traum erschienen«, erzählte Vicki. »Er erstrahlte in einem überirdischen Licht und bat mich: ›Sag meiner Mutter, dass ich jetzt nur noch aus Licht bestehe, Tante Vicki.‹ Tut mir leid, Valerie, aber ich weiß nicht, was das bedeuten soll.«

»Damit hat Dustin mir auf seine Weise mitgeteilt, dass er auch nach seinem Tod immer noch weiterlebt und dass es ihm gut geht«, sagte Valerie. »Das hat mich so glücklich gemacht!«

Zwei Nächte später erwachte Valerie plötzlich aus tiefem Schlaf. »In dem Moment, in dem ich aufwachte, schwebte ich zur Decke empor und spürte die Energie meines Sohnes«, erinnerte sie sich. »Es gab keine Zeit und keinen Raum mehr. Ich nahm alles gleichzeitig wahr. Wir verschmolzen miteinander und in diesen paar Sekunden erfuhr ich alles über Dustins Leben im Jenseits. Er war glücklich, das spürte ich. Ich wusste es einfach.«

Doch Valerie hatte auch schon vor Dustins Tod einen Menschen verloren, der ihr sehr viel bedeutete. Vor zwölf Jahren, als Studentin, hatte sie sich in einen Freund ihrer Cousine Lorraine verliebt. »Ich hatte von Anfang an das Gefühl, D. C. schon lange zu kennen«, erzählte Valerie wehmütig. »Wir führten eine sehr romantische Beziehung und lebten nur für die Gegenwart, weil wir nie wussten, wann er zu seinem nächsten Einsatz gerufen würde.«

D. C. war Berufstaucher. Seine Aufgabe war es, Pipelines von Offshore-Bohrinseln zu warten – eine anstrengende, gefährliche Arbeit, die zudem auch noch den Nachteil hatte, dass diese Männer nie planen konnten und jederzeit zum nächsten Einsatz gerufen werden könnten. »Wir mussten damit leben, dass D. C. jeden Moment einen Anruf bekommen konnte und wir dann eine Woche oder zwei Monate lang voneinander getrennt sein würden«, erzählte Valerie.

»Im September wurden wir ein Paar«, erinnert sie sich. »Schon fünf Monate später machte er mir einen Heiratsantrag.« Eine knappe Stunde später wurde D. C. zu seinem nächsten Einsatz gerufen. Die beiden fuhren zu seiner Wohnung, wo er seine Sachen und seine Taucherausrüstung einpackte. D. C.'s Freund Johnny, der ebenfalls Berufstaucher war, holte ihn ab. »Ich sehe die Szene noch so deutlich vor mir, als sei es gestern gewesen«, sagte Valerie. »Er stieg ins Auto, und ich winkte ihm nach. Danach habe ich ihn nie wiedergesehen.«

Zwei Tage später erfuhr Valerie von ihrer Cousine und deren Mann Brad, dass ihr Freund einen Unfall gehabt hatte.

»Bitte sagt, dass er nicht tot ist!«, hatte Valerie geschrien. *»Er hat mich vor zwei Tagen gefragt, ob ich ihn heiraten will!«*

Lorraine und Brad, die noch nichts von dieser Verlobung wussten, sahen sich nur ratlos an. Am nächsten Tag erhielt Valerie einen Brief von der Firma, bei der D. C. gearbeitet hatte:

»Um etwa 14:00 Uhr stieg der erste Taucher Dave Copeland auf eine Tiefe von 80 Metern hinab und meldete uns über Lautsprecher, dass er wieder auftauchen wollte.« Dann – so hieß es in dem Brief weiter – waren seltsame grunzende Geräusche zu hören gewesen und D. C.'s Freund Johnny wurde hinuntergeschickt, um nachzusehen, was los war. D. C. schaute seinem Freund kurz in die Augen und schob ihn von sich weg. Dann nahm er seinen Taucherhelm ab.

»Er wollte sich nicht umbringen«, erklärte Valerie. »D. C. arbeitete schon seit 15 Jahren als Berufstaucher und war ein absoluter Profi. Er hat wohl einfach gemerkt, dass irgendetwas mit ihm nicht stimmte.«

Valerie weiß auch heute noch nicht genau, was damals passiert ist. Sie erinnert sich nur noch daran, dass D. C., Johnny und Brad sich eine Woche zuvor gemeinsam ein Fußballspiel im Fernsehen angeschaut hatten. »Als D. C. mich an diesem Abend besuchen kam«, erzählte Valerie, »hatte er eine dicke Beule an der Stirn. Ich fragte ihn, was passiert sei, und er antwortete: ›Ich bin so glücklich, dass wir uns begegnet sind. Ich habe mich bei Brad dafür bedankt – schließlich habe ich dich durch ihn kennengelernt. Aus lauter Übermut haben wir uns dann ein bisschen gekabbelt und sind mit den Köpfen zusammengestoßen.‹ Wahrscheinlich hat er sich dabei einen Haarriss in der Schädeldecke zugezogen, der ihm später beim Tauchen zum Verhängnis wurde.«

Valerie litt so sehr unter D. C.'s Tod, dass sie ihren Schmerz mit Alkohol betäubte. Es dauerte zwei Jahre, bis sie ihren schrecklichen Verlust einigermaßen überwunden hatte. »Wenige Stunden vor seinem Tod«, erzählte sie, »saßen wir nebeneinander auf der Couch, er sah mir in die Augen und sagte: ›Es tut mir leid, dass ich so lange gebraucht habe, um dich zu finden. Beim nächsten Mal wird es schneller gehen, das verspreche ich dir.‹ Ich zweifelte nicht daran. Er war meine ganz große Liebe. So etwas begegnet einem nicht jeden Tag. Ich hatte meine Zukunft verloren – so kam es mir damals jedenfalls vor.«

Valeries Sitzung bei Deb DeBari

Das Gespräch mit Valerie hatte mich tief berührt. Sie hatte zwei schmerzliche Verluste erlitten und beide mit Kraft und Würde getragen. Und sie war sogar bereit, offen darüber zu sprechen – in der Hoffnung, andere Menschen, die einen ähnlichen Kummer durchlitten, damit zu trösten und sie vielleicht sogar einen Sinn in diesem traurigen Geschehen erkennen zu lassen.

Um diesen Sinn zu entdecken – und weil der Tod eines geliebten Menschen eine Erfahrung ist, die so viele Leute trifft –, bat ich Valerie um die Erlaubnis, gleich drei verschiedene Medien auf ihre vorgeburtliche Lebensplanung »ansetzen« zu dürfen; und sie war damit einverstanden. Eines dieser Medien war Deb DeBari. Ich kannte Deb bereits aus anderen Sitzungen und wusste, dass es ihr sehr leichtfällt, Kontakt zu Verstorbenen herzustellen.

D. C. meldete sich gleich zu Beginn der Sitzung bei Deb. Er sagte, dass er Valerie noch immer als seine Verlobte ansah. Und dann erklärte er: »Ich wusste, dass ich nicht alt werden würde. Ich bin [auch vor meinem Tauchunfall] schon öfter mit knapper Not dem Tod entronnen.«

»Er sagt, dass er schon vor seiner Geburt mit anderen Seelen eine Vereinbarung über seinen frühen Tod getroffen hat«, erklärte Deb. »Dieser Unfall war von vornherein geplant. Er zeigt mir ein Motorrad. Ist er denn früher Motorrad gefahren?«

»Ja«, bestätigte Valerie.

»Auch mit diesem Motorrad hat er sich mehr als einmal in lebensgefährliche Situationen gebracht«, sagte Deb. »Es war nur eine Frage der Zeit, wann es ihn erwischen würde – so oder so.«

»Was ist bei seinem Tauchunfall eigentlich passiert?«, fragte Valerie. Darüber hatte sie sich lange Zeit den Kopf zerbrochen.

»Ich hatte das Gefühl, dass mein Gehirn explodiert«, antwortete D. C. »Diesen Schmerz konnte ich einfach nicht mehr aushalten.« Damit bestätigte D. C., was sein Freund Johnny damals vermutet hatte: Er wusste, dass er sterben musste, und hatte den Helm abgenommen, um sich ein langsames, qualvolles Ende zu ersparen.

»Und was wolltest du daraus lernen?«, fragte Valerie.

»Vieles«, erwiderte D. C. »Ich war ein Draufgänger. Irgendwie hatte ich keinen Respekt vor dem Leben. Sonst hätte ich es nicht so leichtsinnig auf Spiel gesetzt. Ein großer Teil dieser Problematik stammt noch aus früheren Inkarnationen, in denen ich öfter Soldat war. Ich habe mein Leben schon so oft für Dinge riskiert, an die ich nicht glaubte. Außerdem muss ich lernen, der Liebe mehr Bedeutung beizumessen. Inzwischen habe ich viel begriffen und bin im Geiste immer noch bei dir. Ich werde nicht sofort wiederkommen [mich nicht gleich wieder auf der Erde inkarnieren]. Vorher will ich erst noch ein paar Lektionen lernen. Das nächste Mal möchte ich besser auf mein Leben vorbereitet sein und wissen, wozu ich auf der Welt bin. Beim letzten Mal wusste ich es nicht.«

Damit spielte D. C. darauf an, dass alle Seelen vergessen, worin der Sinn und Zweck ihres Lebens besteht, wenn sie in die Erdebene eintreten. Als unsterbliche Seelen kennen wir das Ziel unserer nächsten Inkarnation genau. Doch sobald wir geboren werden und sich ein Schleier zwischen der physischen und der nicht-physischen Dimension bildet, vergessen wir es – manchmal nur vorübergehend, manchmal aber auch bis ans Ende unseres Lebens. Viele schwierige Lebenssituationen haben einfach nur den Zweck, uns wieder an dieses Lebensziel zu erinnern.

»Du sollst wissen, dass ich dich immer noch liebe«, sagte D. C. zu Valerie.

»Ich liebe dich auch«, antwortete sie.

»Du darfst nicht denken, dass ich dich allein gelassen habe, weil ich dich nicht liebe«, fuhr er fort. »Diese Liebe hört niemals auf.«

»Warum muss das alles so schwer sein?«, fragte Valerie mit leiser Stimme. »Warum können wir unsere Lektionen denn nicht im Jenseits lernen?«

»Dort drüben«, erklärte Deb, »gibt es keine negativen Emotionen wie hier auf der Erde. Negative Gefühle sind nicht ›verboten‹; aber Geistwesen empfinden so etwas einfach nicht.«

Damit meinte Deb, dass es in der geistigen Welt keine Gegensätze gibt. Nur in einer irdischen Inkarnation können wir Gefühle wie Wut oder Hass erleben, die eine »niedrigere Frequenz« haben. Und erst diese Erfahrung – so leidvoll sie auch sein mag – führt uns zu wahrer Selbsterkenntnis.

Jetzt trat D. C. einen Schritt zurück, und Dustin erschien. »Ich war nicht glücklich«, erklärte er seiner Mutter. »Ich wusste einfach nicht, was ich mit meinem Leben anfangen sollte. Aber ich wollte mir nicht das Leben nehmen. Es war ein Unfall. Ich war drogensüchtig. Manche Leute können hin und wieder Drogen nehmen, ohne davon abhängig zu werden. Bei mir war das anders. Ich habe versucht, meine Sucht vor dir zu verheimlichen und trotzdem irgendwie ein normales Leben zu führen; doch innerlich war ich voller Aggressionen. Ich konnte kaum noch klar denken. Und ich konnte auch zu niemandem Vertrauen haben. Alle meine Entscheidungen beruhten auf Misstrauen. Es tut mir leid. Ich wollte dich nicht enttäuschen.«

»Ich weiß«, sagte Valerie mit sanfter, liebevoller Stimme. »Du hast mich nicht enttäuscht.«

»Das war schon das zweite Mal«, erklärte Dustin. »Ein paar Monate vorher hätte ich auch schon fast eine Überdosis genommen.«

Ich fragte Dustin, ob er und Valerie sich schon vor seiner Geburt über den Zeitpunkt seines Todes geeinigt hätten.

»Es war abgemacht, dass ich vor meinem 25. Lebensjahr sterben sollte«, antwortete Dustin. »Wenn ich diesen Zeitpunkt überlebte – so war es festgelegt worden –, müsste ich bis ins hohe Alter auf der Erde bleiben. Die Entscheidung lag bei mir.«

»Aber du hast diese Entscheidung bereits auf der Ebene deiner Seele getroffen und nicht auf der Persönlichkeitsebene, oder?«, hakte ich nach.

»Auf der Seelenebene«, bestätigte Dustin.

»Und welches Karma wollten wir damit ausgleichen?«, fragte Valerie. »Sollte ich etwas daraus lernen?«

»Ihr solltet alle beide etwas daraus lernen«, erklärte Deb. »In einem früheren Leben war Dustin Valeries Vater. Ihr habt auf einer Farm gelebt. Es war zur Siedlerzeit. Valerie stürzte vom Pferd und starb, als sie noch ein kleines Mädchen war. Dustin war damals untröstlich.«

Ich fragte Deb, was es Valerie an positiven Erkenntnissen gebracht habe, dass sie nun den gleichen schmerzlichen Verlust erleiden musste, den Dustin in ihrem letzten gemeinsamen Leben durchgemacht hatte.

»Sie befindet sich im Zustand der Gnade, sagen meine Geistführer. Das bedeutet, dass sie gerade eine höhere spirituelle Entwicklungsstufe erreicht hat«, erklärte Deb. »Valerie hat sich innerlich sehr intensiv weiterentwickelt und sich dadurch viele Lebenslektionen erspart.«

Das entsprach meinem eigenen Verständnis von Gnade, das ich im Laufe meiner Recherchen gewonnen hatte: Gnade bedeutet, dass man von einem bestimmten Karma oder einigen vorher geplanten »Lernaufgaben« befreit wird. Der plötzliche, unerwartete Tod ihres einzigen Kindes hatte einen so tiefen Eindruck bei Valerie hinterlassen, dass andere Lektionen in ihrem Lebensplan sich dadurch möglicherweise erübrigten. Ich dachte an die Wenn-dann-Abzweigungen, die Staci Wells in den vorgeburtlichen Lebensplänen der Menschen sieht. Sicherlich gab es auch in Valeries Lebensdiagramm solche Punkte: Falls Valerie aus dem Tod ihres Sohnes etwas lernt, tritt Fall X ein; wenn nicht, geht es mit Y weiter.

Doch wie hatte sich Valerie infolge ihres Zustands der Gnade innerlich weiterentwickelt?

»Sie ist einfühlsamer geworden und hat gelernt, Mitgefühl zu empfinden«, erklärte Deb.

»Das stimmt«, bestätigte Valerie. »Es ist eine Art inneres Wissen, das einem in Fleisch und Blut übergeht und das man nie wieder vergisst.«

»Sie hat etwas Positives aus ihrer leidvollen Erfahrung gemacht«, setzte Deb hinzu. Das stimmte tatsächlich: Kurz nach dem Hurrikan Katrina war Valerie in einem Einkaufszentrum einer Frau begegnet, die allein in einem Gang stand. Diese Frau war durch die Verluste, die sie durch die schreckliche Naturkatastrophe erlitten hatte, so traumatisiert, dass sie hysterisch schluchzte. »Ich nahm sie einfach in die Arme und hielt sie fest«, erzählte Valerie mir später. »›Sie sind ein sehr starker Mensch‹, sagte die Frau dankbar, nachdem sie sich wieder beruhigt hatte.«

In jenem Augenblick war Valerie zur lebenden Verkörperung von Einfühlungsvermögen und Mitgefühl geworden. Dadurch, dass sie diese Charaktereigenschaften auf der Erdebene manifestiert, lernt sie sie so intensiv kennen, wie es ihr ohne ihre eigenen schmerzlichen Verluste niemals möglich gewesen wäre. In jenem Augenblick verwandelte sich Valeries Schmerz in Liebe. Das war der Triumph ihrer Seele.

»Was würden deine Geistführer jemandem raten, der versucht, seinen Kummer über den Tod eines geliebten Menschen zu verdrängen?«, fragte ich Deb.

»Sie sagen: ›Akzeptiere den Schmerz. Nimm ihn an und weine, bis du keine Tränen mehr hast‹«, antwortete Deb.

In diesem Augenblick meldete sich Dustin wieder zu Wort. »Ich habe meine Talente vergeudet. Beim nächsten Mal muss ich sie besser nutzen. Und ich muss auch ein bisschen widerstandsfähiger werden, damit es mir nichts mehr ausmacht, wenn andere Leute mit meiner Wahrheit nicht einverstanden sind. Ich muss Vertrauen zu mir selbst entwickeln. Es tut mir leid, dir mit meinem frühen Tod so viel Leid zugefügt zu haben.«

»Diesen Tod hatten wir doch gemeinsam beschlossen«, wandte Valerie ein.

»Ich weiß«, sagte Dustin. »Aber so etwas werden wir nie wieder tun. Wir werden einander keinen Kummer mehr machen. Dieses Kapitel ist abgeschlossen. Beim nächsten Mal werden wir uns auf einer höheren Ebene begegnen. Ich bin sehr stolz auf dich. Ich lerne gerade, mit Elektrizität zu experimentieren, und werde versuchen, dein Telefon klingeln zu lassen. Dann schau nach, ob eine Nachricht für dich zu hören ist. Und ich kann auch in deinen Träumen mit dir sprechen. Versuche dich beim Aufwachen immer sofort an deine Träume zu erinnern. Ich versuche dir Botschaften zu senden. Ich liebe dich so sehr.«

»Ich dich auch«, sagte Valerie.

»Weißt du«, sagte Dustin, »hier drüben spüren wir die Liebe anders als auf der Erde – überwältigender.«

»Er zeigt mir eine Energiewelle«, erklärte Deb. »Wenn Geistwesen Liebe empfinden, schwingt ihr ganzes Sein in dieser Emotion mit.«

»Du kannst jetzt bestimmt sehen, wie viel Positives du im Leben anderer Menschen bewirkt hast, nicht wahr?«, fragte Valerie.

»Ja«, bestätigte Dustin. »Vorher war mir das nicht klar. Beim nächsten Mal mache ich es noch besser.«

Ich wandte mich an Deb: »Welche Ermutigung würden deine Geistführer einem Menschen mit auf den Weg geben, der versucht, über den Verlust eines geliebten Verstorbenen hinwegzukommen?«

»Sie sagen, man soll es nicht persönlich nehmen«, erwiderte Deb. »Es ist nicht so, dass Gott einen persönlich mit diesem Schicksalsschlag treffen will. Sie haben es sich selbst so ausgesucht. Wenn man die Sache so sieht, betrachtet man sie automatisch aus einer anderen Perspektive.«

Ein Gespräch mit Valeries Seele

Durch Debs Vermittlung hatten sowohl Dustin als auch D. C. bestätigt, dass es ihnen gut ging und dass ihr früher Tod schon vor ihrer Geburt geplant gewesen war. Ich spürte, dass das Gespräch mit diesen beiden Seelen eine heilsame Erfahrung für Valerie gewesen war. Sie hatte dadurch mehr darüber erfahren, warum die beiden gestorben waren – und was noch wichtiger war: Sie hatten sich gegenseitig ihre Liebe senden können.

Um noch besser zu verstehen, warum eine Seele es auf sich nimmt, nicht nur ihren Partner, sondern auch noch ihren Sohn zu verlieren, bat ich das Medium Corbie Mitleid, Valeries Seele zu channeln. Ich wollte mehr über Valeries Lebensplan und den tieferen Sinn ihrer beiden schmerzlichen Verluste erfahren.

Da unsere Seele das Bewusstsein sämtlicher Persönlichkeiten umfasst, in deren Gestalt sie sich bisher auf der Erde inkarniert hat, spricht sie manchmal in der Wir-Form von sich. Das tat auch Valeries Seele in unserem (hier folgenden) Gespräch.

Corbie schwieg ein paar Minuten und versetzte sich in Trance. Dann stellte ich ihr meine wichtigste Frage: »Warum musste Valerie erst ihren Verlobten und dann auch noch ihr Kind verlieren?«

»Sie hat beides schon in früheren Inkarnationen erlebt und ist nicht gut damit zurechtgekommen«, antwortete Valeries Seele. »Ihr damaliger Verlobter fiel im Jahr 1916 im Ersten Weltkrieg und sie verlor daraufhin fast den Verstand. Sie versuchte sich aus dem Fenster zu stürzen und wollte nichts mehr essen. Vier Jahre später gelang es ihr dann tatsächlich, sich das Leben zu nehmen. Sie wurde sehr rasch wiedergeboren – wie die meisten Selbstmörder –, und zwar im Westen der Vereinigten Staaten. Sie heiratete mit 18 und bekam einen Sohn, der noch vor seinem 20. Lebensjahr bei einem Unfall ums Leben kam: Er hatte betrunken die Straße überquert und war dabei von einem Auto erfasst worden.

Das Thema der Liebe und des Verlusts spielt auch in ihrem jetzigen Leben eine wichtige Rolle. Wir hoffen, dass die Persönlichkeit [Valerie] jetzt endlich begreift, dass solche Verluste nur etwas Vorübergehendes sind und dass man auch über den Tod eines geliebten Menschen hinwegkommen und gut weiterleben kann, bis man sich später in der nicht-physischen Dimension wiedertrifft.«

Diese Informationen wurden in einem sachlichen, aber mitfühlenden Ton vorgebracht – ohne jedes Werturteil. Valeries Seele stellte lediglich fest, dass ihre Persönlichkeit sich in ihren beiden früheren Leben zu sehr von ihren Verlusten hatte überwältigen lassen. Interessanterweise war Valeries Sohn in ihrer früheren Inkarnation ungefähr im gleichen Alter gestorben wie Dustin.

»Bist du Valeries höheres Selbst?«, fragte ich.

»Ja.«

»War D. C. der Verlobte, der auch damals im Ersten Weltkrieg gefallen ist, und war Dustin Valeries früherer Sohn?«

»Ja.«

»Du hast gesagt, dass Valerie begreifen muss, dass Verluste etwas Vorübergehendes sind. Warum ist es für eine Persönlichkeit so wichtig, das zu verstehen?«

»Du musst dir das falsche Verständnis eines solchen Verlustes wie eine Art Entgleisung vorstellen. Wenn ihr die Unbeständigkeit eures irdischen Daseins erkennt – wenn euch klar wird, dass Veränderung in eurem Raum-Zeit-Kontinuum die einzige Konstante ist –, dann begreift ihr auch, dass solche Verlusterfahrungen nichts Dauerhaftes sind. Valerie ist diesen geliebten Seelen schon in vielen, vielen Inkarnationen begegnet. Sie sind im wahrsten Sinn des Wortes ihre Seelengefährten. Und Valerie kann auch etwas Positives aus dieser Erfahrung lernen, statt sich dadurch aus der Bahn werfen zu lassen und Gott oder ihr Schicksal anzuklagen.

Die Persönlichkeit wird von der Seele, dem höheren Selbst, geschaffen«, fügte Valeries Seele hinzu. »Diese Persönlichkeit ist die Illusion, die ihr in eurer irdischen Dimension aus Zeit und Raum braucht, um eure Lektionen zu lernen. Es gibt

Lernaufgaben, die sich ohne einen physischen Körper und ohne die Illusion der Zeit nicht bewältigen lassen.«

Aber worin besteht eigentlich der Unterschied zwischen Seele und Persönlichkeit? »Wenn ich es richtig verstanden habe«, sagte ich, »besteht die Persönlichkeit aus einem dauerhaften, unsterblichen Wesenskern, der den Tod überlebt und anschließend wieder mit der Seele verschmilzt, und bestimmten vorübergehenden Charakterzügen, die nur in der jeweiligen Inkarnation existieren.«

»Richtig.«

»Wenn Valerie stirbt, wird ihr unsterblicher Wesenskern also wieder mit dir vereint?«

»Das stimmt nicht ganz – denn wir waren nie voneinander getrennt. Es gibt keine Trennung. Nach ihrem Tod fühlt sich die Persönlichkeit wieder eins mit Gott und ihrem höheren Selbst. Das ist so, wie wenn Spinnweben beiseitegefegt werden, die euch vorher die Sicht verschleiert hatten; aber es bedeutet nicht, dass es zuvor keine Verbindung zwischen der Persönlichkeit und der Seele gegeben hat.«

Das beruhigte mich. Trotzdem fand ich es traurig, dass Valerie so viel durchmachen musste. Selbst nach den Erläuterungen ihrer Seele fiel es mir immer noch schwer, die Notwendigkeit dieses Leidens zu begreifen. Und das war mir nicht nur mit Valerie, sondern mit allen meinen bisherigen Interviewpartnern so gegangen. Ich wollte wissen, warum diese Menschen so leiden müssen, in der Hoffnung, ihren Schmerz durch dieses Wissen vielleicht ein wenig lindern zu können.

»Auf welche Weise wächst eine Seele innerlich durch ihre Inkarnationen?«, fragte ich.

»Die Erde und andere physische Ebenen ermöglichen der Seele Lektionen, die sie ohne Körper, ohne körperliche Bedürfnisse und physischen Kontakt mit anderen Menschen nicht lernen könnte. Nehmen wir als Beispiel einmal die physischen Bedürfnisse Hunger und Durst. Wenn ein Mensch sich hauptsächlich von Gefühlen der Angst und Habgier leiten lässt, wird er anderen nichts von seiner Nahrung und seinen Wasservorräten abgeben – oder er wird ihnen vielleicht sogar noch das bisschen zu stehlen versuchen, was sie haben. Ein großzügiger Mensch dagegen, der weiß, dass es sich bei dieser Hungersnot oder Wasserknappheit nur um einen vorübergehenden Zustand handelt, wird seinen Mitmenschen helfen. Dadurch entwickelt seine Seele sich weiter.«

»Hast du das Gefühl, dass Valerie in diesem Leben das Ziel erreicht, das du für sie vorgesehen hast?«, fragte ich.

»Sie ist sehr tapfer und einsichtiger als die meisten Persönlichkeiten, die in den letzten 200 Jahren inkarniert sind. Wenn sie diese beiden Todesfälle akzeptiert und einen Sinn darin erkennt, statt daran zu zerbrechen, wird sie solche Lektionen in Zukunft nicht mehr brauchen. Sie kann aus ihrem Kummer etwas lernen und mit dieser neu gewonnenen inneren Kraft anderen Menschen helfen, die ebenfalls einen Partner oder ein Kind verloren haben. Diesen Leidensgenossen kann sie jetzt ihre Erkenntnis vermitteln, dass es sich nur um einen vorübergehenden Verlust handelt und dass sie trotzdem noch – oder jetzt erst recht – etwas Sinnvolles aus ihrem Leben machen können.

Es genügt nicht, etwas einfach nur zu lernen, so wie man ein Buch liest. Denn wenn ihr die Erfahrung für euch behaltet, stirbt sie mit euch und ist für eure Mitmenschen verloren. Wir Seelen geben alles, was wir lernen, an bestimmte Menschen auf der Erde weiter, indem wir als Geistführer oder Schutzengel über sie wachen. Ebenso muss auch eine Persönlichkeit die Lektionen, die sie gelernt hat, mit ihren Mitmenschen teilen: entweder indem sie sie jemandem mitteilt oder indem sie ein Buch schreibt, das die ganze Welt erreicht.«

Das hatte ich auch vorher schon öfters gehört: dass wir den Zyklus unserer irdischen Inkarnationen nicht beenden können und dürfen, ohne die ganze Weisheit, die wir dadurch erworben haben, auf der Erdebene zurückzulassen.

»Haben diese drei Seelen auch schon in anderen früheren Existenzen an diesem Thema gearbeitet?«

»Ja. Valerie und D. C. waren in vielen früheren Inkarnationen miteinander verheiratet. Dieses Muster begann in einem Leben vor ungefähr 1500 Jahren. Damals wurde die Entscheidung getroffen, die all diese späteren Lernaufgaben nach sich zog.«

»Was ist in jenem Leben geschehen?«

»Damals gehörten Valerie und D. C. einem militärischen Stoßtrupp an. Ihre Aufgabe bestand darin, Frauen und Kinder zu töten. Sie führten alle diese Befehle prompt aus, ohne ein schlechtes Gewissen zu haben; irgendwie schien es ihnen sogar Spaß zu machen. Solche Taten erzeugen ein Trauma und das Bedürfnis, die Verluste, die man anderen Menschen zugefügt hat, später am eigenen Leib zu erfahren. Da die beiden sich damals so nahestanden wie Brüder, wurde das enge Band zwischen ihnen [in späteren Inkarnationen] immer wieder neu geschmiedet. Sie sind immer noch dabei, ihre Lektion zu lernen.«

»War Valerie männlich, als sie zu diesem Stoßtrupp gehörte?«

»Ja.«

Nun verstand ich allmählich, warum diese beiden Todesfälle in Valeries Leben eingeplant worden waren. Ich beschloss, das Gespräch mit Valeries Seele nun in allgemeinere Bahnen zu lenken. »Valeries Geschichte wird sicherlich von vielen Leuten gelesen werden, die ebenfalls einen geliebten Menschen verloren haben«, sagte ich. »Du hast gesagt, man müsse daraus lernen, dass Verluste etwas Vorübergehendes sind. Was für Ratschläge würdest du einem trauernden Menschen sonst noch mit auf den Weg geben?«

»Lerne, durch den Schleier hindurchzublicken. In Wirklichkeit kann man niemanden verlieren. Ein Mensch, der gestorben ist, kann zwar nicht mehr mit euch ins Restaurant gehen, euch beim Geschirrspülen helfen oder beim Abiball eures Kindes teilnehmen, zumindest nicht in seiner physischen Gestalt; aber er kann euch trotzdem immer noch sehen. Auf der Ebene der Seele stirbt die Liebe nie. Wenn ein Mensch, den ihr sehr geliebt habt, stirbt, solltet ihr euch vor Augen halten, dass ihr von dieser Person alles bekommen habt, was ihr braucht. Bewahrt euch diese Schätze und nutzt sie, um in eurer inneren Entwicklung weiterzukommen. Egal, ob ein Mensch mit 40 oder mit 80 Jahren stirbt: Er hat sein Leben so gelebt, wie es ihm bestimmt war.«

»Was gibt es sonst noch für Gründe, aus denen heraus eine Seele vor ihrer Geburt planen könnte, einen geliebten Menschen zu verlieren – vor allem, wenn dieser Mensch noch sehr jung ist und eines unnatürlichen Todes stirbt?«, fragte ich in der Hoffnung, trauernden Eltern wie Valerie möglichst viel Trost bieten zu können.

»Die Eltern sollten nicht davon ausgehen, dass sie diese Entscheidung allein getroffen haben. Vielleicht hat das Kind schon vor der Geburt beschlossen, in seiner nächsten Inkarnation nicht alt zu werden, und wünschte sich für dieses kurze Leben eine genau passende Mutter-Persönlichkeit – und sie war damit einverstanden. Manchmal entscheidet sich eine Seele aber auch für ein kurzes Leben, weil sie ihr inneres Wachstum beschleunigen möchte. Es gibt keine einfachen Antworten. Alle Seelen stehen miteinander in Verbindung. Deshalb kann man sich nicht einfach fragen, ob A wegen B passiert ist. In Wirklichkeit ist die Sache viel komplizierter:

A ist passiert, weil B, C, D und E vorausgegangen waren. Jedes Ereignis hat viele Ursachen. Deshalb muss eine Seele ihre nächste Inkarnation so genau vorausplanen – damit alle Beteiligten von ihrem Lebensplan profitieren und etwas daraus lernen können.«

»Kann eine Seele eigentlich auch etwas tun, um ihre Persönlichkeit während des Erdenlebens zu dem erwünschten Lernprozess zu ermutigen?«

»Das läuft alles auf unterbewusster Ebene ab. Doch wenn eine Persönlichkeit mit offenen Augen durchs Leben geht, sich zentriert und Kontakt zu ihrem unsterblichen Wesenskern aufnimmt, erhält sie von ihrer Seele unbegrenzte Zustimmung und Ermutigung. Man kann einem Menschen, der fest schläft, ja schließlich auch kein Buch unter die Nase halten und ihn auffordern: ›Lies das!‹ Erst wenn er aufwacht und einen anschaut, kann man ihm das Buch in die Hand drücken.«

»Ich habe schon viele Fälle erlebt«, warf ich ein, »in denen die Persönlichkeit ›schlief‹ und es in ihrem Leben daraufhin zu einer kleinen Krise kam. Wenn die Persönlichkeit dann immer noch nicht aufwacht, entsteht eine etwas größere Krise – und so scheint das Problem allmählich immer umfassender zu werden und schlimmstensfalls zu eskalieren.«

»Was du meinst, ist keine Ermutigung, sondern ein Weckruf. Ermutigung ist eine sanfte, liebevolle Berührung, mit der die Seele eine Persönlichkeit zur Einsicht motivieren möchte, damit sie ihre Schwierigkeiten überwinden und überflüssiges Leid vermeiden kann. Das, was du gerade beschrieben hast, passiert, wenn eine Persönlichkeit einfach nicht wach ist. Ihr könntet euch das Leben sehr erleichtern, indem ihr in euch hineinschaut und nach eurem unsterblichen Wesenskern sucht. Dadurch könnt ihr euch die meisten Schmerzen ersparen und viele wertvolle Erkenntnisse gewinnen.«

»Valerie scheint in ihrem jetzigen Leben ja tatsächlich alles zu lernen, was du an Lektionen für sie geplant hast. Aber wenn sie das nicht täte und auch nicht auf deine liebevollen Ermutigungen reagieren würde – könntest oder würdest du dann irgendeine Krise in ihrem Leben herbeiführen, um sie aufzurütteln?«

»Vielleicht würden wir ihr weitere Todesfälle ins Bewusstsein bringen«, antwortete Valeries Seele. »Es könnte zum Beispiel sein, dass sie einen Film über Witwen und Waisen im Irak im Fernsehen sieht und dadurch dazu motiviert wird, über ihre eigenen Verluste nachzudenken. Aber wir würden nicht absichtlich einen ihr nahestehenden Menschen nach dem anderen sterben lassen, bis sie innerlich erwacht. Zumindest nicht in ihrer jetzigen Inkarnation.«

»Welche weiteren Einsichten können für trauernde Menschen wichtig sein?«, fragte ich.

»Sie sollten wissen, dass ihnen das nicht passiert ist, weil sie schlechte Menschen sind. Selbst das, was Valerie und D. C. in ihrem Leben vor 1500 Jahren gemacht haben, wird in der geistigen Welt weder als gut noch als schlecht bewertet. Denn man kann eine Seele nicht töten, auch wenn das für euch vielleicht schwer zu begreifen ist. Natürlich bedeutet das nicht, dass wir es in der geistigen Welt einfach achselzuckend hinnehmen, wenn Menschen sich gegenseitig umbringen. Wenn wir das täten, gäbe es kein Karma.«

»Bezieht ihr bei der Planung eines Lebens auch Gott oder die aufgestiegenen Meister mit ein?«

»Natürlich. Aber genau wie eine irdische Persönlichkeit sich nur auf eine bestimmte Art und Weise führen lässt, haben auch die aufgestiegenen Meister ihre eigenen Methoden, mit uns zusammenzuarbeiten. Sie sind nicht unbedingt bereit, ein Leben Punkt für Punkt vorauszuplanen – denn das kann eine

Seele einschränken. Die aufgestiegenen Meister sind Seelen mit einer feineren Schwingung. Das Ziel unseres Wachstumsprozesses als Seele besteht unter anderem darin, ebenfalls einen so hohen Grad der Erleuchtung zu erreichen, um anderen Seelen von dieser Warte aus weiterhelfen zu können. Das ganze Leben beruht auf dem Fundament der Liebe und des Dienstes an anderen Seelen. Etwas anderes gibt es nicht.«

»Es klang schon an, dass es nicht ganz genau vorausgeplant war, wann und wie D. C. und Dustin sterben würden.«

»Ja, denn für so etwas gibt es immer mehrere Möglichkeiten. Das Leben hat nicht nur einen einzigen Ausgang.«

»Was für andere Todesmöglichkeiten hattet ihr für D. C. und Dustin denn noch in Betracht gezogen?«

»D. C. hätte zum Beispiel auch einem Raubüberfall oder Schlaganfall oder einer Krebserkrankung zum Opfer fallen können – oder er wäre vielleicht bei einem Unfall gestorben, weil seine Bremsen versagten.« Das erinnerte mich daran, dass D. C. mit seinem Motorrad öfters in lebensgefährliche Situationen geraten war. »Und Dustin hätte auch Selbstmord begehen oder bei dem Versuch ums Leben kommen können, ein anderes Kind zu retten. Es bestand auch die Möglichkeit, einem Selbstmordanschlag zum Opfer zu fallen.«

»Und warum sind die beiden dann gerade zu diesem bestimmten Zeitpunkt und auf diese Art und Weise gestorben?«

»Weil die drei Seelen sich darüber einig waren, dass alle Beteiligten dadurch am meisten lernen konnten.«

»Das klingt so, als hätten die Seelen den Tod ihrer Persönlichkeiten herbeigeführt. Ist das richtig?«

»Nicht ganz. Bei einem schweren Unfall zum Beispiel ist eine Persönlichkeit oft gar nicht in der Lage, zu entscheiden, ob sie weiterleben oder sterben will. Es ist ihre Seele, die beschließt, dass jetzt noch nicht der richtige Zeitpunkt dafür gekommen ist – oder eben doch. Denn auch wenn häufig der Eindruck entsteht, als existierten Seele und Persönlichkeit voneinander getrennt, ist es in Wirklichkeit doch niemals so, dass die beiden sich gegenseitig bekämpfen oder miteinander über den optimalen Todeszeitpunkt streiten. Die Persönlichkeit ist letztlich nur ein Konstrukt.«

»Dustin hatte ja versehentlich eine Überdosis Drogen genommen«, sagte ich. »Er wollte sich damit nicht umbringen; und die Dosis war auch nur ein kleines bisschen zu hoch. Sein Leben hing an einem seidenen Faden. Demnach ist er also nicht an der Menge der Drogen gestorben, die er eingenommen hatte, sondern weil seine Seele beschlossen hatte, seinem Leben ein Ende zu setzen?«

»So ist es.«

»Die Entscheidung seiner Seele wurde also gewissermaßen in eine biochemische Reaktion umgesetzt, die in seinem Körper ablief?«

»Richtig.«

»Und wenn seine Seele den Wunsch gehabt hätte, diese Inkarnation fortzusetzen, hätte er die Dosis überlebt?«

»Oder seine Seele hätte dafür gesorgt, dass ihm keine möglicherweise tödliche Dosis zur Verfügung stand.«

»Wie macht eine Seele so etwas?«, staunte ich.

»Wie schafft es eine Seele, dass ein Auto nach links abbiegt statt nach rechts?«, stellte Valeries Seele die Gegenfrage.

»Gute Frage. Wie *schaffen* Seelen so etwas?«

»Wir geben der Persönlichkeit einfach entsprechende Impulse ein. Nehmen wir an, ein Mensch beschließt, Selbstmord zu begehen, indem er eine Überdosis Schlaftabletten nimmt. Während er dabei ist, die Tabletten einzunehmen, empfängt er plötzlich einen Impuls von seiner Seele. Zwar hatte er sich eine tödliche Dosis bereitgelegt; aber ›aus irgendeinem Grund‹

nimmt er die Tabletten nicht alle ein. Und Dustin hat damals eben keinen solchen Weckruf von seiner Seele erhalten.«

»Ihr habt erwähnt, dass man bestimmte Dinge nur durch eine physische Inkarnation lernen kann. Aber es gibt doch auch viele Wesen, die nie auf der Erde inkarnieren ...«

»Die menschliche Erfahrung ist nur ein kleiner Teil des Erfahrungsspektrums, das für die Entwicklung einer Wesenheit wichtig ist. Was eine Seele lernen kann, die niemals auf der Erde oder in menschlicher Gestalt inkarniert, lässt sich in euren Worten nicht beschreiben.«

»Meinen Recherchen zufolge scheinen viele Seelen Inkarnationen zu wählen, in denen ihre Persönlichkeit genau das Gegenteil von dem erlebt, was die Seele lernen möchte«, warf ich ein.

»Wenn eine Seele bedingungslose Liebe lernen möchte und dann in eine Welt hineingeboren wird, in der die Menschen einander abwerten und verurteilen, ist das eine Motivation für ihre Persönlichkeit, das Wesen dieser Liebe in ihrem eigenen Inneren zu erfahren«, bestätigte Valeries Seele. »Die meisten Persönlichkeiten lernen auf diesem Weg – durch Motivation und durch Gegensätze. Das ist schon seit Jahrtausenden so. Doch zurzeit entwickelt sich eure irdische Dimension sehr rasch weiter und steigt auf eine höhere Schwingungsebene empor. Auf dieser kann man durch Inspiration manchmal mehr lernen als durch Motivation.«

»Ich habe schon öfter gehört, dass eine Seele bestimmte Energien in ihre Persönlichkeit hineinfließen lässt. Ist das die Art und Weise, wie ihr Persönlichkeiten konstruiert?«

»Ja.«

»Und was für Energien waren das bei Valerie?«

»Wir schenkten ihr eine hohe Intelligenz, Neugier, innere Stärke und die Fähigkeit, Schmerzen zu überwinden.«

»Wie erschafft eine Seele solche Eigenschaften?«

»Du könntest ebenso gut fragen, wie Gott eine Blume erschafft. So etwas lässt sich nicht erklären.«

Als Nächstes fragte ich Valeries Seele, wie viel von den Ereignissen im Leben eines Menschen schon vor seiner Geburt vorausgeplant wird.

»Das kommt ganz darauf an. Nicht alle Seelen sind gleich weit fortgeschritten. Daher entstehen Persönlichkeiten und Karma auf sehr unterschiedliche Weise. Bei manchen Seelen, die noch nicht so weit entwickelt sind, muss alles ganz genau vorausgeplant werden. Doch je älter und reifer eine Seele wird, umso mehr Möglichkeiten lässt sie sich offen. Eine Seele, die zum ersten Mal auf der Erde inkarniert, überlässt nichts dem ›Zufall‹. Eine Seele, die schon viele Existenzen hinter sich hat, kann bei der Planung ihres Lebens mehr schöpferische Freiheit walten lassen.«

»Welche Botschaften möchtest du Valerie zusätzlich mit auf den Weg geben?«

»Wir möchten ihr sagen, dass ihr Herz größer ist und weniger Wunden davongetragen hat, als wir gedacht hatten. Und dass ihre Seele sich durch ihre Tapferkeit in ihrer jetzigen Inkarnation weiterentwickelt hat. Sie sollte in den Spiegel ihrer Seele schauen und inneren Frieden finden.«

»Warum hattet ihr damit gerechnet, dass ihr Herz größere Wunden davontragen würde?«

»Weil ihre Persönlichkeit sehr schwere Lektionen durchgemacht hat. Valerie hat in diesem Leben große Fortschritte gemacht. Dafür sind wir sehr dankbar.«

»Und warum war es Valerie und D. C. nicht vergönnt, mehr Zeit miteinander zu verbringen?«

»Weil es für die beiden in dieser Inkarnation nur wichtig war, sich miteinander zu verloben. Es ging lediglich um die

Vereinbarung, das Leben gemeinsam zu verbringen«, erwiderte Valeries Seele. »Auf das Zusammenleben selbst kam es nicht an.«

»Warum war diese Verlobung so wichtig?«

»Wenn zwei Persönlichkeiten sich gegenseitig versprechen, ihr Leben miteinander zu verbringen, bedeutet das, dass sie emotional auf derselben Wellenlänge liegen. Die Grenzen zwischen ihnen werden niedriger. Eine Verlobung ist ein Zeichen des Vertrauens. Dabei vereinigen zwei Menschen sich innerlich miteinander. Dieser Teil ihrer Beziehung – die Knüpfung eines festen Bandes – war mit der Verlobung abgeschlossen. So wurde der Weg für den zweiten Teil – den schmerzlichen Verlust – frei.«

»Valerie lebt in New Orleans, einer Stadt, über die vor Kurzem ein heftiger Orkan hinweggefegt ist. Gehörte diese Naturkatastrophe auch zu ihrem vorgeburtlichen Lebensplan?«

»Ja. In ihrem näheren Umfeld haben sehr viele Menschen ihre Angehörigen verloren. Wenn Valerie es tatsächlich schafft, die Lektion, dass solche Verluste nur etwas Vorübergehendes sind, zu verinnerlichen und an andere Menschen weiterzugeben, gibt es keinen besseren Wirkungskreis für sie als New Orleans.«

»Habt ihr deshalb vorausgeplant, dass sie dort leben soll?«

»Ja.«

»Valerie ist sehr an ihrer spirituellen Weiterentwicklung interessiert. Gibt es eurer Ansicht nach in ihrem jetzigen Leben noch etwas, woran sie arbeiten sollte?«

»Wir würden ihr empfehlen, ihre Emotionen auszugleichen. Wenn man extreme Gefühle erlebt hat, ist der Weg zurück zur Mitte ziemlich weit. Doch sobald man sein eigenes Zentrum gefunden hat, kann man alles Mögliche durchmachen: Der Weg zurück ist dann trotzdem nicht weit und führt auch nicht durch so große Schwierigkeiten.«

»Wie kann sie dieses Ziel am besten erreichen?«

»Das wird sie schon von selbst entdecken. Die Seele gibt ihrer Persönlichkeit keinen Lehrplan mit auf den Weg. Wenn wir ihr sagen würden: ›Tue dies oder das‹, würde Valerie nicht mehr nach ihrem eigenen Weg suchen. Sie würde nicht mehr experimentieren und die verschiedenen Alternativen ausprobieren, die es auf ihrem Lebensweg gibt. Eine Persönlichkeit möchte ihren Weg am liebsten ganz genau vorgezeichnet bekommen, weil sie Angst hat, etwas zu versäumen oder Fehler zu machen. Aber das ist die falsche Einstellung. Valerie wird viele Chancen erhalten, an ihrem Gefühlsleben zu arbeiten. Für welche Alternative sie sich entscheidet, ist ihre Sache. Sonst wäre die Persönlichkeit ja nur ein Roboter der Seele.«

Stacis Reading für Valerie

Um ein möglichst komplettes Bild von Valeries Lebensplan zu bekommen, bat ich Staci Wells, sich Zugang zu der vorgeburtlichen Planungssitzung zu verschaffen, in der es um D. C.'s und Dustins vorzeitigen Tod ging. Vor diesem Reading teilte ich Staci mit, dass Dustin versehentlich eine Überdosis Drogen genommen hatte und daran gestorben war. Gespannt wartete ich darauf, dass Stacis Geistführer die Akasha-Chronik öffnete und uns die Informationen gab, die wir brauchten.

»Valerie spricht gerade mit ihrem Geistführer«, erklärte Staci, »der sie schon seit drei Inkarnationen als Lehrer und Mentor auf der geistigen Ebene begleitet. In früheren Existenzen war er manchmal ihr Vater, dann wieder ihr Ehemann. Die beiden sprechen über die Themen, an denen Valerie bisher gearbeitet hat. Sie hat viele spirituelle Interessen und nimmt alles sehr ernst. Am liebsten möchte sie ihre Lektionen systematisch und der Reihe nach abarbeiten; doch sobald sie in eine physische Inkarnation eintritt, fällt es ihr sehr schwer dranzubleiben.«

Valerie: Es war schon immer schwierig für mich, mich auf etwas zu konzentrieren. Ich gerate leicht aus dem Gleichgewicht, wenn irgendetwas anderes meine Aufmerksamkeit erregt. Ich nehme mir vor, mich auf ein bestimmtes Thema zu fokussieren – und dann entwickelt sich mein Leben trotzdem in eine andere Richtung weiter.

Geistführer: Dein nächstes Leben wird ab und zu aus den Fugen geraten. Dadurch wirst du abgelenkt werden, letzten Endes aber doch den Weg zu deinem Zentrum finden.

»Jetzt ändert sich der Schauplatz. Ich sehe, wie Valerie mit D. C. spricht. Valerie möchte in ihrem nächsten Leben gern wieder eine romantische Beziehung zu ihm eingehen. Doch er hat Bedenken dagegen.«

D. C.: Das wäre nicht gut für dich. Ich werde in meiner nächsten Inkarnation nicht alt werden. Ich würde dich also sehr bald wieder verlassen.

»Trotzdem wollte sie ihr Leben mit ihm teilen – selbst wenn es nur für kurze Zeit sein würde. So viel bedeutete er ihr. Die beiden sprechen auch darüber, wie dieser schmerzliche Verlust ihr bei der Erreichung ihrer Lebensziele helfen wird.«

D. C.: Mein frühzeitiger Tod wird eine bittere Enttäuschung für dich sein.

Valerie: Selbst wenn ich nur kurze Zeit mit dir zusammen sein kann, genügt das schon, um mein Ziel zu erreichen – zu mir selbst zu finden und nach diesem schweren Verlust wieder ein harmonisches inneres Gleichgewicht aufzubauen. Es wäre ein großes Geschenk für mich, dir in meiner nächsten Inkarnation begegnen zu dürfen.

»D. C. erklärt sich damit einverstanden, obwohl er weiß, dass diese Verbindung ihr am Ende großen Kummer bereiten wird. Ich sehe, wie er die Hand nach Valerie ausstreckt und ihr Gesicht streichelt. Er liebt sie sehr, hat aber auch Mitgefühl mit ihr, weil er weiß, was sie seinetwegen durchmachen wird. Andererseits ist ihm klar, was für einen wertvollen Dienst er ihr mit seinem frühen Tod erweisen kann.«

Als Nächstes bat Staci ihren Geistführer, ihr einen Einblick in die Rolle zu gewähren, die Dustin bei Valeries vorgeburtlicher Lebensplanung gespielt hatte.

»Für ihn stand schnell fest, dass er in diesem Leben sehr jung sterben würde, und zwar, um das Karma zwischen ihm und seiner Mutter auszugleichen. In einem früheren Leben waren die Rollen der beiden nämlich vertauscht gewesen: Damals war Dustin Valeries Mutter und Valerie starb noch viel früher als Dustin in seiner jetzigen Inkarnation. Die beiden lebten auf einer Farm und waren sehr arm. Es war ein eintöniges Leben – nur harte Arbeit und sonst nichts. Damals sehnte Dustin sich nach mehr Abwechslung und deshalb hat er für seine jetzige Inkarnation gewisse Erfahrungen vorausgeplant, die mehr Spannung in sein Leben bringen sollten. Außerdem wollte er Valerie helfen, das karmische Gleichgewicht wiederherzustellen, indem sie ihm in dieser Inkarnation alles zurückgab, was sie in ihrem früheren Leben an Liebe, Fürsorge und Energie von ihm erhalten hatte.

Valerie [zu Dustin]: Ich möchte deine Mutter sein und für dich sorgen, solange ich kann. An dieser Verantwortung, für mein Zuhause und meine Familie zu sorgen, werde ich innerlich wachsen. Diese Aufgabe ist ein Teil meiner Identität.

Geistführer: Du musst nicht nur mehr Selbstdisziplin, sondern auch ein stärkeres Selbstwertgefühl entwickeln. Selbst wenn du [nach deinen Inkarnationen wieder in die Geisterwelt] zurückkehrst, ist dir nie ganz klar, wer du eigentlich bist. Du neigst dazu, dich nur über deine Beziehungen zu anderen Menschen zu definieren – als jemandes Frau, Mutter oder Freundin. Du arbeitest schon seit Langem an der Aufgabe, herauszufinden, wer du bist, und innerlich auf eigenen Füßen zu stehen. Deine kommende Inkarnation wird dich in der Bewältigung dieser Lebensaufgabe einen großen Schritt weiterbringen.

»Dustin sagt, dass er sich in beiden Welten – der physischen und der geistigen – gleichermaßen wohlfühlt. Er hat noch eine Menge überschüssige Energie aus seinen sechs früheren Existenzen übrig, in denen sein Leben immer sehr zähflüssig verlief und niemals etwas Besonderes passierte. Diese Energie will er in seiner kommenden Inkarnation ausleben. Er will hier auf der Erde ein paar Dinge erledigen – und zwar so schnell wie möglich – und dann gleich wieder in die Geisterwelt zurückkehren.

Dustin ist in der geistigen Welt ziemlich aktiv und hat mit vielen Seelen Kontakt, mit denen er in früheren Existenzen und auch in seiner letzten Inkarnation verwandt war. Außerdem arbeitet er mit Kindern, die zwischen dem fünften und 15. Lebensjahr sterben und in die Geisterwelt kommen. Dustin hilft diesen Kindern, sich im Jenseits zurechtzufinden – vor allem, wenn sie sehr plötzlich gestorben sind. Und er spielt auch mit ihnen, was ihm sehr viel Freude macht. Außerdem beschäftigt er sich mit Musik, die er ebenfalls ganz besonders liebt. Aus all diesen Gründen wollte er seine Aufgaben auf der Erde so schnell wie möglich erledigen – um bald wieder in seine Heimat zurückkehren zu können.

Es gibt übrigens jemanden, der an Dustins Tod beteiligt war und mit dem er [vor seiner Geburt] eine Vereinbarung getroffen hatte. Das war der junge Mann, der ihm die Drogen beschafft hat – sein engster Freund. Ich höre, wie Dustin zu ihm sagt: ›Du musst mich da rausholen.‹ Wahrscheinlich meinte er damit: ›Du musst meinen Tod herbeiführen helfen.‹

Ich sehe die beiden als Ritter in einem früheren Leben im Mittelalter. Sie kämpfen Seite an Seite im Heer eines Königs. Als Dustins Freund in einer Schlacht verwundet wird und im Sterben liegt, bittet er Dustin, ihn mit dem Schwert zu durchbohren, um ihm einen qualvollen Tod zu ersparen. Dustin erfüllt ihm diese Bitte.

Übrigens empfindet er seine Drogenerfahrung und seinen Tod nicht als negativ. Er sagt, dass er dadurch sein Ziel erreicht hat, die irdische Dimension möglichst schnell wieder zu verlassen. In diesem Leben waren ihm keine großen Belastungen vorherbestimmt. Er wollte einfach nur auf die Welt kommen, seine Aufgaben erfüllen, sein Leben genießen und dann so schnell wieder verschwinden, wie er gekommen war. Dustin wusste, dass es in diesem Leben immer jemanden geben würde, der sich um ihn kümmert, egal, was ihm zustößt – das hatte er mit seiner Mutter so vereinbart. Er wusste, dass sie immer für ihn da sein würde. Die Drogen waren für ihn nur Mittel zum Zweck, um seine Freiheit auszuleben und einen frühzeitigen Tod herbeizuführen.

Alle beteiligten Seelen waren sich darüber einig, dass Dustins und D. C.'s Entscheidung, frühzeitig zu sterben, Valerie großen Kummer bereiten würde. Aber sie hatte das Gefühl, diesen Schmerz verkraften zu können. Sie wusste, dass diese extremen Emotionen einen Pendeleffekt erzeugen und sie letztlich in ihre eigene Mitte, in einen Zustand harmonischen inneren Gleichgewichts zurückführen würden.«

Unsterbliche Seelen kennen keinen Tod; aber sie können auf der physischen Ebene die Illusion des Todes erzeugen. In der nicht-physischen Dimension, in der wir uns unserer Unsterblichkeit und Einheit mit allen anderen Seelen bewusst sind, gibt es diese Illusion nicht. Wenn Valerie sich zwischen ihren Inkarnationen in der Geisterwelt aufhält, weiß sie, dass Dustin und D. C. für immer und ewig mit ihr vereint sind. Da diese Seelen schon viele frühere Inkarnationen gemeinsam verbracht haben, verbindet sie eine tiefe Liebe. Dieses Herzensband ist unzertrennbar. In der geistigen Welt sind Dustin und D. C. nur einen Gedanken weit von Valerie entfernt.

Daran ändert sich auch in der physischen Dimension nichts. Wie es ein Engel in einer der Sitzungen für dieses Buch einmal ausgedrückt hat: Die nicht-physischen Dimensionen sind nur eine Haaresbreite von uns entfernt, denn sie umfassen die physische Ebene. Diesseits und Jenseits überlappen sich. Valeries Glaube, dass ein gähnender Abgrund sie von ihren beiden geliebten Verstorbenen trennt, ist in Wirklichkeit nur eine Illusion, die ihre unsterbliche Seele selbst erschaffen hat. Im Augenblick ihrer Geburt hatte Valerie vergessen, dass diese Illusion ihr eigenes Werk ist. Jetzt kann sie sich wieder daran erinnern, was es bedeutet, keinerlei Begrenzungen unterworfen zu sein – sie kann diesen Zustand der Grenzenlosigkeit intensiver erfahren als je zuvor. Immer wenn es ihr gelingt, den Schleier der Illusion zu durchdringen – beispielsweise durch Vermittlung eines Mediums oder in jenem nächtlichen Augenblick, als ihr Bewusstsein mit dem ihres Sohnes verschmolz –, erinnert sie sich wieder daran, dass es in Wirklichkeit keine Trennung gibt. Und damit kehrt auch die Erinnerung daran zurück, dass sie eine mächtige, unsterbliche Seele ist.

In diesem irdischen Zustand der Illusion, in dem Valerie sich von den beiden verstorbenen Menschen, die sie so sehr liebte, getrennt wähnt, lernt sie zudem zwei andere wichtige Eigenschaften kennen: Vertrauen und Zuversicht. Denn wenn Dustin und D. C. nicht scheinbar für immer aus ihrer Welt verschwunden wären, könnte sie ja schließlich nicht darauf vertrauen, dass die beiden in Wirklichkeit immer noch bei ihr und unsterblich sind. Wahres Vertrauen kann nur aus dem Zweifel geboren werden; und echter Glaube entsteht nur im Zustand der Ungewissheit – also in einer Welt der Gegensätze. Jedes Mal, wenn Valerie durch den Schleier hindurchschaut und die Liebe spürt, die Dustin und D. C. ihr aus dem Jenseits immer noch senden, wird ihr ein bisschen klarer, dass der physische Tod lediglich etwas Vorübergehendes, Illusorisches ist. Wir sind ständig mit den Menschen, die wir lieben, vereint – auch nach ihrem physischen Tod. Im Anschluss an dieses Leben wird Valerie mit ihrer tief empfundenen Erfahrung scheinbaren Verlusts und imaginärer Vergänglichkeit in die Geisterwelt zurückkehren und Dustin und D. C. dort wiedertreffen; und dann werden die drei die Unendlichkeit ihres Lebens und ihrer Liebe zueinander viel mehr zu schätzen wissen als vorher.

Valerie hat durch die Umstände ihrer jetzigen Inkarnation aber nicht nur Vertrauen und Zuversicht gewonnen, sondern auch noch andere wertvolle Eigenschaften ihrer Seele kennengelernt, nämlich Einfühlungsvermögen und Mitgefühl – ein tief empfundenes, selbst erlebtes Verständnis für menschliches Leiden. Als Valerie die Frau umarmte, deren Leben durch den Hurrikan Katrina zerstört worden war, hat sie deren Verzweiflung im wahrsten Sinn des Wortes mitempfunden; denn sie ist selbst durch diese dunkle Nacht der Seele gegangen. Hätte Valerie vorher ein sorgenfreies Leben geführt, so wäre ihr dieses intensive Mitgefühl, diese tief empfundene Resonanz mit dem Leiden der anderen Frau nicht möglich gewesen. Und die Frau spürte in Valeries Umarmung das Mitgefühl und Einfühlungsvermögen eines Menschen, der das alles am eigenen Leib erlebt hat. Sie fühlte sich verstanden und war in ihrem Schmerz nicht mehr allein. Valerie, die sich nach dem Tod von D. C. und Dustin so einsam und verlassen gefühlt hatte, konnte den Schmerz der anderen Frau nur deshalb lindern, weil sie ihn selbst durchgemacht hatte. In diesem spontanen Ausdruck ihrer Nächstenliebe wurde Valerie bewusst, wer sie wirklich ist: eine mitfühlende Seele mit einer großen Sensibilität für die Gefühle anderer Menschen. Wenn sie die physische Dimension wieder verlässt, wird sie diese Selbsterkenntnis mit in die geistige Welt zurückbringen, und diese Erfahrung wird immer und ewig in ihrer Seele eingegraben bleiben – selbst wenn sie das irdische Leid, das diesen Entwicklungsprozess ermöglichte, schon längst wieder vergessen hat.

Während Valerie sich selbst heilt und gleichzeitig zum Heilungsprozess anderer Menschen beiträgt, entsteht in ihrem Inneren ein Gefühl der Zentriertheit und Ausgeglichenheit – eine innere Ruhe, die einen starken Kontrast zu den heftigen Emotionen bildet, die einen beim Tod eines geliebten Menschen überkommen. Auch dieser Gegensatz gehört zu ihrem Lebensplan. Denn in ihren früheren Inkarnationen ist Valerie, wie wir aus ihrem vorgeburtlichen Planungsgespräch wissen, öfters aus dem Gleichgewicht geraten. Und jede Seele strebt danach, alles, was in ihren früheren Inkarnationen unausgewogen geblieben ist, in späteren Existenzen auszugleichen. Dass D. C. und Dustin schon vor ihrer Geburt beschlossen haben, Valerie zu verlassen, mag aus der Perspektive der Persönlichkeit schwer zu verstehen sein; doch auf Seelenebene wurden diese Pläne einzig und allein aus Liebe geschmiedet. D. C. und Dustin haben die Drehbücher ihres Lebens so geschrieben, dass nicht nur sie selbst, sondern auch alle anderen Menschen in ihrer Umgebung – einschließlich Valerie – dadurch in ihrer Entwicklung einen Schritt weiterkommen konnten. Gerade das innere Ungleichgewicht, in das Valerie durch den Tod ihrer beiden Lieben geraten ist, wird sie letzten Endes wieder in ihre eigene Mitte zurückführen.

Valerie hat sich den Herausforderungen ihres schwierigen Lebensplans tapfer gestellt und entwickelt dadurch immer mehr Selbstwertgefühl. Tag für Tag bringt sie den Mut auf, ohne Dustin und D. C. zu leben, und manifestiert dabei die positiven Eigenschaften von Vertrauen und Zuversicht, Mitgefühl, Einfühlungsvermögen und innerem Gleichgewicht. Dadurch, dass sie das alles erkennt, wird Valerie eine Liebe zu sich selbst entwickeln, die nicht von der Rolle abhängt, die sie in ihrer jeweiligen Inkarnation gerade spielt. Ihre Verluste haben sie dazu gebracht, sich vom Persönlichkeitsbewusstsein zum Seelenbewusstsein hin zu entwickeln. In ihren früheren Existenzen hat Valerie sich, wie ihr Geistführer sagte, immer nur als Frau, Mutter oder Freundin eines anderen Menschen definiert. Diese Selbstdefinitionen nehmen natürlich auch in ihrem jetzigen Leben immer noch einen wichtigen Stellenwert ein; doch der Verlust der Menschen, für die Valerie diese Rollen spielte, hat sie daran erinnert, dass sie in Wirklichkeit viel mehr ist als nur das. Sie hat erkannt, dass sie genau das Gleiche ist wie Dustin und D. C.: eine unsterbliche Seele.

Aber wir können noch etwas anderes aus Valeries Geschichte lernen: Da wir die vorgeburtlichen Pläne unserer Mitmenschen nicht kennen, können wir auch nicht beurteilen, inwieweit sie diese Pläne in ihrem Leben verwirklichen. Viele Menschen würden beispielsweise den Drogenhändler, der für Dustins Tod verantwortlich war, scharf verurteilen; und doch herrscht auf der Seelenebene eine innige Liebe zwischen Dustin und diesem Mann, der ihm in Wirklichkeit einen wertvollen Dienst erwiesen hat, indem er ihm die Drogen beschaffte. Genau wie Valerie gab auch der Drogenhändler Dustin die Möglichkeit, so zu leben (und zu sterben), wie er es brauchte, um sich innerlich weiterentwickeln zu können. Wenn dieser junge Mann irgendwann in die Geisterwelt zurückkehrt, wird Dustin ihn liebevoll begrüßen und sich bei ihm dafür bedanken, dass er seine Rolle so perfekt gespielt hat. Und Valerie wird D. C. und Dustin dafür danken, dass sie ihr den Lernprozess ermöglichten, den sie sich für dieses Leben vorgenommen hatte. Diese Seelen haben einander nichts vorzuwerfen, denn sie wissen, dass es in dieser Geschichte keine Opfer gibt. Und deshalb gibt es auch keine Schuld, und Vergebung ist unnötig.

Doch obwohl die Beteiligten sich schon vor ihrer Geburt auf die Rollen geeinigt hatten, die sie in diesem Leben spielen würden, hat die Verwirklichung ihres Plans doch schmerzliche Verlustgefühle in Valerie erzeugt. Sie musste lernen, mit diesen

Gefühlen zu leben, und kann dieses Wissen jetzt an anderen Menschen weitergeben. Wie die Geistführer in der Sitzung bei Deb gesagt haben: In so einem Fall soll man »weinen, bis man keine Tränen mehr hat«. Denn ein unterdrückter Schmerz lässt sich nicht heilen.

Bei einem solchen Trauerprozess sollten wir uns vor Augen halten, dass wir nicht nur zu anderen Menschen, sondern auch zu uns selbst eine liebevolle Beziehung haben. Wenn ein Freund nach dem Verlust eines geliebten Menschen bei uns Trost sucht, schicken wir ihn ja schließlich auch nicht weg oder sagen ihm, er müsse seinen Schmerz unterdrücken und einfach so weiterleben wie bisher. Warum behandeln wir uns selbst dann manchmal so lieblos? Valerie hat sich nach D. C.'s Tod von sich selbst abgewandt und Trost im Alkohol gesucht; doch als dann ein paar Jahre später auch noch ihr Sohn Dustin ums Leben kam, hatte sie bereits genügend Selbstliebe entwickelt, um diesen Verlust anzunehmen und zu durchleiden.

Da die Trauer um einen geliebten Menschen so wehtut, gerät man manchmal in Versuchung, diesen Prozess beschleunigen zu wollen oder seine Gefühle vielleicht sogar zu verdrängen. Doch für die Seele ist Trauer ein Ausdruck der Liebe – und jeder Ausdruck von Liebe hat eine heilende Wirkung. Tränen halten die Energie unseres Schmerzes im Fluss und ermöglichen dadurch einen Heilungsprozess.

Wenn wir den Wert der Trauer verstehen und anerkennen, denken wir vielleicht manchmal, dass wir um einen geliebten Menschen weinen *sollten*. Doch auf nicht-physischer Ebene ist die Energie des Sollens mit wahrer Heilung unvereinbar. »Sollen« ist das Gedankengebilde eines Verstandes, der versucht, einen emotionalen Prozess unter Kontrolle zu bekommen. Trauer ist am heilsamsten, wenn es sich dabei um einen natürlichen, spontanen Gefühlsausbruch handelt.

Die geistige Welt lässt uns in unserem Schmerz niemals allein. In Wirklichkeit ist der »einsame« Trauernde von einer liebevollen Familie von Geistführern, Engeln und Seelen verstorbener Menschen umgeben. Denn nur der Körper ist sterblich; die Liebe aber stirbt niemals. Immer wenn wir an einen Menschen denken, der in die Geisterwelt zurückgekehrt ist, rufen wir ihn mit unserer Gedankenenergie herbei. Oft versuchen die Seelen Verstorbener auch mit uns zu sprechen, so wie Dustin Valerie durch ihre Schwester eine Botschaft zukommen ließ. Sie können uns Ideen und Intuitionen eingeben – sowohl im Traum als auch im Wachzustand. Denn da diese Seelen jetzt wieder reine Energie und keinen physischen Begrenzungen mehr unterworfen sind, können sie sogar durch das Telefon zu uns sprechen. Ebenso wie Engel und Geistführer können sie »Zufälle« herbeiführen, die uns auf den richtigen Weg bringen, innerlich heilen oder uns auf irgendeine andere Weise zugutekommen. Verstorbene können auch vertraute Gerüche erzeugen – zum Beispiel den Duft eines Parfüms, das sie früher immer benutzt haben –, um uns zu signalisieren, dass sie immer noch bei uns sind. Unser Kummer hindert uns manchmal daran, solche Botschaften wahrzunehmen; doch wenn wir uns für die Gegenwart geliebter Verstorbener öffnen, laden wir sie innerlich dazu ein, heilsame Wunder in unserem Leben zu bewirken.

Letzen Endes ist der Tod des physischen Körpers nichts weiter als eine Entscheidung, die die Seele trifft, nachdem die Persönlichkeit ihren Lebensplan erfüllt hat. »Wenn ein Mensch, den ihr sehr geliebt habt, stirbt, solltet ihr euch vor Augen halten, dass ihr von dieser Person alles bekommen habt, was ihr braucht«, hat Valeries Seele gesagt. Das bedeutet auch, dass wir niemals am Tod eines anderen Menschen schuld sein können. Tödliche Unfälle oder sonstige Todesumstände, an denen wir die Mitschuld zu tragen glauben, sind in Wirklichkeit nur mögliche »Auswege« aus dem Leben, die die Seele des betreffenden Menschen schon vor der Geburt geplant hat. Wenn Sie also glauben, den Tod eines anderen Menschen verursacht oder zumindest nicht verhindert zu haben, und sich deshalb Vorwürfe machen, denken Sie daran: Niemand stirbt ohne seine Zustimmung. In diesem Wissen können Sie sich selbst verzeihen und inneren Frieden finden.

Wenn wir Vertrauen zu den vorgeburtlichen Lebensplänen der Seelen haben, wissen wir auch, dass die Menschen, die wir liebten, aus ihrem Leben alles an Schönheit, Erfüllung und innerem Wachstum herausgeholt haben, was sie sich wünschten. Jetzt genießen sie in der jenseitigen Welt inneren Frieden in dem Wissen, dass ihr Leben genauso gelaufen ist, wie sie es geplant hatten; und dieses Wissen und dieses Gefühl des Friedens möchten sie auch an uns weitergeben.

Kapitel 7

Unfälle

Auf der Erdebene scheinen Unfälle etwas völlig Willkürliches zu sein, was durch Zufall passiert. Kleinere Unfälle bezeichnen wir als Pech, größere als tragisches Unglück. Menschen, denen so etwas passiert, empfinden wir als Opfer eines lieblosen Universums, das Glück und Unglück nach Gutdünken verteilt – ungerecht und ohne Rücksicht auf unsere Gefühle. Deshalb fürchten wir uns vor Unfällen und lassen uns von dieser Angst das Leben verdüstern. Doch wie ich bereits gesagt habe: In der physischen Dimension ist kaum etwas so, wie es zu sein scheint.

In diesem Kapitel möchte ich mich mit einer scheinbar paradoxen Idee beschäftigen: dem *geplanten* Unfall. Viele Unfälle plant die Seele nämlich schon vor der Geburt voraus, damit wir daran wachsen und erwachen, damit wir anderen Menschen einen Dienst erweisen und uns selbst besser kennenlernen können. Denn nicht nur das »Opfer« kann sich durch einen Unfall innerlich weiterentwickeln, sondern auch alle anderen Menschen, die mit dieser Person zu tun haben. Und da die Leben aller Geschöpfe auf der Erde eng miteinander verflochten sind, wirkt sich ein solches Ereignis letztendlich auf *alle* Menschen aus.

In diesem Kapitel werden Sie zwei Menschen kennenlernen, denen katastrophale Unfälle passiert sind: Jason Thurston und Christina. Christinas Unfall liegt schon viele Jahre zurück; der von Jason ist erst vor Kurzem passiert. Beide haben diese große Herausforderung schon vor ihrer Geburt in ihr Leben eingeplant.

Jason

Jasons Geschichte

»Das ist eigentlich alles viel zu schön, um wahr zu sein«, dachte Jason, als er an einem warmen, sonnigen Nachmittag im August 2004 das bunte Leben und Treiben im Garten seines Hauses beobachtete. Seine Freunde liefen im Hof herum und unterhielten sich, während Jason und seine Frau Davina das Essen für die Grillparty zubereiteten. Ihre beiden Söhne Jaron und Garrett Fox (der liebevoll »Fox« genannt wurde) planschten im Swimmingpool herum, während die anderen Kinder auf dem Rasen spielten. Jason hatte gerade ein erfolgreiches Vorstellungsgespräch hinter sich und würde in Kürze die Stellung als Lehrer an einer Kochschule antreten, von der er sein Leben lang geträumt hatte.

Doch schon ein paar Sekunden später sollte sich sein Leben für immer verändern.

Davina rief nach Jason und bat ihn, mit dem Kochen zu beginnen. Doch er sprang noch schnell in den Swimmingpool, um seinen Sohn Jaron nass zu spritzen. »Ich bin genauso reingesprungen wie sonst auch immer; aber irgendetwas war diesmal anders«, erinnerte sich Jason. »Diesmal schlug ich mit dem Kopf auf dem Boden des Pools auf und hatte plötzlich ein Gefühl, als wenn ein Blitz durch meine Wirbelsäule gefahren wäre. Ich versuchte mit den Armen zu paddeln, um wieder aus dem Wasser aufzutauchen; aber es ging nicht. Ich konnte mich nicht bewegen. Hilflos trieb ich unter Wasser umher.

Als Nächstes sah ich lebhafte Bilder von allen Menschen vor mir, die mir nahestehen. Mir wurde alles gezeigt, was ich jetzt noch nicht hier auf der Erde zurücklassen wollte. Dabei empfand ich einen ungeheuren inneren Frieden, Ruhe und Gelassenheit. Am liebsten wäre ich für immer in diesem Zustand geblieben; aber schließlich war ich erst 32 Jahre alt, hatte Frau und Kinder und einen Beruf. Meine Zeit war noch nicht gekommen. ›Du wirst das durchstehen‹, funkte mir mein innerer Kontrollturm zu. ›Und du wirst keine Zeit für Reue, Schuldgefühle oder irgendwelche anderen negativen Gedanken haben.‹«

Jaron merkte als Erster, dass etwas nicht stimmte. Er versuchte seinen Vater im Wasser hochzustemmen; doch Jason reagierte nicht. Jaron schaute seinem Vater in die Augen und sah, dass dieser weit weg zu sein schien. Gemeinsam zogen die Freunde Jason aus dem Swimmingpool. Davina trommelte mit den Fäusten gegen seine Brust und schrie: ›Du darfst nicht sterben! Du kannst jetzt nicht einfach so gehen!‹«

Jason hatte sich zwei Halswirbel gebrochen und wurde mit dem Hubschrauber ins Krankenhaus gebracht. Die Ärzte führten eine Notoperation durch. Später erfuhren Jason und seine Familie, dass er von der Brust abwärts gelähmt war, obwohl er noch ein paar Armmuskeln bewegen konnte.

»Als ich aufwachte, hing ich an allen möglichen Drähten und Schläuchen«, erzählte Jason. »Von den Schultern abwärts hatte ich kein Gefühl mehr in meinem Körper. Trotzdem litt ich unter furchtbaren Schmerzen. Sie saßen tief in meinen Knochen. Das Schlimmste war, dass ich nicht mit meinen Angehörigen reden konnte, weil ein Plastikrohr in meinem Hals steckte. Als die Ärzte den Infusionsschlauch in meine Vene schoben, lief mir eine Träne übers Gesicht. Nur daran erkannte mein Vater, dass ich bei Bewusstsein war.«

In den darauffolgenden Tagen gab sich Jason alle Mühe, die Menschen in seiner Umgebung aufzuheitern, obwohl es ihm selbst sehr schlecht ging. »Ich war so froh, noch am Leben zu sein, und mein Nahtoderlebnis hatte mir so viel Kraft gegeben! Deshalb wollte ich alle Menschen glücklich machen, obwohl ich in einer so schlimmen Situation steckte.«

Jason blieb zwei Wochen auf der Intensivstation; daran schloss sich ein dreimonatiger Aufenthalt in einer Rehaklinik an. Der Rehabilitationsprozess lief sehr schleppend; anfangs reagierten seine Muskeln nicht. Er musste von Krankenpflegerinnen gefüttert und angekleidet werden. Da wurde Jason zum ersten Mal klar, dass sein Leben nie wieder so sein würde wie vorher. Doch er gab sich nicht geschlagen. »Ich versuche es einfach so lange, bis ich es kann«, lautete sein Motto. Und er erlegte sich auch noch eine zweite Regel auf – nämlich, niemals zu sagen »Das kann ich nicht«, sondern immer nur: »Das kann ich *noch* nicht.«

Nach seinem Aufenthalt in der Rehaklinik freute er sich auf zu Hause; doch das Leben dort war schwieriger, als er es sich vorgestellt hatte. »Ich musste jeden Tag aufs Neue damit zurechtkommen, dass ich so viel Hilfe brauchte und eine so große Belastung für meine Mitmenschen war.«

Für Davina – nach Jasons Worten ein sehr mitfühlender Mensch – war das alles besonders schwer. »Es zerreißt ihr das Herz, zu sehen, dass ihr Mann sich nicht mehr bewegen kann«, sagte Jason. »Aber sie zeigt ihre Gefühle nicht, damit ich nicht denke, dass ich jetzt in ihren Augen ein Krüppel bin.« Auch die Auswirkungen seiner Querschnittslähmung auf ihr Liebesleben waren für die beiden nicht leicht zu verkraften. »Es ist ein schwerer Verlust für uns, keinen Sex mehr miteinander haben zu können«, erklärte Jason mit ruhiger Stimme. »Wir haben uns immer noch nicht ganz damit abgefunden.«

»Und wie hast du es deinen Kindern beigebracht?«, fragte ich.

»Fox sagt immer zu mir. ›Weißt du noch, wie es war, als du laufen konntest? Wie wir miteinander angeln gegangen sind?‹ Und dann antworte ich ihm: ›Ich werde wieder mit dir angeln gehen. Es wird nur ein bisschen anders sein als früher.‹ Jaron hat ungeheuer viel Mitgefühl mit mir. Er muss jetzt auch mehr für seine Mutter und seinen Bruder da sein als vorher. Er hat einen Teil meiner Rolle übernommen.«

Auch Jasons Mutter beteiligt sich an seiner Pflege und macht regelmäßig Übungen mit ihm. Allerdings ist die Beziehung der beiden manchmal etwas gespannt, weil Jason das alles nicht schnell genug geht. Dann wird er ungeduldig und sagt ihr, was sie als Nächstes tun soll. »Das ist sehr frustrierend für sie. Doch die Liebe einer Mutter ist unendlich groß. Sie würde alles für mich tun.«

Auch Jasons weiteres Umfeld hat mit viel Liebe auf seine neue Situation reagiert. Die Leute haben Geld für Rampen und breitere Türen für sein Haus gesammelt. Seine Freunde haben Brennholz für die Familie geschlagen und aufgestapelt; in eines der Scheite schnitzten sie die Initialen »JT« und schenkten es ihm. Eine Kirche hat eine neue, behindertengerechte Duschkabine gespendet. Die Familie erhielt so viel Hilfe, dass Davina einen Brief in einer Zeitung veröffentlichte, um sich bei allen zu bedanken.

»Allerdings haben auch ein paar Freunde den Kontakt zu uns abgebrochen«, sagte Jason. »Ein Freund, der mich in der Rehaklinik besuchte, sagte: ›Eigentlich wollte ich gar nicht kommen. Ich wollte dich lieber so im Gedächtnis behalten, wie du früher warst.‹ Und seitdem habe ich ihn auch nie wieder gesehen.«

Allmählich gewöhnt Jason sich an sein neues Leben. Nach langem Üben kann er jetzt wieder ohne fremde Hilfe essen und sich waschen. Manchmal braucht er vier Stunden, um zu duschen und sich anzuziehen. Es fällt ihm auch noch schwer, einen Kugelschreiber in der Hand zu halten; aber er kann schreiben, indem er seinen ganzen Arm bewegt. »Ich muss lernen, Geduld zu haben – in jeder Hinsicht«, sagt er. »Aber es tut mir trotzdem nicht leid, dass ich an jenem Tag beim Sprung in den Swimmingpool so unvorsichtig war. Denn ich habe begriffen, dass dieser Unfall nicht ohne Grund passiert ist.«

»Was für einen Rat würdest du einem Menschen geben, der einen Unfall hatte oder ein Unfallopfer pflegt?«, fragte ich Jason.

»Ich halte mir stets vor Augen, was ich alles noch habe«, antwortete er. »Ich habe immer noch ein gutes Gedächtnis, kann Kreuzworträtsel lösen und so weiter. Und viele Menschen, die sich sonst niemals kennengelernt hätten, wurden durch meinen Unfall eng zusammengeschweißt. Dafür bin ich sehr dankbar.«

»Hast du sonst noch Ratschläge?«

»Ja. Man soll sich nicht scheuen, zu weinen – das unterstützt den Heilungsprozess. Und man sollte daran denken, dass man innerlich immer noch derselbe Mensch ist wie vorher. Auch wenn man nicht mehr so aussieht und sich nicht mehr so bewegen kann wie früher, existiert man trotzdem immer noch – und ist nicht weniger liebenswert. Ich glaube, dass wir Menschen sehr flexibel sind. Wir können uns an neue Situationen anpassen und große Schwierigkeiten überwinden.«

Jasons Sitzung bei Staci Wells

Jasons Entschlossenheit, sich eine positive Lebenseinstellung zu bewahren, beeindruckte mich. Durch die vielen Interviews, die ich für dieses Buch geführt habe, bin ich zu der Überzeugung gelangt, dass wir alles mit auf den Weg bekommen, was wir brauchen, um schwierige Lebenssituationen zu akzeptieren und für unser inneres Wachstum zu nutzen: Wir bringen nicht nur die nötigen Charaktereigenschaften dafür mit, sondern uns begegnen auch genau die Menschen und die scheinbaren Zufälle, die wir brauchen, um unser Schicksal zu meistern. Aber ob wir das dann auch wirklich tun oder nicht, ist unsere eigene freie Entscheidung. Jason besaß zum Beispiel eine außergewöhnliche Willensstärke: Er gab trotz seines schweren Schicksals – oder vielleicht gerade deshalb – nicht auf und arbeitete immer weiter an sich. Sein Nahtoderlebnis gab ihm die Kraft, negative Gedanken aus seinem Kopf zu verbannen. Er wusste intuitiv, dass ihm dieser Unfall nicht ohne Grund passiert war, und versuchte einen tieferen Sinn dahinter zu erkennen. Und irgendwie habe ich das Gefühl, dass er diese Suche nie aufgeben wird.

Nachdem ich Staci die notwendigen Informationen über Jason gegeben hatte, bat ich sie, sich auf sein vorgeburtliches Lebensplanungsgespräch einzustimmen.

»Ich sehe ihn im Gespräch mit drei Geistführern«, berichtete Staci. »Außerdem befinden sich viele Mitglieder aus seiner Seelenfamilie in dem Planungsraum – nicht nur die Seelen, mit denen er [in seiner nächsten Inkarnation] zu tun haben wird, sondern auch diejenigen, die er in der geistigen Welt zurücklassen wird. Jason diskutiert sehr lebhaft mit seinen drei Geistführern.«

Jason: Ich brauche diese Herausforderung.

Geistführer: Ist dir klar, dass sich dein Leben dadurch von Grund auf verändern wird?

Jason: Ja, das ist mir klar. Aber ich vergesse in meinen physischen Inkarnationen leider immer, dass es im Leben noch mehr gibt als das, was ich sehe. Ich konzentriere mich nur auf äußere Dinge – Trends und Modeerscheinungen, soziale Anerkennung, Status, Leistung und Erfolg. Dabei verliere ich die spirituellen Ziele, die ich mir vor meiner Inkarnation gesetzt hatte, völlig aus den Augen.

In meiner nächsten Inkarnation möchte ich selbstloser handeln – nicht nur meiner Familie, sondern auch anderen Menschen gegenüber. Ich möchte meine Mitmenschen mit meiner inneren Haltung, mit meinem positiven Beispiel inspirieren. Außerdem möchte ich ihnen einen Dienst erweisen und dabei meine eigene Spiritualität wiederentdecken.

Geistführer: Dein größtes spirituelles Wachstum wird drei bis vier Jahre nach dem Unfall stattfinden. In dieser Zeit wirst du dich besonders schnell weiterentwickeln. Du wirst Geräusche hören – ein Zeichen deiner Hellhörigkeit. Du wirst ein feineres Gehör entwickeln, und zwar nicht nur in physischer, sondern auch in spiritueller Hinsicht.

Jason: Wunderbar! Darauf freue ich mich.

»Mein Geistführer sagt, dass Jason in seiner jetzigen Inkarnation zum letzten Mal an dieser Lernaufgabe arbeiten will. Er möchte diese Stufe seiner Entwicklung abschließen. Und sein Unfall hat ihm dazu verholfen«, erklärte Staci.

Da sich durch Jasons Unfall auch das Leben der Menschen, die ihn liebten, drastisch verändert hat, hatte er seinen Plan vorher sicherlich mit diesen Seelen besprochen. Ich fragte Staci, ob sie auch diese Gespräche hören könne.

»Er diskutiert mit seiner Mutter über die Möglichkeit, dass ihm dieser Unfall bereits im Alter von zehn Jahren passieren könnte«, berichtete Staci. »Ich sehe, wie sie in Tränen ausbricht. Sie macht eine abwehrende Handbewegung.«

Mutter: Nein, nein! Damit bin ich nicht einverstanden! Das wäre für mich genauso, wie wenn ich dich verlieren würde. Und ich habe dich schon so oft verloren. Du bist auch in vielen früheren Inkarnationen vor mir gestorben. Ich will nicht, dass so etwas noch einmal passiert. Du wärst zwar auch nach deinem Unfall immer noch da, aber in deinem eigenen Körper gefangen – und das wäre für mich fast genauso schlimm, wie wenn du tot wärst.

»War Jason auch in jenen früheren Inkarnationen der Sohn seiner heutigen Mutter?«, fragte ich.

»Nicht immer. Manchmal war er auch ihr Bruder oder ihr Partner.«

»Und wie erklärt er ihr, warum er diesen Unfall erleiden will?«

Jason: Ich möchte etwas erleben, was mich auf der bewussten Persönlichkeitsebene zu der Erkenntnis zwingt, dass ich mehr bin als nur mein Körper und dass das Leben nicht nur aus den oberflächlichen Hierarchien und Werturteilen der Gesellschaft besteht.

»Bei diesen Worten sehe ich ein Bild aus einer Inkarnation zu Beginn des 18. Jahrhunderts vor mir«, berichtete Staci. »Damals gehörte Jason einer sehr hohen Gesellschaftsschicht an. Gutes Aussehen und sozialer Status bedeuteten ihm alles. In seiner jetzigen Inkarnation versucht er über diese oberflächliche Einstellung hinauszuwachsen und dabei gleichzeitig sein Karma aus jener früheren Inkarnation auszugleichen.«

Mutter: Ich möchte nicht, dass dieser Unfall schon in deiner Kindheit passiert.

Jason: Also gut. Ich verschiebe ihn auf später. Ich werde mit meiner Frau darüber sprechen.

»Jetzt sehe ich Jasons Frau Davina vor mir. Die beiden führen ein sehr ernstes Gespräch miteinander. Sie sprechen darüber, wie sie sich kennenlernen und wie ihre Liebe zueinander allmählich wachsen wird – wie sie heiraten und Kinder bekommen werden und wie ihre Beziehung dann nach Jasons ›Unfall‹ einen ernsteren, weniger unbeschwerten Charakter annehmen wird.«

Jason: Dieser Unfall wird verheerende Folgen haben. Er wird unser ganzes Leben verändern.

Davina: Aber dafür wirst du dich in spiritueller Hinsicht weiterentwickeln können.

»Davina hat verstanden, warum Jason diese Entscheidung trifft: Er möchte innerlich frei werden und über die engen

Grenzen der Anschauungen hinauswachsen, die er in vier seiner früheren Inkarnationen hatte. Deshalb wird er auch an allen *vier* Gliedmaßen – an Armen und Beinen – gelähmt sein.«

»Und was waren das für Anschauungen, die Jason innerlich so einschränkten?«, fragte ich.

»Zum Beispiel die Idee, dass es nur einen einzigen richtigen Weg gibt«, antwortete Staci. »In einer seiner Existenzen kam diese Anschauung auf religiöser Ebene zum Ausdruck. In einer anderen Inkarnation war Jason ein sehr starrer, unbeugsamer Mensch. Genaueres erfahre ich leider nicht.«

Das war eine sehr wichtige Information. Jason hatte seinem Denken also bereits in vier früheren Existenzen enge Grenzen auferlegt, während er in physischer Hinsicht stets vollkommen frei und unbehindert gewesen war. Deshalb hatte er für sein jetziges Leben genau die umgekehrte Konstellation geplant: Er wollte körperlich schwer behindert sein, um geistige Freiheit zu erlangen – ein Lebensplan von bestechender Logik.

»Kannst du uns noch mehr von diesem Gespräch zwischen Jason und Davina zeigen – vor allem ihre Diskussion darüber, wie der Unfall sich auf ihre Ehe auswirken wird?«, bat ich Staci.

Davina: Es wird eine große emotionale und physische Belastung für mich sein, dich zu pflegen und gleichzeitig auch noch unsere Familie allein versorgen zu müssen. *(Seufzt.)* Aber das ist schließlich nicht die erste Inkarnation, in der ich sehr hart arbeiten muss. Und außerdem passt das zu meinem Ziel, anderen Menschen zu dienen; denn ich werde dir und den Leidensgenossen, die du durch deine Querschnittslähmung kennenlernst, einen wertvollen Dienst erweisen.

Als Nächstes offenbarte Stacis Geistführer uns noch eine andere Szene aus Jasons vorgeburtlicher Lebensplanung. »Ich sehe ihn mit der Seele seines jetzigen Vaters sprechen«, berichtete sie. »Die beiden waren schon in vielen Inkarnationen zusammen. Meist standen sie in familiärer Beziehung zueinander.«

Jason: Ich habe schon in so vielen früheren Existenzen zu dir aufgeschaut. Das möchte auch in meinem kommenden Leben wieder tun – diesmal allerdings eher in physischer Hinsicht …

»Das sollte nur ein Witz sein«, erklärte Staci. Es verblüffte mich, dass Jason in so scherzhaften Worten über seinen schweren Unfall sprechen konnte. Gleich darauf wurde mir klar, dass Stacis Geistführer, ein sehr hoch entwickeltes Wesen, uns diese Szene absichtlich vorgeführt hatte. Früher hatte er Staci immer nur die ernsthaftesten Szenen aus den vorgeburtlichen Lebensplanungssitzungen gezeigt, weil er meinte, uns mit diesen Informationen am meisten weiterhelfen zu können. Dass er uns jetzt diesen scherzhaften Dialog mit anhören ließ, hatte sicherlich auch seinen Sinn.

Als ich über Jasons Witz und meine erste Reaktion darauf nachdachte, wurde mir klar, dass ich seine Behinderung aus der Perspektive der Persönlichkeit betrachtete. Wenn wir daran glauben, dass uns dauerhafter Schaden zugefügt werden kann, ist so ein schwerer Unfall tatsächlich eine ziemlich ernste Angelegenheit. Doch als unsterbliche Seele wissen wir, dass uns nichts wirklich schaden kann. Aus dieser Seelenperspektive heraus war Jason sogar in der Lage, mit seinem Vater über seine Querschnittslähmung zu scherzen.

Ich fragte Staci, warum ihr Geistführer uns den heftigen Protest von Jasons Mutter gegen seinen ursprünglichen Plan gezeigt hatte, diesen schweren Unfall schon als Kind zu erleiden. Sicherlich hatte er auch dafür einen triftigen Grund gehabt.

»Das Gespräch mit Jasons Mutter zeigt uns, dass wir bei der Planung unseres bevorstehenden Lebenswegs vollkommene Willensfreiheit haben«, erwiderte Staci. »Wir entscheiden selbst, was wir auf uns nehmen wollen und was nicht. Aus Liebe zu seiner Mutter hat Jason seinen Unfall auf einen späteren Zeitpunkt verschoben und mit Davina gesprochen, um zu sehen, ob sie bereit war, diese Belastung auf sich zu nehmen. Sie hätte auch nein sagen können.«

»Welchen Zeitpunkt bevorzugen Seelen für die Planung solcher Unfälle?«, fragte ich.

Stacis Redefluss verlangsamte sich, da sie die Worte ihres Geistführers jetzt wieder direkt zu channeln begann. »Das hängt von vielen Faktoren ab«, erklärte sie. »Manchmal möchte eine Seele den Zyklus ihrer Wiedergeburten einfach möglichst rasch abschließen. Manchmal hängt der Zeitpunkt eines Unfalls aber auch von der Energie ab, die zu bestimmten Zeiten in oder auf der Erde herrscht. Ihr definiert und kategorisiert solche Energien mithilfe von Disziplinen wie Astrologie und Numerologie. Die Seele ist sich dieser Energien schon vor ihrer Geburt bewusst.«

»Was für Gründe kann eine Seele denn sonst noch haben, um einen Unfall vorauszuplanen?«

»Ein wichtiger Grund besteht darin, ihr Karma auszugleichen. Wenn man einem anderen Menschen in einer früheren Inkarnation eine schwere Verletzung zugefügt hat, plant man vielleicht, im nächsten Leben selbst von dieser Person verletzt zu werden. Oft gewinnt eine Persönlichkeit aus einem solchen Unfall aber auch eine wichtige Erkenntnis. Der Unfall zwingt sie dazu, ihre Sichtweise zu ändern und Einsichten zu entwickeln, die ihr in früheren Existenzen verborgen geblieben sind.«

»Welche Botschaft würdest du einem Menschen mit auf den Weg geben, dessen Leben sich durch einen schweren Unfall total verändert hat?«, fragte ich Stacis Geistführer.

»Denke immer daran, dass du nicht nur aus deinem Körper bestehst. Dein Geist gibt dir alles, was du brauchst.«

»Und was würdest du einem Menschen empfehlen, dessen Partner oder Kind durch einen Unfall schwer verletzt wurde?«

»Wir in der Geisterwelt haben großes Mitgefühl mit dem, was du gerade durchmachst. Dadurch soll deine Fähigkeit auf die Probe gestellt werden, andere Menschen bedingungslos zu lieben. Denke immer daran: Genau wie du jetzt einem anderen Menschen hilfst, hat diese Person dir vielleicht in einem früheren Leben einen wertvollen Dienst erwiesen oder wird das in Zukunft tun.

Und vergiss nicht, dich in der Kunst des Verzeihens zu üben. Denn irgendwann wirst du garantiert an einen Punkt kommen, wo du einen ohnmächtigen Zorn empfindest: Zorn über den Unfall, Zorn auf den Menschen, dem dieser Unfall passiert ist, und auf das Schicksal, das euch so etwas Schweres aufgebürdet hat. Denke daran, dich immer um eine innere Haltung der Vergebung zu bemühen, wenn solche Gefühle in dir aufsteigen.«

Jasons Sitzung bei Deb DeBari

Zusätzlich zu Stacis Reading hatte ich für Jason auch noch eine Sitzung bei dem Medium Deb DeBari und ihren Geistführern anberaumt. Ich verriet Deb zu Beginn unseres Gesprächs lediglich, dass Jason seit einem Unfall im Swimmingpool von den Schultern abwärts gelähmt ist, dass er zwei Söhne hat und dass seine Frau Davina heißt.

»Ihr beide [Jason und Davina] habt vor eurer Geburt eine Vereinbarung getroffen«, erklärte Deb, nachdem sie sich auf ihre Geistführer eingestimmt hatte. »Dein älterer Sohn ist unter anderem deshalb auf die Erde gekommen, um bei deiner Pflege mitzuhelfen. Das ist eine wichtige Lektion für ihn: Mitgefühl und Einfühlungsvermögen zu lernen. Doch die wichtigste Vereinbarung ist die zwischen dir und deiner Frau. Ich sehe mehrere frühere Inkarnationen, in denen sie von dir gepflegt und versorgt wurde. In einem dieser Leben im Mittelalter war sie sehr lange krank. In einer anderen Inkarnation wart ihr Geschwister. Diesmal wolltest du ein sehr schweres Schicksal auf dich nehmen, um möglichst viel von deinem Karma abzutragen. Deshalb hast du diesen Unfall geplant, der dich schon in jungen Jahren zum Krüppel machen sollte. Und Davina war einverstanden damit, dir in der langen Zeit deiner Behinderung zur Seite zu stehen.«

Genau wie Staci wies auch Deb ausdrücklich darauf hin, dass Jason geplant hatte, diesen schweren Unfall schon als junger Mann zu erleiden. Jasons Mutter hatte ihn ja darum gebeten, dass der Unfall nicht schon in seiner Kindheit passieren sollte; und Jason hatte ihr diese Bitte gewährt. Aber da er in seinem kommenden Leben dennoch eine langjährige schwere Prüfung durchstehen wollte, hatte er seine Frau Davina um ihr Einverständnis gebeten. »Dieser Unfall soll nicht erst passieren, wenn wir beide schon ein altes Ehepaar sind«, hatte er gesagt; und sie hatte zugestimmt.

»Außerdem«, zitierte Deb ihre Geistführer, »hattest du damals bei deinem Unfall tatsächlich die Wahl, ob du weiterleben oder sterben wolltest. Hast du damals das Bewusstsein verloren?«

»Ich war völlig weg – kein Puls, überhaupt kein Lebenszeichen mehr«, bestätigte Jason. »Meine Frau hat mich wiederbelebt.«

»Ich bekomme von meinen Geistführern die Information, dass du damals entscheiden musstest, ob du auf der Erde bleiben und dich an deine Vereinbarung halten oder lieber sterben wolltest. Du hattest die Wahl. Und während du bewusstlos warst, sagtest du: ›Ich bleibe hier. Ich ziehe die Sache durch.‹«

»Ich sah in jenem Augenblick Bilder von allen Menschen, die mir etwas bedeuten«, erklärte Jason. »Es war, als ob die geistige Welt mir damit die entscheidende Frage stellen wollte: ›Willst du bei diesen Menschen bleiben oder lieber ins Jenseits gehen?‹«

»Wenn wir eine so schwierige Aufgabe wählen«, erklärte Deb, »geben unsere Geistführer uns immer die Möglichkeit, uns zu entscheiden – einen Ausweg zu wählen. Wer seine Meinung nachträglich noch ändern will, kann das jederzeit tun; aber du hast beschlossen, dich an deine Vereinbarung zu halten. Du wolltest der Welt damit zeigen: ›Auch wenn ich keinen perfekt funktionierenden Körper mehr habe, bin ich trotzdem immer noch ein ganzer Mensch.‹ An einer solchen tapferen Entscheidung wachsen alle Menschen – nicht nur du, deine Frau und deine Kinder. Denn du gibst den anderen damit die Möglichkeit, etwas Gutes zu tun.«

Ich fragte mich, wie Jasons Seele so sicher gewesen sein konnte, dass es auch wirklich zu diesem Unfall kommen würde. »Wie führt eine Seele so einen Unfall herbei?«, fragte ich.

»Normalerweise beschützen unsere Geistführer uns«, antwortete Deb. »Sie geben uns ständig Warnsignale. Im Normalfall hätten Jasons Geistführer ihm damals [auf telepathischem Weg] die Botschaft übermittelt: ›Das Becken ist zu flach, um so hineinzuspringen.‹ Doch diesmal taten sie es nicht, weil Jason ja in Wirklichkeit nach einer Gelegenheit *suchte*, so einen schweren Unfall zu erleiden. Seine Seele hatte diese Vereinbarung schon vor seiner Geburt getroffen.« Damit bestätigte Deb mir etwas, was ich in meinen Recherchen zum Thema der vorgeburtlichen Lebensplanung schon öfters erfahren hatte: Unsere Geistführer geben uns Gedanken ein, um uns vor unerwünschten schwierigen Situationen zu bewahren; aber wir merken es normalerweise nicht, sondern halten diese Eingebungen für unsere eigenen Ideen.

»Manchmal gibt ein Geistführer einem Menschen, der in ein flaches Wasserbecken springen will oder sonst irgendetwas Gefährliches vorhat, sogar einen Schubs, damit er ›stolpert‹ und harmlos fällt.«

Wieder staunte ich darüber, auf welch wunderbare Weise die geistige Welt mit uns zusammenarbeitet. Zwar hatte ich vorher noch nie gehört, dass Geistwesen tatsächlich *physisch* ins Leben ihrer Schützlinge eingreifen; doch diese Information bestätigte mir die Überzeugung, dass unsere Geistführer alles tun, was sie können, damit unser Leben so läuft wie geplant. Ich fragte Deb, ob sie sich noch mehr Informationen über Jasons vorgeburtliche Lebensplanung verschaffen könne.

»Sein Geistführer fragte ihn, ob er das alles auch wirklich will«, antwortete Deb. »Und Jason bestand tatsächlich darauf, schon in jungen Jahren einen schweren Unfall zu haben. ›Ich will nicht, dass das erst passiert, wenn ich 60 Jahre alt bin‹, sagte er. Die Geistführer haben Jason und Davina gezeigt, was ihnen wegen dieses Unfalls alles an Problemen bevorsteht und wie sich Jasons Behinderung auf ihre beiden Kinder auswirken wird. ›Möchtest du das wirklich auf dich nehmen?‹, haben sie Davina gefragt. ›Es würde bedeuten, dass du nicht nur Ehefrau und Mutter, sondern gleichzeitig auch noch Krankenpflegerin sein musst.‹ Davina erklärte sich damit einverstanden, weil sie noch ein paar Lektionen lernen wollte – zum Beispiel, wie man mit Mitgefühl umgeht. Wenn man Mitgefühl mit jemandem hat, muss man diese Emotion in heilende Energie und Liebe umwandeln, die man dem betreffenden Menschen direkt senden kann.

Es gibt immer einen Ausweg, wenn man etwas nicht auf sich nehmen möchte«, setzte Deb hinzu. »Davina hätte schließlich auch mit ihren Wiederbelebungsversuchen aufhören können; doch ihre Seele hat ihr eingegeben, dass sie Jason auf die Erde zurückholen muss.«

»Hat Davinas Seele sie tatsächlich dazu aufgefordert, weiterzumachen, als sie ihrem Mann erste Hilfe leistete?«, staunte ich.

»Ja«, antwortete Deb. »Sie hat gesagt: *Du musst dich an deine Vereinbarung halten. Mach weiter.* Meine Geistführer sagen, dass Davina lernen muss, geduldiger zu sein.«

»Das lernt sie tatsächlich gerade«, schaltete Jason sich ein. »Wir haben heute darüber gesprochen. Sie hat gesagt: Wenn es etwas gibt, was ich aus diesem Unfall gelernt habe, dann ist es, Geduld zu haben.«

»Das gilt aber auch für dich«, sagte Deb. »Du bist nämlich auch ein bisschen zu impulsiv und verlierst leicht die Beherrschung.« Bei diesen Worten dachte ich an die Probleme, die Jason mit seiner Mutter hatte.

»Ich kann ziemlich bissig und sarkastisch sein«, bestätigte Jason lachend.

»Meine Geistführer sagen mir«, fuhr Deb fort, »dass du vor allem lernen musst, zu visualisieren. Stell dir vor, wie deine Hände sich bewegen; stell dir vor, dass die Nerven, die von deinem Rückenmark ausgehen, wieder funktionieren. Gedanken sind etwas ungeheuer Mächtiges. All die Energie, die du früher in deinen Körper hineingesteckt hast, fließt jetzt in dein Gehirn. Du musst nur lernen, damit zu arbeiten. Dein Weg besteht darin, anderen Menschen zur Erleuchtung zu verhelfen – ihnen klarzumachen, dass das Gehirn immer noch funktioniert, auch wenn der Körper verletzt wurde.« Das deckte sich genau mit Stacis Information, dass Jason als Folge seines Unfalls geistige Freiheit erlangen wollte. Deshalb hatte er den verhängnisvollen Sprung in den Swimmingpool geplant.

»Manchmal behandeln die Leute dich so, als existiertest du gar nicht. Sie treffen zum Beispiel Entscheidungen für dich, ohne dich vorher zu fragen«, sagte Deb. »Aber dein *Gehirn* ist ja schließlich nicht gelähmt. Eine der Lernaufgaben dieser Menschen besteht darin, auf deine Wünsche Rücksicht zu nehmen.«

»Du hast recht«, stimmte Jason zu. »Es werden tatsächlich viele Entscheidungen über meinen Kopf hinweg getroffen.«

»Du hast erwähnt, dass Jason in diesem Leben sein ganzes Karma ausgleichen wollte, um nicht noch einmal auf die Erde kommen zu müssen«, sagte ich zu Deb. »Warum war seiner Seele das so wichtig?«

»Die Seelen blättern in der Akasha-Chronik – dem Buch aller Inkarnationen – und sagen: ›Damals bin ich im Krieg gefallen. In jenem anderen Leben wurde ich von einem Pferd totgetrampelt. Und in meiner darauffolgenden Inkarnation bin ich auch nicht sehr alt geworden.‹ Irgendwann wiederholt sich alles. Es gibt aber auch Lektionen, die eine Seele in den anderen Dimensionen lernen kann – ohne die Schwere und den physischen Schmerz, den sie hier in ihrem Körper erlebt.« Anscheinend wollte Jason jetzt in diese höheren Dimensionen aufsteigen und hatte daher ein Leben geplant, das seinen Reinkarnationszyklus auf der Erde abschließen sollte.

»Kannst du uns noch mehr Informationen darüber geben,

wie der Lebensplan von Jasons Kindern aussieht?«, fragte ich Deb. »Warum haben sie sich für diese Erfahrung entschieden?«

»Ich sehe deinen älteren Sohn Jaron [vor seiner Geburt] in der Geisterwelt«, antwortete Deb, an Jason gewandt. »Er hatte eine sehr enge Beziehung zu Davina und wollte in seiner nächsten Inkarnation unbedingt mit ihr zusammen sein. ›Überleg dir die Sache gut‹, hat Davina zu ihm gesagt. ›Ist das nicht zu viel für dich?‹ Doch er antwortete: ›Nein. Ich werde aus allem, was passiert, etwas lernen.‹ Außerdem wollte er Davina in ihrer schwierigen Situation behilflich sein. Er lernt nämlich gerade, sich in Selbstlosigkeit zu üben. Dein jüngerer Sohn Garrett dagegen war sich nicht so sicher, ob er in so eine Familie hineinpassen würde und ob er sich nicht doch lieber andere Eltern aussuchen sollte. Aber er hat eine sehr enge Beziehung zu Jaron und hat sich deshalb dann doch entschlossen, in eure Familie hineingeboren zu werden.«

»Sein Bruder hat schon vor seiner Geburt nach ihm gefragt«, bestätigte Jason lachend. »Er hat gesagt, dass er sich zu Weihnachten ein kleines Brüderchen wünscht.«

»Und Garrett sagte daraufhin: ›Wenn er mich bei sich haben will, komme ich!‹«, erklärte Deb. »Die beiden haben eine sehr starke karmische Verbindung zueinander, die sich über viele frühere Inkarnationen erstreckt. Sie geben sich gegenseitig Kraft und Unterstützung.«

Ich fragte Deb, ob vielleicht auch noch andere beteiligte Personen, von denen wir noch nicht gesprochen hatten, aus Jasons Unfall etwas lernen sollten.

»Ja – Jasons Mutter«, antwortete Deb. »Auch bei ihr geht es um das Thema Einfühlungsvermögen. Vor der Geburt hat sie Jason ja gebeten, ihr dieses schwere Schicksal zu ersparen.« Deb hörte jetzt offenbar das gleiche vorgeburtliche Gespräch zwischen den beiden wie Staci. »Sie hatte das Gefühl, das nicht verkraften zu können. Aber Jason erklärte ihr, dass es nicht anders ging. Also war sie unbewusst auf dieses Ereignis vorbereitet. Sie wusste, dass mit ihrem Sohn irgendetwas passieren würde.

Auch sie lernt jetzt, einfühlsamer zu sein. Am liebsten möchte sie alles für ihren Sohn tun; doch sie muss lernen, sich mehr zurückzunehmen. Sie neigt dazu, ihren Mitmenschen alles abnehmen zu wollen. Doch das ist falsch. Sie muss ihnen die Chance geben, etwas aus ihrer Situation zu lernen. Dadurch wird auch sie selbst sich weiterentwickeln.«

Ich bat Deb, ihren Geistführer zu fragen, was ein Mensch, der gerade einen schweren Unfall erlitten hat, noch bedenken solle.

»Man soll die Hoffnung nicht aufgeben«, erwiderte Deb. »Oft zeichnen die Ärzte einem solchen Patienten seine Zukunft in viel zu düsteren Farben. Doch man kann sich auch mit purer Willenskraft heilen.«

»Gibt es weitere Gründe für eine Seele, vor ihrer Geburt einen Unfall zu planen?«

»Viele Menschen wollen nicht bis ins hohe Alter auf der Erde bleiben«, wiederholte Deb die Worte ihres Geistführers. »Ein Unfall bietet ihnen eine Ausstiegsmöglichkeit aus dem Leben. Manchmal soll so ein Unfall einen Menschen aber auch wachrütteln, damit er sich fragt: ›Was will ich eigentlich hier auf der Erde? Tue ich tatsächlich das, was meine Bestimmung ist, oder vergeude ich meine Lebenszeit?‹ Viele Menschen geben ihrem Leben nach einem solchen Unfall eine ganz neue Richtung. Es kann aber auch sein, dass eine Seele während eines Unfalls den Körper verlässt und eine andere Seele ihren Platz einnimmt.«

Wenn eine Seele meint, in einer bestimmten Inkarnation alles gelernt zu haben, was sie sich vorgenommen hatte, oder glaubt, ihr Lernziel in diesem Leben sowieso nicht mehr erreichen zu können, kann sie diesen Körper »verlassen« – das heißt, sie zieht ihre Energie aus der physischen Gestalt ab. Normalerweise führt dieser Rückzug der Energie zum Tod eines Menschen. Doch falls eine andere Seele das Gefühl hat, etwas daraus lernen zu können, wenn sie nicht als neugeborenes Baby, sondern erst zu einem späteren Zeitpunkt in eine Inkarnation eintritt, kann sie in diesen Körper »hineinfahren«. Sie übernimmt dann sämtliche Erinnerungen der ursprünglichen Seele, als habe sie diesen Körper schon seit der Geburt bewohnt. Trotzdem verändert sich dadurch manchmal die Persönlichkeit des betreffenden Menschen, was zu Beziehungsproblemen führen kann. Manchen dieser Leute ist sogar bewusst, was mit ihnen geschehen ist – aber sie sagen es ihren Mitmenschen nicht immer, weil sie Angst haben, deshalb verspottet oder für verrückt gehalten zu werden.

Ein Unfall kann unser Leben von Grund auf verändern. Deshalb sind an wichtigen Wendepunkten in unserer Biografie, an denen es darauf ankommt, uns an unseren Lebenszweck zu erinnern, immer potenzielle Unfälle eingeplant. Wenn wir uns durch Intuition (Impulse, die unsere Seele uns eingibt) an das wahre Ziel unseres Lebens erinnern, braucht der Unfall nicht einzutreten. Doch wenn wir diese innere Stimme ignorieren, klopft die Botschaft immer eindringlicher an unsere Tür – manchmal auch in Form eines Unfalls.

»Unsere Seele versucht immer zuerst, uns auf wichtige Dinge hinzuweisen«, bestätigte Deb. »Erst wenn ihr das auf die sanfteren Weisen nicht gelingt, versetzt sie uns einen K.o.-Schlag, um uns daran zu erinnern, dass wir uns vor unserer Geburt bestimmte Aufgaben vorgenommen haben, die wir jetzt endlich angehen müssen.«

»Als Jason sein Nahtoderlebnis hatte, wurde ihm mitgeteilt,

dass er seine leichtsinnige Tat weder bereuen noch negative Gedanken haben dürfe. Das ist sicher leichter gesagt als getan. Wie gelangt man zu so einer Einstellung?«

»Viele Menschen fragen sich nach einem schweren Unfall, warum so etwas ausgerechnet ihnen passieren musste«, erklärte Deb. »Sie sind wütend – auf sich selbst, auf andere Menschen oder auf ihr Schicksal. Meine Geistführer zeigen mir, dass Zorn eine negative Energie ist. Ihr solltet eure Energie nicht gegen euch selbst richten, sondern sie lieber nutzen, um Übungen zu machen, positive Resultate zu visualisieren, in eurer Entwicklung weiterzukommen. Denn daran wächst eure Seele. Freut euch über jeden kleinen Fortschritt und seid dankbar für euren Körper. Denkt nicht: ›Dieser verdammte verkrüppelte Körper‹, sondern: ›Dieser wunderbare Körper tut alles, was in seiner Macht steht, um mir zu Diensten zu sein.‹ Und wenn ihr traurig seid, dann weint ruhig. Es hat keinen Sinn, seine Tränen zurückzuhalten; sonst bahnen sie sich in Form von Zorn ihren Weg nach draußen. Tränen waschen die Seele rein.«

»Jason hat mir erzählt, dass seine Ehe durch diesen Unfall auf eine schwere Probe gestellt worden ist. Was würden deine Geistführer anderen Menschen raten, deren Beziehung durch einen Unfall in eine Krise geraten ist?«

»Bleibt miteinander im Gespräch. Kommunikation ist das Allerwichtigste. Man muss über alles miteinander reden. Davina scheut sich davor, mit dir über ihre Ängste und Sorgen zu sprechen, Jason. Aber sie muss ihre Sorgen und Kümmernisse irgendwie loswerden. Vielleicht kannst du ihr mit ein paar freundlichen Worten Mut dazu machen. Momentan hat sie noch zu große Angst, dich zu verletzen, wenn sie offen über eure Situation spricht. Doch irgendwann werden diese Probleme sie überwältigen, und dann kann es sein, dass sie eure Beziehung beendet, weil sie keine Hoffnung mehr hat – weil sie meint, dir ohnehin keine gute Partnerin zu sein oder deinem Heilungsprozess im Weg zu stehen.«

»Und wie wirkt sich meine Behinderung auf andere Menschen in meiner Umgebung aus – Freunde, Familienangehörige, Verwandte?«, fragte Jason.

»Auch die Seele anderer dir nahestehender Menschen wächst an dieser Erfahrung«, erklärte Deb. »Mit deiner Hilfsbedürftigkeit gibst du ihnen eine Chance, sich von ihrer besten Seite zu zeigen. Du hast ihr Herz berührt und nun möchten sie etwas für dich tun – und entwickeln sich dadurch innerlich weiter. So einfach ist das.«

Solche Einblicke in unsere vorgeburtliche Lebensplanung können einen sehr intensiven Heilungsprozess in Gang setzen. Aber sie sollten die Phase der Trauer nicht ersetzen, sondern nur begleiten oder sich daran anschließen. Denn Verluste (auch der Verlust physischer Fähigkeiten) lassen sich nur durch Trauer heilen. Diese Trauerphase sollten wir nicht abkürzen, nur um möglichst schnell vom Persönlichkeitsbewusstsein zum Seelenbewusstsein aufzusteigen. Es ist viel besser, seinen Schmerz einfach zu ertragen und zu weinen, wenn einem nach Weinen zumute ist. Trauer ist ein emotionaler Prozess, der viel Zeit braucht und den man am besten mit Sanftheit und Würde durchlebt. Dabei sollte man sehr liebevoll und mitfühlend mit sich selber umgehen.

Mit der Zeit ändert sich durch diesen inneren Entwicklungsprozess unsere Sichtweise. Der heilsamste Perspektivenwechsel besteht darin, uns vor Augen zu halten, dass wir mehr sind als nur unser Körper. Durch diese Erkenntnis wird alles anders. Jasons Begegnung mit Gott während seines Nahtoderlebnisses hat ihm bestätigt, dass es mehr gibt als nur die physische Dimension, in der wir leben. Wenn er glauben würde, dass er nur aus seinem Körper besteht und nach seinem Tod aufhört zu existieren, wäre sein Schmerz über seine Behinderung sicherlich viel größer! Doch Jason weiß, dass er Geist ist und von einem Ort kommt, wo, wie er selbst gesagt hat, »Frieden, Ruhe und Gelassenheit« herrschen.

Wenn wir uns unserer vorgeburtlichen Lebensplanung bewusst werden, ändert sich unsere Sichtweise noch mehr. Denn dann ist unsere jetzige Inkarnation nur noch eine von vielen, die sich in einen unendlich weiten Horizont hinein erstrecken. Und unser Leben ist auch kein planloses, zufälliges Geschehen mehr, voll von sinnlosem Leiden, sondern ein wohldurchdachter, sinnvoller Plan. Wir Menschen sind dann auch nicht einfach nur eine Ansammlung chemischer Substanzen, sondern unsterbliche Seelen.

In jenem Reich des Friedens, der Ruhe und Gelassenheit, aus dem wir kommen und in das wir nach unserem Tod wieder zurückkehren, gibt es keine Gegensätze. Dort wird unser innerer Friede durch nichts erschüttert und unsere Ruhe durch nichts gestört – Gelassenheit ist in der geistigen Welt ein Dauerzustand. Doch da es in jener Dimension keine Gegensätze gibt, wissen wir dieses Glück gar nicht richtig zu schätzen. Deshalb haben wir beschlossen, uns in einer Welt zu inkarnieren, die voller Kontraste ist – voller Gegensätze, die wir selbst geschaffen haben. Jason wird seinen Lebensplan erfüllen, indem er *in seinem eigenen Inneren* den Frieden, die Ruhe und Gelassenheit seiner seelischen Heimat neu erschafft; und durch den Schmerz, den er gerade durchleidet, wird er diesen inneren Frieden erst richtig verstehen und schätzen lernen. Während Jason diesen Ort des Friedens, der Ruhe und Gelassenheit in seinem Inneren erstehen lässt, wird er sich daran erinnern, dass er eine unsterbliche Seele ist und nur aus Liebe besteht.

Aus diesem Gefühl der Liebe heraus möchte Jason etwas für seine Mitmenschen tun. Der Dienst an der Welt spielt in den vorgeburtlichen Lebensplänen vieler Menschen eine wichtige Rolle. Natürlich könnte man jetzt die Frage stellen: Warum hat eine Seele wie Jason, der es so wichtig ist, etwas für andere Menschen zu tun, ausgerechnet ein Leben vorausgeplant, in dem seine Fähigkeiten dazu so stark eingeschränkt sind? Die Antwort lautet, dass wir unseren Mitmenschen auch auf energetischer Ebene einen wertvollen Dienst leisten können.

Wenn Jason inneren Frieden findet, bahnt er seinen Mitmenschen dadurch eine energetische Spur, die es ihnen erleichtert, ebenfalls ein Gefühl von Frieden und Gelassenheit in ihrem Inneren zu erzeugen. Um einen solchen energetischen Weg zu ebnen, bedarf es keiner physischen Aktion. Jason kann auch schon einen tief greifenden Einfluss auf die Welt – und auf die nicht-physischen Dimensionen – ausüben, indem er einfach nur Frieden in seinem eigenen Inneren schafft. Denn unsere energetische Schwingung wirkt sich viel stärker auf das Universum aus als das, was wir tun. Wer wir sind, ist wichtiger als das, was unser Körper tut. Der Eremit, der einsam auf einem Berggipfel sitzt und eine Schwingung des Friedens ausstrahlt, tut mehr für die Harmonie in der Welt als jemand, der für den Frieden demonstriert und dabei voller Aggressionen ist. Denn wer so etwas tut, erzeugt nur noch mehr von der Gewalt, gegen die er so vehement zu Felde zieht. Deshalb schränkt Jasons Behinderung ihn in seiner energetischen Wirkung auf die Welt nicht ein – im Gegenteil: Sie erleichtert es ihm sogar, etwas zu bewirken. Sein Heilungsprozess wird zu unserem eigenen; sein innerer Friede führt Frieden auf der ganzen Welt herbei.

Obwohl Jason schon allein durch seine Energie eine so starke Wirkung ausüben kann, schreibt sein Lebensplan außerdem auch noch vor, dass er anderen Menschen dienen soll, und zwar, indem er ihnen etwas beibringt. Jason hat einen katastrophalen Unfall auf sich genommen, um der Welt zu zeigen, dass in einem gelähmten Körper nicht unbedingt ein gelähmter Geist stecken muss und dass ein Mensch auch dann noch ganz bleiben kann, wenn sein Körper versehrt ist. Außerdem dient Jason seinen Mitmenschen, indem er ihnen die Möglichkeit gibt, etwas für ihn zu tun. Viele Seelen planen einen schweren Unfall voraus, damit ihre Mitmenschen sich als einfühlsame, mitfühlende Wesen kennenlernen, die verzeihen können – auch sich selbst. Denn sie müssen sich den Zorn vergeben, den sie hin und wieder auf das Unfallopfer haben. Dieses Einfühlungsvermögen und dieses Mitgefühl sind positive Eigenschaften unserer Seele, die wir in der nichtphysischen Dimension nicht so intensiv zum Ausdruck bringen oder kennenlernen könnten; denn dort gibt es keine körperlichen Behinderungen.

Außerdem nimmt Jasons Dienst an seinen Mitmenschen aber auch die Form direkten Handelns an. Vor Kurzem hat er eine neue berufliche Laufbahn als selbstständiger Berater für Menschen eingeschlagen, die gerade einen Unfall erlitten haben und versuchen, mit ihrer neuen Lebenssituation zurechtzukommen. Doch obwohl er diesen Unfallopfern wertvolle Informationen vermittelt, übt er seine wichtigste Wirkung auf energetischer Ebene aus. Mit seiner Tapferkeit und seinem Lebensmut zeigt er seinen Leidensgenossen den Weg – und hat sein Leben damit dem Dienst an anderen Menschen geweiht, genau wie er es vor seiner Geburt geplant hatte.

Dabei wird er von einem unsichtbaren Chor liebevoller himmlischer Wesen inspiriert, zu denen auch die Geistführer gehören, die ihm bei seiner Lebensplanung geholfen haben. Sie umgeben ihn ständig mit ihrer Liebe, helfen ihm, seine

Lebensaufgabe zu verwirklichen, und erfüllen dabei gleichzeitig ihre eigene. Die geistige Welt hat große Ehrfurcht vor Jason und allen anderen Menschen, denen es gelingt, persönliches Leid in selbstlosen Dienst an der Welt zu verwandeln. Dankbar applaudieren sie ihm auf der anderen Seite des Schleiers, wo alle seine Gedanken, Gefühle und Handlungen registriert und mitempfunden werden. Es klang an, dass in Jasons Lebensplan ja auch die Gabe der Hellhörigkeit vorgesehen ist, sodass er den himmlischen Chor, der seine außergewöhnliche Tapferkeit und seinen selbstlosen Dienst so sehr bewundert, eines Tages sogar hören kann.

Aber Jasons Unfall erinnert nicht nur seine Mitmenschen an ihr wahres Wesen – Mitgefühl, Einfühlungsvermögen und Vergebung –, sondern führt auch ihm selbst vor Augen, wer er in Wirklichkeit ist. In seinen früheren Inkarnationen war ihm sein wahres Wesen fremd geblieben; er hatte seine Identität als unsterbliche Seele völlig aus den Augen verloren. Wie er selbst sagte, hat er sich immer nur auf äußere Dinge konzentriert – soziale Anerkennung, Status, Leistung, Erfolg und die oberflächlichen Hierarchien und Werturteile der Gesellschaft. Um dieses Karma auszugleichen und die besten Voraussetzungen für seinen Prozess der Selbsterkenntnis zu schaffen, hat Jason diesmal ein Leben geplant, in dem solche Dinge bedeutungslos sind. Er wollte sich damit aber keineswegs für seine früheren »Verfehlungen« bestrafen, sondern sich im Gegenteil eine Chance geben, seine unsterbliche spirituelle Identität in vergänglicher physischer Gestalt kennenzulernen.

Genau wie der alkoholabhängige Pat sehnte auch Jason sich nach einer Herausforderung, die es ihm ermöglichen sollte, seine Spiritualität wiederzuentdecken und Vertrauen zu Gott zu entwickeln. Zwar ist es so kurz nach seinem Unfall für dieses Gottvertrauen vielleicht noch zu früh; doch der Grundstein dafür ist bereits gelegt worden – und zwar durch die Begegnung mit Gott während seines Nahtoderlebnisses, durch die Botschaft, die er damals erhielt, und das Gefühl unendlichen Friedens in jener nicht-physischen Dimension. Auch Jasons intuitives Wissen, dass dieser Unfall nicht ohne Grund passiert ist, zeugt von seinem beginnenden Vertrauen in eine höhere Macht. In einer so schweren Situation ist es ganz normal, dass Jason immer wieder einmal den Glauben an Gott verlieren wird. Doch gerade in trostlosen Zeiten erneuert sich unser Glaube und wächst stumm und unsichtbar in unserem Herzen – bis zu dem Tag, an dem Jason erkennen wird, wer er in Wirklichkeit ist.

Vor allem aber zeugt Jasons Leben von ungeheurem Mut. Seinem Geistführer war von vornherein klar gewesen, was für eine schwierige Aufgabe er sich da vorgenommen hatte; deshalb hatte er sicherheitshalber noch einmal nachgefragt, ob er sich diesen schweren Unfall auch wirklich wünsche. Auch Jason hatte gewusst, dass dieser folgenschwere Sprung in den Swimmingpool sein Leben von Grund auf verändern würde – und genau das war seine Absicht, denn es gab ihm die Möglichkeit, »diese Stufe seiner Entwicklung abzuschließen«.

Einen solchen Plan zu *leben*, erfordert noch viel mehr Tapferkeit, als ihn zu entwickeln. Jede Seele, die einen so mutigen Plan verwirklicht wie Jason, sieht, wie viel Mut dazu gehört, Tag für Tag das Leben eines Schwerbehinderten zu führen. Sobald ihr das klar geworden ist, beginnt sie sich selbst automatisch mehr zu schätzen und zu lieben. Und letzten Endes besteht der Sinn unserer physischen Existenz nur darin, Liebe in all ihren verschiedenen Formen zu manifestieren und zum Ausdruck zu bringen.

Christina

Im Jahr 1969 erlitt Christina einen schweren Unfall. Obwohl sie ihn überlebt hat, ist dabei etwas in ihr gestorben: nämlich ihre frühere Denk- und Lebensweise. Stattdessen entwickelte Christina ein neues spirituelles Bewusstsein; und trotz des großen Leidens, das sie durchmachen musste, empfindet sie ihren Unfall heute als ein Geschenk des Himmels.

Anfangs empfand sie wegen des Unfalls Zorn und Schuldgefühle; doch nach und nach begann sie inneren Frieden und Dankbarkeit zu entwickeln. Dass Christina etwas Positives aus ihrem Leiden machen konnte, verdankt sie unter anderem auch ihrem Wissen um die vorgeburtliche Lebensplanung ihrer Seele. Ihr ist schon vor langer Zeit klar geworden, dass sie selbst diesen Unfall, der ihr Leben für immer veränderte, geplant hatte – und sie weiß auch, warum.

Christinas »Schicksal« hat sie dazu motiviert, eine neue berufliche Laufbahn einzuschlagen, in der sie sich ihren vorgeburtlichen Wunsch erfüllen kann, vielen Menschen zur Heilung zu verhelfen. Nach ihrem Unfall ließ sie sich zur Logopädin ausbilden und behandelt in ihrer Praxis jetzt Menschen mit neurologischen Störungen aller Art, vor allem mit Gehirnverletzungen, Tumoren, Schlaganfällen und Aneurysmen. Außerdem hat sie sich in Reiki und ARCH (einer uralten hawaiianischen Heilkunst) ausbilden lassen. Mit ihrer Arbeit hat sie schon Tausende von Menschen geheilt. Sie hat zahlreiche Auszeichnungen erhalten und gilt als führende Expertin auf ihrem Gebiet.

Diese Einsichten in ihre vorgeburtliche Lebensplanung und in den tieferen Sinn ihres Unfalls hat Christina hauptsächlich durch Gespräche mit ihren Geistführerinnen Cassandra und Leona gewonnen. Christinas Geschichte zeigt, wie eng die geistige Welt mit uns zusammenarbeitet, damit wir unsere Lebenspläne nicht nur verwirklichen, sondern auch innerlich daran wachsen und weiser werden können.

Christinas Geschichte – Teil I

Es schien ein Tag wie jeder andere zu sein. Die 21-jährige Christina, die an der Fakultät für Politikwissenschaften am Pomona College in Claremont (Kalifornien) arbeitete, hatte einen ganz normalen Arbeitstag hinter sich und wartete darauf, dass ihr Mann sie abholte. Eigentlich hätte er schon längst da sein sollen; sie fragte sich, wo er wohl steckte. Später sollte sie erfahren, dass er etwas Interessantes gelesen und darüber die Zeit vergessen hatte. (Und in Christinas Sitzung bei Staci Wells erhielten wir dann auch noch die Information, dass diese folgenreiche Verspätung vorherbestimmt gewesen war.)

Um sich die Zeit zu vertreiben, beschloss Christina, die Post aus dem Briefkasten ihres Chefs zu holen. Als sie die Treppen hinunter ins Kellergeschoss ging, sah sie ein Päckchen im Briefkasten stecken. Glücklicherweise streckte Christina von der untersten Treppenstufe aus die Hand nach diesem Päckchen aus, ohne sich direkt vor den Briefkasten zu stellen.

»Es war eine Zeitbombe drin«, erklärte Christina. »Als ich die Bombe berührte, explodierte sie und schleuderte mich gegen eine Zementwand. Riesige Holzteile bohrten sich in die umliegenden Wände und blieben darin stecken wie überdimensionale Schwerter. Ich wurde blind und in meinem ganzen Körper steckten Granatsplitter – in meiner Brust, meinem Kopf, überall. Außerdem verlor ich bei der Detonation zwei Finger und meine beiden Trommelfelle platzten. *Ich hatte furchtbare Schmerzen!* Ein Kollege, der auf den Lärm hin herbeigeeilt kam, fragte mich: ›Wer sind Sie?‹ Ich war so entstellt, dass er mich nicht mehr erkannte.«

Dann kamen noch mehr Leute, die Christina aus den Trümmern zogen und ins Freie trugen. »Draußen regnete es, Wassertropfen kühlten mein Gesicht«, erinnerte sich Christina. Der Kollege, der sie vorher nicht erkannt hatte, übte Druck auf bestimmte Punkte ihres Körpers aus und rettete ihr dadurch wahrscheinlich das Leben. Seine Frau war Krankenschwester und »zufällig« hatte er vor Kurzem ein paar ihrer Bücher über erste Hilfe gelesen, er wusste daher, wo die wichtigsten Druckpunkte liegen. »Ich habe keine Ahnung, warum ich das las«, erzählte er Christina später. »Mir muss wohl langweilig gewesen sein.«

Christina wurde mit dem Rettungswagen in die Notfallaufnahme des nächsten Krankenhauses gebracht, das glücklicherweise erst vor ein paar Tagen ein neues Gerät angeschafft hatte, mit dem man mithilfe eines Magneten Metallsplitter aus Wunden entfernen kann. Die Ärzte hielten den Magnet über Christinas Augen und zogen den Splitter genau im gleichen Winkel heraus, in dem er eingedrungen war, damit er nicht noch mehr Schaden anrichtete.

Dann kamen die schwersten Tage in Christinas Leben. »Ich hatte furchtbare Kopfschmerzen und nahm innerhalb einer Woche über 15 Kilo ab. Mein Gesicht war verkohlt und ich konnte die Augen nicht aufmachen, weil sie so geschwollen waren.«

Insgesamt musste Christina zehn Operationen über sich ergehen lassen, darunter einen schönheitschirurgischen Eingriff an ihrem Gesicht und mehrere Operationen an ihrer Hand. »Eines Tages schlug ich die Augen auf und konnte wieder sehen«, erzählte Christina. »›Sie haben aber ein schönes rotes

Kleid an‹, sagte ich zu der Krankenschwester. Da stiegen allen Anwesenden Freudentränen in die Augen.«

Christina beschloss, ihr Studium abzuschließen. Obwohl ihre Wunden inzwischen recht gut abgeheilt waren, litt sie immer noch unter starken Schmerzen und sah sehr schlecht. Da ihr rechter Arm eingegipst war, musste sie lernen, mit der linken Hand zu schreiben, was sehr ungewohnt für sie war. Als sie ihre Professoren bat, ihr beim schriftlichen Examen mehr Zeit zu geben, erklärten sie ihr, das gehe nicht, weil die anderen Studenten dadurch benachteiligt würden.

»Das hat mich furchtbar wütend gemacht«, gab Christina zu. Aber sie wusste, dass ihr Zorn sich in Wirklichkeit gar nicht so sehr gegen ihre Professoren, sondern vielmehr gegen den Unfall und den Menschen richtete, der die Bombe in den Briefkasten gesteckt hatte.

Doch eines Tages trat wieder eine drastische Veränderung in ihrem Leben ein – diesmal durch ein Ereignis aus der nichtphysischen Dimension. »Als ich wieder einmal auf dem Universitätsgelände unterwegs war und Schuldgefühle hatte – so als hätte *ich* den Unfall verursacht –, hörte ich plötzlich eine Botschaft [aus der Geisterwelt]. Man sagte mir, dass ich trotz meiner körperlichen Behinderungen immer noch genauso wertvoll sei wie alle anderen Menschen. In Wirklichkeit habe sich durch meinen Unfall gar nichts geändert, denn ich wisse alles, was ich wissen müsse. *Da fiel mir ein Stein vom Herzen!* Plötzlich konnte ich mir selbst und dem Bombenleger verzeihen. In den ersten Sekunden nach diesem Erlebnis konnte ich mich gar nicht bewegen. Dann breitete sich ein ungeheures Hochgefühl in meinem Inneren aus. Mir wurde klar, dass es keinen Grund gibt, andere Menschen zu verurteilen; ich konnte alles, was geschehen war, aus einer völlig neutralen Perspektive betrachten. Diese Fähigkeit zur Vergebung war der wichtigste Schritt auf meinem Entwicklungsweg. Ich hörte auf, mich als Opfer zu fühlen.«

Die Rührung in Christinas Stimme verriet mir, wie sehr sie diese Erfahrung überwältigt hatte. Manchmal erleben wir die größte Offenbarung unseres Lebens in einer ganz normalen Alltagssituation. Doch obwohl solche Augenblicke ein tiefes Wissen mit sich bringen, liegt ihre größte Wirkung in den Gefühlen, die sie in uns wecken. Diese Gefühle, die man mit Worten nicht beschreiben kann, schlagen eine Brücke zwischen der diesseitigen und der jenseitigen Welt. Wer einmal eine solche Erfahrung gemacht hat, wird nie wieder derselbe Mensch sein wie vorher.

Die Geisterwelt hatte Christina gezeigt, was Neutralität bedeutet – jene völlige Wertfreiheit, mit der weise nicht-physische Wesen alle unsere Erfahrungen betrachten. Die Persönlichkeit hält schwierige Lebenssituationen oft für etwas »Schlimmes«, weil sie Leid zu erzeugen scheinen. Doch aus der Sicht der Seele sind solche Situationen etwas völlig Neutrales. Und in Wirklichkeit entsteht unser Leid auch nicht durch solche Erlebnisse, sondern erst dadurch, dass wir sie negativ beurteilen. In jenem Augenblick der Offenbarung auf dem Universitätsgelände erlebte Christina diese Perspektive der Neutralität und begriff, was es bedeutet, das Leben aus einer völlig wertfreien Perspektive zu betrachten. Durch diese Erkenntnis lösten sich ihr Zorn und ihre Schuldgefühle in nichts auf.

Ich bat Christina, mir mehr darüber zu erzählen, wie sie sich emotional von dem Schock ihres Unfalls erholt hatte. Hatte sie vielleicht auch noch andere heilsame Botschaften aus der Geisterwelt empfangen?

»Ich habe sämtliche Stadien durchlaufen, die Elisabeth Kübler-Ross in ihren Büchern über sterbende Menschen beschreibt. Zunächst empfand ich Zorn und Schuldgefühle. Dann versuchte ich mit dem Schicksal zu ›handeln‹. Erst als mir klar wurde, dass es sich bei diesem Unfall um eine Vereinbarung handelte, die ich [schon vor meiner Geburt] getroffen hatte, wurde ich innerlich ruhig. Denn da wusste ich, dass ich nicht mehr zu kämpfen brauchte.«

»Du kommunizierst also mit der geistigen Welt. Ist es dir denn durch diese Gespräche gelungen, dir einen Reim auf dein schweres Schicksal zu machen?«

»Ja, aber nicht nur dadurch. Manche Erkenntnisse gewinne ich auch aus Büchern. Manchmal gehe ich in eine esoterische Buchhandlung, ziehe ein Buch aus dem Regal, schlage es irgendwo auf und finde eine Botschaft, die für mich wichtig ist. Außerdem habe ich zwei Geistführerinnen, Cassandra und Leona, die mir Informationen geben und mich in schwierigen Situationen beschützen. Und wenn ich etwas Besonderes vorhabe, kommuniziere ich vorher mit dem Erzengel Michael.«

Von den vielen Menschen, die ich für dieses Buch interviewte, hatten die meisten vorher noch nicht gewusst, dass wir unser Leben und unsere Probleme schon vor unserer Geburt vorausplanen. Wenn diese Menschen an die Realität der vorgeburtlichen Lebensplanung geglaubt hätten, dann hätten sie den sinnlosen Kampf gegen ihr Schicksal wahrscheinlich schon viel eher aufgegeben, so wie Christina es getan hat. Unsere Gesellschaft stempelt es normalerweise als Schwäche und Kapitulation ab, wenn ein Mensch sich in sein Schicksal ergibt; man wird immer wieder dazu angespornt, niemals aufzugeben. Und doch ist mir bei meinen Gesprächen mit Menschen, die etwas Schweres durchgemacht hatten, klar geworden, dass Leid durch Widerstand nur noch intensiver wird; erst wenn man es akzeptiert, löst es sich in nichts auf. Deshalb betrachte ich es mittlerweile als den besten Weg zu wahrer innerer Macht, sein Schicksal anzunehmen.

»Die geistige Welt hat mir auch die Erkenntnis vermittelt, dass durch Leiden eine Art energetisches Gleichgewicht entsteht«, fuhr Christina fort. »Wenn ein Mensch leidet, setzt er Energie frei, die andere Menschen nutzen können, um in ihrer Entwicklung weiterzukommen. Das erschien mit plausibel. Deshalb versuche ich mich jetzt einfach immer mehr weiterzuentwickeln.«

Ich fragte Christina, ob sie jemals erfahren habe, wer der Attentäter war.

»Nein«, antwortete sie. »Vor Jahren habe ich einmal gedacht: ›Ich wünschte, ich könnte mit diesem Bombenleger Kontakt aufnehmen, um ihm zu sagen, dass ich ihm schon lange verziehen habe.‹ Schließlich hatte ich vor meiner Geburt mit diesem Menschen vereinbart, dass ich durch seine Bombe verletzt werden würde.

Während einer meiner Augenoperationen hörte ich eine innere Stimme. Sie sagte: ›Jetzt verstehe ich endlich, worum es in der Relativitätstheorie geht. Es geschieht alles gleichzeitig und doch zu verschiedenen Zeitpunkten.‹ Da begriff ich: Wenn alle Dinge gleichzeitig passieren, brauche ich niemandem etwas zu verzeihen, denn dann habe ich das Ganze ja eigentlich schon hinter mir.«

»Würdest du sagen, dass die Seele des Attentäters dir mit diesem Bombenanschlag einen Dienst erwiesen hat?«

»Ja. Es war ein Geschenk für mich«, antwortete Christina ohne zu zögern.

»Bist du ihm tatsächlich dankbar dafür?«

»Ja. Sehr dankbar.«

Diese Haltung der Dankbarkeit und Vergebung beeindruckte mich am allermeisten. Christina hatte es tatsächlich geschafft, einem Menschen, der in ihr jahrelange körperliche und seelische Schmerzen ausgelöst hatte, das alles zu verzeihen. Viele Menschen hätten in ihrer Situation Zorn und Bitterkeit empfunden und sich damit ihr Leben vergiftet. Doch Christina hatte dem Mann seine Tat vergeben und dadurch inneren Frieden gefunden – und das schon *vor langer Zeit*. Das heißt, sie hatte nicht erst im Lauf von Jahrzehnten, in denen ihre physischen Wunden allmählich verheilten, zu dieser inneren Größe gefunden, sondern bereits auf dem Operationstisch enorme Fortschritte auf ihrem inneren Weg zur Vergebung gemacht. Dass man einem Menschen unter so schwierigen Umständen verzeihen kann, kommt selten vor; und dass man auch noch dankbar für die Erfahrung ist, die man dadurch gewonnen hat, ist noch seltener.

Um besser verstehen zu können, wie es zu diesem intensiven inneren Heilungsprozess gekommen war, bat ich Christina, ihre Geistführerin Cassandra zu channeln. Wenn Sie das nun folgende Gespräch lesen, denken Sie bitte daran, dass auch Sie erleuchtete Geistführer haben, die auf die gleiche Art und Weise mit Ihnen zusammenarbeiten wie Cassandra mit Christina. Nur weil Christina die Gabe der Hellhörigkeit besitzt, ist es nicht ihr besonderes Privileg, mit der geistigen Welt in Kontakt zu treten. Die nicht-physischen Wesen aus der Geisterwelt überschütten uns alle mit ihrer Liebe und Weisheit – egal, ob uns bewusst ist, woher diese Botschaften kommen. Sie vermitteln den Menschen ihre Ratschläge in Form von Gefühlen, Intuitionen, inneren Bildern, Wünschen und Sehnsüchten. Wir brauchen nur auf diese Impulse zu hören, indem wir den pausenlosen inneren Dialog unserer Gedanken zum Schweigen bringen und einfach an unsere Fähigkeit glauben, Botschaften aus der geistigen Welt zu empfangen.

Christinas Channeling-Sitzung mit Cassandra

»Warum hat Christina schon vor ihrer Geburt geplant, diesem Bombenattentat zum Opfer zu fallen?«, fragte ich Cassandra.

»Weil sie der Welt Hoffnung bringen wollte«, antwortete Cassandra. »Das war ihre wichtigste Mission. Durch so einen Unfall versteht man, dass unser menschlicher Körper nur eine äußere Schale ist, dass man immer wieder auf die Welt kommt und die Möglichkeit hat, alle diese Leben in Würde und einem Zustand des inneren Friedens zu führen.«

»Aber Christina hätte doch auch irgendeine andere schwierige Lebenssituation wählen können, um diese Ziele zu erreichen. Warum musste es ausgerechnet eine Bombe sein?«

»Weil nur dieses Ereignis dramatisch genug war, um die Aufmerksamkeit vieler Menschen zu wecken.«

»Und warum hat der Bombenleger sich zu seiner Tat entschlossen?«, fragte ich. »Hat er Christina und der Welt damit einen Dienst geleistet?«

»Ja. Gott hat diese Person als Werkzeug benutzt, um möglichst vielen Menschen die Augen zu öffnen.«

»Wird dieser Bombenleger seine Tat bedauern oder bereuen, wenn er eines Tages stirbt und wieder in die Geisterwelt zurückkehrt?«

»Sie wird ihm bei der Rückschau auf sein Leben vorgeführt werden; aber bereuen wird er sie nicht.«

»Wird er vielleicht sogar stolz darauf sein, seine Rolle so gut gespielt zu haben?«

»Auch nicht. Er wird eher eine neutrale Einstellung dazu haben.«

»Hat dieses Bombenattentat denn auch noch einen anderen Zweck erfüllt?«

»Oh ja«, erwiderte Cassandra. »Es hat einen unbewussten

Denkprozess in einer ganzen Gruppe von Menschen in Gang gesetzt und viele Seelen zum Nachdenken darüber angeregt, was sie hier auf der Erde manchmal anrichten.«

Mit diesen Worten wies Cassandra uns auf den wichtigen Unterschied zwischen individuellem und kollektivem Bewusstsein hin. Auf der Erde stehen alle Individuen unter dem energetischen Einfluss eines Gruppenbewusstseins. In unserem jetzigen Entwicklungsstadium liegen diesem Bewusstsein hauptsächlich Angstgefühle zugrunde: Angst vor dem Tod, vor Verletzungen, vor finanziellen Krisen und so weiter. Diese Energie beeinflusst unsere Gedanken und Gefühle. Doch da die meisten Menschen sich nicht über die Macht dieses kollektiven Bewusstseins im Klaren sind, halten sie all das für ihre eigenen Ängste.

Trotzdem war mir immer noch nicht klar, wie dieses Attentat die Seele des Bombenlegers in ihrer Entwicklung weitergebracht haben könnte. »Was lernt die Seele des Mannes, der die Bombe in den Briefkasten gesteckt hat, denn daraus?«, fragte ich Cassandra.

»Diese Seele erlangt dadurch eine sehr tiefe Einsicht, deren Schwingung sich über all ihre feinstofflichen Körper ausbreitet.« Die feinstofflichen Körper sind die für die meisten unsichtbaren Energieschichten, die unseren physischen Körper umgeben. Zusammen bilden sie die Aura eines Menschen. »Mithilfe dieser Schwingung kann er sich das, was er damals vielleicht aus Hass getan hat, vergeben und innerlich frei werden. Das kann seiner Seelenfamilie und allen Menschen auf der Erdebene zu einer tiefen Einsicht verhelfen.«

Cassandras Antwort erinnerte mich an die Aussage des Engels in Kapitel 2 dieses Buches: dass Jon Elmore mit seinem inneren Heilungsprozess gleichzeitig seine ganze Seelenfamilie heilen könne. Jons Aufgabe war es gewesen, sich von seinem

Gefühl der Scham und Schande zu heilen. Der Bombenleger dagegen schien sich von seinem Hass heilen zu müssen, der ihn zu diesem Attentat getrieben hatte. Wenn dieser Mann es schafft, sich selbst zu verzeihen und seine Energie des Hasses dadurch in eine positive, heilsame Energie zu verwandeln, durchlaufen alle Seelen aus seiner Seelenfamilie einen energetischen Heilungsprozess und gelangen zu einem tieferen Verständnis der Emotion des Hasses. Auf der Erdebene erleichtert es dieser innere Heilungsprozess des Bombenlegers allen Menschen, den Hass in ihrem Herzen zu überwinden und sich ihre Taten zu verzeihen. So stark ist die energetische Wirkung, die wir auf andere Menschen ausüben: Wenn eine Person eine höhere Schwingungsfrequenz erreicht, steigen dadurch auch alle anderen auf ihrer spirituellen Entwicklungsleiter ein Stückchen weiter nach oben.

»Und wie werden die anderen Seelen auf seine Tat reagieren, wenn er wieder in die nicht-physische Dimension zurückkehrt?«, fragte ich.

»In der geistigen Welt werden alle Ereignisse aus einer neutralen Perspektive betrachtet«, erklärte Cassandra. »Alle werden sich darüber im Klaren sein, dass diese Seele lediglich einen göttlichen Plan ausgeführt hat.«

»Dann entsteht durch die Tat dieses Mannes also kein negatives Karma, weil sie schon vor seiner Geburt geplant und als Dienst an der Menschheit gedacht war?«

»Richtig.«

»Könnte es vielleicht sogar sein, dass Christinas Seele und die Seele des Bombenlegers in der geistigen Welt in Liebe miteinander verbunden sind?«

»Ja, das sind sie.«

»Hatten die beiden auch schon in früheren Existenzen miteinander zu tun?«

»Ja. Damals haben sie sich auf andere Weise bemüht, das Bewusstsein der Erde auf eine höhere Stufe emporzuheben. Zum Beispiel haben sie gemeinsam andere Menschen geheilt.«

»Wenn ich es richtig verstanden habe«, sagte ich, »kann eine Seele ja völlig frei entscheiden, wann und wo sie inkarnieren möchte.«

»Richtig.«

»Warum sind Christina und der Bombenleger dann ausgerechnet in unserer heutigen Zeit und in den Vereinigten Staaten zur Welt gekommen?«

»Das hat etwas mit dem Thema Bewusstheit zu tun«, erklärte Cassandra. »Christina war sich über die politische Situation, die zurzeit auf der Erde herrscht, nicht im Klaren. Sie führte ihr Leben zwar so wie geplant, traf aber keine bewussten Entscheidungen. Ihr Bruder kämpfte damals noch in Vietnam; doch Christina begriff erst, was er dort durchgemacht hat, nachdem er wieder zurückgekehrt war und sie diesen Unfall erlitten hatte.«

»Also hat Christina ihre Erfahrung vorausgeplant, um innerlich zu erwachen und ein bewussteres Leben führen zu können?«

»Richtig.«

»Hätte es auch schon an einem früheren Zeitpunkt ihres Lebens zu dieser Bewusstwerdung kommen können, sodass ihr der Unfall dann vielleicht erspart geblieben wäre?«

»Nein. Diese Bewusstseinsstufe konnte sie auf keine andere Weise erreichen.«

»Ich beobachte immer wieder, dass die Seele zunächst versucht, die Persönlichkeit auf sehr sanfte, subtile Weise auf ein Problem aufmerksam zu machen. Erst wenn die Persönlichkeit diese kleinen Signale ignoriert, werden die Hinweise deutlicher – und irgendwann tritt vielleicht ein einschneidendes Ereignis wie beispielsweise ein Bombenattentat ein. Doch in diesem Fall scheint es eher umgekehrt gewesen zu sein: Christinas Seele bediente sich keiner subtilen Signale, sondern griff gleich zu einem so drastischen Mittel wie einer Bombenexplosion. Warum?«

»Weil dieses Bombenattentat dem höheren Zweck diente, auch andere Menschen aufzuwecken, ihnen ein höheres Bewusstsein und ein Gefühl der Hoffnung zu vermitteln.«

»Stand dieses Ereignis im vorgeburtlichen Lebensplan der beiden Seelen von vornherein fest, oder hätte die Sache auch anders ausgehen können?«

»Es hätte auch anders kommen können. Die Persönlichkeit hat immer die freie Wahl. Beide Seelen hätten also auch eine andere Entscheidung fällen können. Jeder Mensch kann etwas an den Lernaufgaben, für die er sich vor seiner Geburt entschieden hat, ändern, indem er seine Schwingungsfrequenz erhöht, lernt, Mitgefühl zu haben, und alle seine Mitmenschen so behandelt wie den Messias. Wer sich in seinem Leben stets für diesen höheren Weg entscheidet, kann sich dorthin begeben, wo die Akasha-Chronik aufbewahrt wird, in der alle seine Inkarnationen verzeichnet sind. Er kann sich Zugang zu seinem Lebensplan verschaffen und diesen Plan durch liebevolle Gedanken und Wünsche, mit denen er sich in eine Gedankenform des Dienstes an der Menschheit bringt, verändern.«

Mit dem Wort *Gedankenform* spielte Cassandra darauf an, dass Gedanken Energie sind. Wenn uns ein Gedanke zum allerersten Mal kommt, ist er reine Energie in noch nicht physischer Form. Doch wenn wir ihn oft genug denken oder mit genügend Emotionen aufladen, manifestiert er sich irgendwann in der physischen Dimension. Deshalb kann man durch negative Gedanken beispielsweise auch eine physische Erkrankung erzeugen.

»Du musst den Geistführer, der deine Akte in der Akasha-Chronik verwaltet, einfach nur bitten, diese Akte in ihrer jetzigen Form zu materialisieren. Als Nächstes stellst du dir im Zustand der Meditation die Veränderungen vor, die du geplant hast, um zu einer höheren Bewusstseinsstufe aufzusteigen. Vielleicht ist dir gar nicht immer bewusst, wie diese Veränderungen aussehen könnten, aber keine Sorge: Die Geistführer und Engelwesen, die dich betreuen, zeichnen die flüchtigen Augenblicke der Schönheit, die in deinem Herzen aufflackern, immer sofort auf. Bitte sie, diese inneren Lichtblicke in dein göttliches Bewusstsein hineinfließen zu lassen, wenn du deine Akte in der Akasha-Chronik aufschlägst.

In eurem jetzigen Zeitalter steigt die Erde jeden Tag auf eine etwas höhere Schwingungsfrequenz empor. Dadurch erhalten immer mehr Seelen die Chance, höhere Gedankenformen zu leben. Bald wird es gar keinen Platz mehr für Menschen geben, die ihr Leben nicht in den Dienst des Wohls der Allgemeinheit stellen. Wenn du dich entschlossen hast, allen Wesen, denen du auf deinem Weg begegnest, Liebe, Frieden und Licht zu bringen, passen die Lernaufgaben, für die du dich vor deiner Geburt entschieden hast, möglicherweise nicht mehr zu dir. Vielleicht siehst du dann in allen Geschöpfen nur noch das Beste und bewirkst dadurch positive Veränderungen in deinem Leben, die nicht nur dir, sondern der ganzen Menschheit zugutekommen.

Lebenskrisen dienen lediglich dazu, einer Seele Hindernisse in den Weg zu legen, damit sie gezwungen ist, ihr Tempo zu verlangsamen und die Schönheit zu sehen, die um sie herum existiert. Je langsamer ihr euch auf der Erde bewegt, umso höher ist eure Schwingungsfrequenz. Schmerzen und Leiden sind nur Mittel zum Zweck, um einen solchen Zustand zu erreichen. Manche Seelen entscheiden sich sogar, die

Schmerzen anderer Menschen auf sich zu nehmen und diesen dadurch ein schmerzfreies, genussvolles irdisches Leben zu ermöglichen. Das ist eines der höchsten Opfer, die man einem anderen Menschen bringen kann. Niemandem wird ein schwereres Schicksal aufgebürdet, als er verkraften kann; doch manche Seelen beschließen, sich in einer bestimmten Inkarnation besonders schnell weiterzuentwickeln. Irdischer Schmerz und irdisches Leiden verwandeln euch zwar nicht unbedingt auf physischer Ebene; doch die Gedankenform derjenigen, die ihren Mitmenschen ein solches Opfer bringen, kann dadurch eine positivere Schwingung annehmen. Daher sind die Menschen, die auf der Erde mit den größten Schwierigkeiten zu kämpfen haben, in Wirklichkeit Helden und Heldinnen, die euch zeigen, wie man über die Erdebene hinauswächst.«

Bisher hatte ich im Rahmen meiner Recherchen noch nicht viel darüber erfahren, wie Seelen ihre Lebenspläne nach der Geburt ändern können; doch Cassandras Erklärung leuchtete mir intuitiv ein. Da wir schwierige Lebenssituationen ja vorausplanen, um unser wahres Wesen – Liebe – in all ihren verschiedenen Formen kennenzulernen, erübrigen sich solche Schwierigkeiten, sobald wir zu der geplanten Selbsterkenntnis gelangt sind. Christina hatte diese höhere Bewusstseinsstufe allerdings nicht vor ihrem Unfall erreichen können, weil sie sich vor ihrer Geburt dazu verpflichtet hatte, einem Attentat zum Opfer zu fallen, um andere Menschen dadurch in ihrer Entwicklung weiterzubringen. Zwar hätte sie es sich nachträglich auch noch anders überlegen können; doch eine solche Entscheidung hätte nicht zu ihrem Wunsch gepasst, der Menschheit zu dienen. Mir wäre es weitaus plausibler erschienen, wenn der Bombenleger aus irgendeinem Grund seine Entscheidung geändert hätte.

»Wenn der Mensch, der die Bombe in den Briefkasten gesteckt hat, es sich anders überlegt hätte – was wäre denn dann stattdessen in Christinas Leben passiert, um sie innerlich erwachen zu lassen?«, fragte ich Cassandra. »Gab es irgendwelche Alternativpläne?«

»Ja«, antwortete Cassandra. »Dann wäre es zu einschneidenden Ereignissen innerhalb ihrer Familie gekommen.«

Da Christina ja das Bewusstsein der Erdebene auf eine höhere Stufe anheben wollte, hatte sie womöglich auch schon vor ihrer Geburt mit mir vereinbart, mir als Beitrag zu diesem Buch ihre Lebensgeschichte zu erzählen. Denn ein Buch ist mit Sicherheit eine sehr gute Methode, diese Botschaft der Hoffnung an eine möglichst breite Öffentlichkeit zu bringen. Ich fragte Cassandra danach, und sie bejahte. Obwohl ich eigentlich mit dieser Antwort gerechnet hatte, war ich dennoch wie elektrisiert. Also hatte ich Christina schon vor meiner Geburt gekannt! Und nicht nur das – wir hatten sogar geplant, einander genau zu diesem Zeitpunkt in unserem Leben über den Weg zu laufen.

»Haben Christina und ich denn auch schon in anderen Inkarnationen zusammengearbeitet?«

»Ja, ihr hattet auch früher schon Kontakt miteinander.«

»Und woher wussten wir so genau, dass wir uns in diesem Leben wiederfinden würden?«

»Das Leben ist ein Bewusstseinsmeer. Eure Schwingungsmuster haben euch zueinandergeführt. Ihr gehört zur selben Seelenfamilie.« Diese Information verblüffte mich zwar, erschien mir aber dennoch plausibel; schließlich bestanden gewisse Parallelen zwischen Christinas Lebensaufgabe und der Arbeit, der ich mich mit diesem Buch widmete. Ich freute mich, eine verwandte Seele gefunden zu haben.

»Einige Leute, die Christinas Geschichte lesen werden, haben wahrscheinlich selbst schon einmal einen Unfall gehabt. Welche Botschaft möchtest du diesen Menschen mit auf den Weg geben?«

»Die Depressionen, der Zorn, die Frage ›Warum ausgerechnet ich?‹, der lange Weg, bis man sein Schicksal schließlich akzeptiert hat – all das gehört zu der Lernaufgabe, die ihr bewältigen müsst, um eine höhere Bewusstseinsstufe zu erreichen. Das ist ein sehr schöner Entwicklungsprozess; und es ist wichtig, dass ihr euch all eure negativen Emotionen auf diesem Weg verzeiht, damit ihr eine höchste Bewusstseinsebene erreichen könnt. Denn erst dann könnt ihr diese Erkenntnis, dieses Mitgefühl und diese innere Schönheit anderen Menschen vermitteln, die gerade das Gleiche durchmachen.«

Christinas Geschichte – Teil II

Mit Cassandras weiser Hilfe hatte ich nicht nur begriffen, warum es zu dieser Bombenexplosion kommen musste, sondern auch Christinas emotionalen Heilungsprozess nachvollziehen können. Christina hatte diesen Unfall geplant, um sich selbst heilen und dabei gleichzeitig auch andere Menschen auf ihrem Heilungsweg weiterbringen zu können. Der Schlüssel zu ihrer Heilung war die Fähigkeit gewesen, anderen Menschen zu verzeihen, und das fiel ihr umso leichter, als sie begriff, dass sie diesen Unfall selbst vorausgeplant hatte – und zwar als Dienst an der Welt.

Kurz nach ihrem Universitätsabschluss hatte Christina sich vorgenommen, einen heilerischen Beruf zu ergreifen. Zu dieser Zeit hatte sie ein Logopäde, den sie kannte, dazu eingeladen, eine Therapiesitzung mit sprachgestörten Patienten zu beobachten. Das hatte Christina so sehr fasziniert, dass sie begann, sich mit neurologischen Störungen zu beschäftigen und in Krankenhäusern zu arbeiten. Bald wurde ihr klar, dass sie solchen Patienten besser helfen konnte als jeder andere Mensch.

»Natürlich wollten alle wissen, was mit meiner Hand passiert ist«, erzählte Christina. »Und als ich es ihnen erklärte, begriffen sie, dass auch für sie noch Hoffnung besteht. Deshalb hat meine Seele sich vor meiner Geburt bereit erklärt, ein so schreckliches Erlebnis auf sich zu nehmen – weil ich anderen Menschen dadurch Hoffnung geben kann.«

Ich bat Christina, mir von den Patienten zu erzählen, mit denen sie arbeitet. »Diese Menschen leben nach ihrer Verletzung viel bewusster als vorher«, erklärte sie mir. »Sie erkennen ihren Sinn und ihr Ziel im Leben. Sie sagen alle, dass das ein sehr intensiver spiritueller Entwicklungsweg für sie war. Und wenn ich sie frage, ob sie das alles noch einmal auf sich nehmen würden, sagen sie ausnahmslos, ja. Bei den Patienten, mit denen ich arbeite, dauert es oft zwei oder drei, manchmal sogar fünf Jahre, bis sie wieder geheilt sind. In den letzten Stadien unseres inneren Wachstums müssen wir sehr viel Geduld und Ausdauer aufbringen. Das lernen diese Menschen durch ihre Verletzung.

Viele dieser Leute haben sogar schon mehrere Unfälle hinter sich – einen nach dem anderen, wie eine Kettenreaktion. Das gilt vor allem für Autounfälle: Sobald man einen solchen Unfall erlebt hat, steigt das Risiko, noch einen zweiten zu erleiden, steil an. Aber diese Leute verursachen ihre Unfälle nicht selbst [durch leichtsinnige Fahrweise]; meist sind es Auffahrunfälle, an denen sie gar keine Schuld tragen, weil sie von ihrem Hintermann gerammt wurden. Meine Geistführer sagen, dass das etwas mit innerem Wachstum zu tun hat: Wenn man eine Botschaft nicht gleich beim ersten Mal versteht, bekommt man noch eine zweite Chance.«

»Haben dir deine Geistführer auch erklärt, warum diese Seelen ihre Unfälle schon vor der Geburt geplant haben? Wollten sie außer Geduld und Ausdauer auch noch etwas anderes daraus lernen?«

»Manchmal geht es um die Fähigkeit, sich selbst zu lieben«, erwiderte Christina. »Manche Menschen, die vorher nicht sehr bewusst gelebt haben und bei denen immer alles schnell gehen musste, lernen diese Fähigkeit der Selbstliebe erst dann, wenn sie gezwungen werden, das Leben etwas langsamer anzugehen. Manche Lektionen sind aber auch für die Menschen in ihrer Umgebung bestimmt. Das heißt, eine Seele erklärt sich bereit, einen Unfall oder eine Verletzung auf sich zu nehmen, um ihren Mitmenschen dadurch bestimmte Einsichten zu vermitteln. Sie lernen dadurch, dass Behinderte genauso liebenswert sind wie alle anderen Menschen, und begreifen, dass auch Dinge, die auf der Erdebene unsichtbar sind [wie beispielsweise eine Gehirnverletzung], trotzdem existieren.

Eine meiner Aufgaben besteht darin, diesen Patienten die Erkenntnis zu vermitteln, dass sie selbst mit ihrer Behinderung einverstanden waren. Dieses Wissen wirkt sehr beruhigend auf sie. Sobald ihnen klar wird, dass sie diese Vereinbarung getroffen haben, um bestimmte Lektionen zu lernen, machen sie in ihrer Entwicklung einen großen Schritt vorwärts.«

»Was würdest du einem Menschen empfehlen, der große physische Schmerzen aushalten muss?«

»Geh auf deinen Schmerz zu und nimm ihn an, statt ihm auszuweichen. Sobald du das tust, lässt er so weit nach, dass du ihn aushalten kannst.«

Das erinnerte mich an meine Gespräche mit Menschen, die schwere Unfälle erlitten haben. Zusätzlich zu ihren Schmerzen mussten diese Leute auch noch tief greifende Veränderungen in ihrem Beziehungsleben verkraften.

»Wie haben sich deine zwischenmenschlichen Beziehungen nach diesem Unfall verändert?«, fragte ich.

»Einige meiner besten Freunde haben sich zurückgezogen«, antwortete Christina ruhig. »Durch so einen Unfall wird den Menschen klar, dass das Leben etwas sehr Zerbrechliches ist. Wenn jemandem, den sie kennen, so etwas passieren konnte, dann kann es auch ihnen passieren – und davor haben sie Angst. Doch die Leute, die für dich und dein Leben wichtig sind, werden dableiben. Manchmal ist es einem Menschen auch vorherbestimmt, diesen Weg allein zu gehen, und er braucht gar nicht viel Hilfe von außen – auch wenn er das vielleicht nicht glaubt. Menschen, die sich einbilden, auf fremde Hilfe angewiesen zu sein, und sich in dieses Selbstmitleid hineinsteigern, werden zum Opfer ihres eigenen Schicksals. Doch wenn man in sich hineinschaut, sieht man, dass der Weg, der vor einem liegt, stets hell erleuchtet ist – egal, ob man ihn allein oder zusammen mit anderen Leuten geht. Man braucht [die geistige Welt] nur um Hilfe zu bitten.«

Eine der größten Veränderungen erlebte Christina in ihrer Beziehung zu ihrem Mann. »Er hat sich besonders liebevoll um mich gekümmert«, erinnerte sich Christina, »und mich unterstützt und umsorgt wie ein Vater, denn er hat sich die Schuld an dem Unglück gegeben – weil er damals zu spät gekommen ist.«

Trotz ihrer jahrelangen physischen und seelischen Schmerzen hat Christina dem Bombenleger sein Attentat vergeben. Ich fragte sie, ob sie anderen Schicksalsgenossen, denen das Verzeihen nicht so leichtfällt wie ihr, vielleicht noch eine weitere weise Botschaft mit auf den Weg zu geben habe.

»Segnet den Menschen, der euch das angetan hat, bittet darum, dass ihm seine Tat vergeben werden möge – und dann lasst einfach los. Überlasst ihn einem Bewusstsein, das höher ist als eures«, empfahl Christina. »Das ist das Beste, was ihr tun könnt. Denn an negativen Gefühlen festzuhalten, kostet nur Energie, die ihr dazu nutzen könntet, der Welt etwas Gutes zu tun.«

»Und wie bist du dazu gekommen, dem Täter nicht nur zu verzeihen, sondern ihm auch noch dankbar zu sein?«

»Solche Gefühle entfalten sich Schicht für Schicht, sie schälen sich hervor wie das Innere einer Zwiebel. Zunächst war ich dankbar dafür, überhaupt noch am Leben zu sein. Dann war ich dankbar, als meine Schmerzen nachzulassen begannen. Ich war dankbar, wenn ich nur eine halbe Minute lang einmal keinen Schmerz spürte. Irgendwann kommt der Augenblick, wo man es auf der dunklen Seite nicht mehr aushält. Dann entscheidet man sich ganz von selbst, ins Licht hineinzugehen.«

Christinas Sitzung bei Staci Wells

Als Nächstes sprachen Christina und ich mit Staci Wells, um noch mehr Informationen über Christinas vorgeburtlichen Lebensplan zu erhalten.

»Als ich mich auf das Jahr ihres Unfalls zu konzentrieren begann«, berichtete Staci, »hörte ich den Satz: ›Das war das Jahr, in dem ihr Karma sich erfüllt hat.‹ Dieser Unfall war kein Unfall. Er war bereits vor ihrer Geburt geplant.«

»Richtig«, bestätigte Christina.

Wir warteten gespannt, während Stacis Geistführer ihr Informationen über Christinas vorgeburtliches Lebensplanungsgespräch gab.

»Ich sehe dich inmitten deiner Seelenfamilie im Planungsraum stehen, Christina. Es gibt einen größeren Raum, in dem sich die Mitglieder der Seelengruppe versammeln, und einen kleineren, wo sich die Geistführer aufhalten. Du trägst ein elfenbeinfarbenes Gewand – sehr schlicht, fließend, natürlich – und verkündest, dass du helfen möchtest, die Welt zu heilen.

In diesem vorgeburtlichen Planungsgespräch ist sehr viel von innerem Wachstum die Rede. Du arbeitest in deiner jetzigen Inkarnation weiter an bestimmten spirituellen Fähigkeiten, die du bereits zur Zeit der Kreuzzüge besaßest. Damals warst du eine sehr intelligente, wortgewandte Frau, die hinter den Kulissen für den Schutz verfolgter Soldaten sorgte. Du hast diese Männer bei dir aufgenommen, versorgt und verpflegt und ihnen sichere Fluchtwege gezeigt. Als deine Freunde im Gefängnis saßen, hast du sie durch die Gitterstäbe hindurch mit Nahrung und Kleidung versorgt. Du hast alles getan, um deinen Mitmenschen zu helfen. Du selbst bist in jenem Leben zwar nicht in Gefangenschaft geraten; doch viele deiner Freunde landeten im Gefängnis. Das Bedürfnis, anderen Menschen in spiritueller und praktischer Hinsicht beizustehen, ist ein karmisches Thema, das in deinem Leben auch heute noch eine wichtige Rolle spielt.

Dich fasziniert vor allem das menschliche Denken. Ich sehe dich mit einem Geistführer und drei Mitgliedern deiner Seelenfamilie darüber diskutieren, dass du dich in deiner jetzigen Inkarnation damit beschäftigen möchtest, wie sich bestimmte körperliche Funktionsstörungen auf das Denken der Menschen auswirken. Du willst diesen Menschen helfen, einen besseren Gebrauch von ihrem Gehirn zu machen.

Jetzt zeigt mein Geistführer mir ein Gespräch, in dem es um deinen Unfall geht. Ich sehe dich mit der Seele sprechen, die dieses Attentat begehen wird, und höre, wie du dich mit deiner Rolle in dem bevorstehenden Geschehen einverstanden erklärst.«

Christina: Durch diesen Unfall werde ich mich innerlich für neue Möglichkeiten öffnen. Er wird mich auf unbewusster Ebene daran erinnern, dass es an der Zeit ist, wieder auf den Weg zurückzukehren, den ich gehen möchte. Ich brauche einen solchen Weckruf, um meinen Kurs zu ändern und das eigentliche Ziel meines Lebens zu entdecken.

»Es ist, als würde ein Loch in eine Wand geschlagen, durch das du gehen kannst, um in deine nächste Lebensphase einzutreten«, stimmte Staci hinzu. »Deine Gedankenkraft wird dir bei der Genesung von diesen Verletzungen eine sehr große Hilfe sein. Durch deine Gedanken wirst du dich nicht nur auf physischer, sondern auch auf geistiger und emotionaler Ebene von allem heilen können, was dir widerfahren ist. Und die Gedanken werden dir auch helfen, die nötige Willenskraft dazu aufzubringen.

Du hättest sehr leicht einen anderen Weg gehen, zum Beispiel ganz in der Sorge für deine Familie aufgehen und deine eigenen Bedürfnisse zurückstellen können, wenn dieser Unfall nicht passiert wäre. Du hast viel Energie und eine starke, aktive Seele. So hast du diesem Lebensplan begeistert zugestimmt und gesagt, dass du den Unfall schon verkraften würdest. Auf der Ebene deiner Seele hast du die Sache sogar fast wie einen Scherz abgetan. Einige Mitglieder deiner Seelenfamilie haben gar nichts dazu gesagt, sondern die Szene einfach nur unvoreingenommen beobachtet. Andere staunten oder waren sogar entsetzt darüber, dass du ein so drastisches Ereignis gewählt hast, um deine Richtung zu ändern. Aber du hast nur gelacht und gesagt: ›Ich brauche diese Energie, um etwas an meinem Leben ändern zu können.‹

Jetzt sehe ich dich mit dem Mann sprechen, der die Bombe gebastelt hat. Er ist ein sehr stiller Mensch. Lärm macht er nur mit Bomben. Zumindest auf der Ebene seiner Seele scheint er seltsamerweise sehr mitfühlend zu sein. Dieser Mann hat schon in mehreren Inkarnationen Probleme damit gehabt, sich verbal auszudrücken. Er fühlt sich im Gespräch mit anderen Menschen immer unwohl und große Menschenmengen jagen ihm sogar Angst ein. In einem früheren Leben litt er an Schizophrenie. Trotzdem kann er immer noch Mitgefühl empfinden.

Als du mit ihm über dieses Ereignis sprichst, fällt es ihm schwer, dir in die Augen zu sehen. Er hat so großes Mitgefühl, dass er sich am liebsten verstecken würde. Er möchte seine Arbeit gern inkognito verrichten. Dein Gespräch mit ihm verläuft sehr stockend. Einmal versucht er aufzustehen; doch du hältst ihn zurück. Der Mann macht sich Sorgen darüber, dass es dir nach diesem Unfall sehr schlecht gehen wird. Du benimmst dich fast so, als seist du sein Geistführer. Er gehört zu deiner Seelenfamilie und du hast ihn schon in vielen früheren Inkarnationen mit diesem Problem kämpfen sehen. Ich sehe, wie du ihm die Hand entgegenstreckst.«

Christina: Es ist schon in Ordnung. Mach dir keine Sorgen.

Mann: Ich wollte niemals jemanden umbringen, verletzen, verstümmeln oder sonst irgendwie schädigen. Das war nie meine Absicht. Ich möchte damit nur ein Signal setzen – mir Gehör verschaffen.

Christina: Wir hören dich ja. Und wir sehen dich auch. Wir alle hier sehen und hören dich. Ich werde dir dabei helfen. Ich werde dazu beitragen, dass du dein Ziel erreichst, und dadurch gleichzeitig auch in der Erreichung meiner eigenen Ziele weiterkommen. Verstehst du das nicht?

»Mit den Worten ›Ich werde dir dabei helfen‹ meintest du seine Kommunikationsprobleme. Dieser Mann hat mit schweren Schuldgefühlen zu kämpfen. Er möchte dir nicht wehtun und auch nicht für eine Tat verantwortlich sein, durch die du zu Schaden kommst; doch schon im Stadium eurer vorgeburtlichen Lebensplanung wird deutlich, dass ihr in eine ziemlich verworrene Interaktion verstrickt sein werdet und dass der Mann in seinem bevorstehenden Leben wieder nicht die Kommunikationsebene erreichen wird, nach der er strebt. Er wird wieder eine heimliche Tat im Verborgenen planen, die drastische Auswirkungen auf andere Menschen hat. Alle seine Probleme haben mit Kommunikation zu tun.

Bei dir, Christina, spüre ich, dass du eine große Liebe ausstrahlst. Ich höre, wie du ihn zu beruhigen versuchst. Du möchtest, dass er deinen Standpunkt sieht und erkennt, wie seine Tat der Erreichung deines Ziels dienen wird. Du hältst seine Hand und versuchst ihn davon zu überzeugen, dass sein Attentat nur positive Auswirkungen auf dich haben wird.«

Christina: Es ist alles okay. Ich will das so. Ich werde dir helfen – und dabei gleichzeitig selbst in meiner Entwicklung weiterkommen. Ich werde immer nur das Gute, Lichtvolle sehen. Eine negative Tat muss nicht unbedingt negative Konsequenzen nach sich ziehen. Manchmal ist Negativität auch ein Weg zur Ganzheit. Wir müssen alle einmal irgendwo anfangen.

Jetzt war mir klar, inwiefern dieser Bombenanschlag Christina geholfen hatte, ihre Ziele zu erreichen. Aber ich war mir noch nicht sicher, wie der Bombenleger durch sein Attentat lernen sollte, seine Kommunikationsprobleme zu überwinden.

»Mir ist immer noch nicht klar, was der Mann, der diese Bombe legt, damit erreichen will«, wandte ich mich an Staci.

Da wurde ihr Redefluss plötzlich langsam und stockend. Ihr Geistführer sprach jetzt wieder direkt durch sie: »Diese Seele ist schon seit Jahrtausenden in einem Zyklus gefangen, in dem sie sehr mit sich selbst beschäftigt ist und sich dabei gleichzeitig ständig im Weg steht. Der Mann hat schon in mehreren Inkarnationen zu Gewaltakten geneigt. In einer früheren Existenz gehörte er zur IRA [Irisch-Republikanischen Armee], hat Bomben gebaut und bei der Vorbereitung von Attentaten mitgeholfen. Das war seine Art zu kommunizieren. Es fällt ihm sehr schwer, eine enge emotionale Beziehung zu anderen Menschen einzugehen. Deshalb hat er ein großes Bedürfnis danach, Selbstwertgefühl aufzubauen. Seine jetzige Inkarnation und sein Bombenattentat, dem Christina zum Opfer gefallen ist, sind für ihn die Fortsetzung einer früheren Existenz. Er hat sich immer noch nicht aus diesem Zyklus befreien können.«

Jetzt normalisierte sich Stacis Sprechweise wieder. Sie war in ihren Körper zurückgekehrt und stimmte sich nun erneut auf Christinas vorgeburtliches Planungsgespräch ein. »Die beiden diskutieren darüber, dass der Attentäter diesmal vielleicht erwischt wird – oder dass das Bombenattentat ihn dazu bewegen könnte, Hilfe zu suchen. Wir alle wiederholen mehrere Inkarnationen lang solche selbstzerstörerischen Verhaltensweisen, bis uns irgendwann klar wird, dass sie uns nicht weiterbringen. Erst dann können wir uns weiterentwickeln. Aber es ist ein Unterschied, ob man einfach nur einsieht, dass ein bestimmtes Verhalten einen nicht weiterbringt, oder ob man auch in der Lage ist, es zu korrigieren. Christina bemüht sich sehr darum, ihren Mitmenschen bei dieser Kurskorrektur zu helfen. Deshalb hat sie sich freiwillig als Zielscheibe für einen der gewalttätigen Kommunikationsversuche dieses Mannes zur Verfügung gestellt – in der Hoffnung, dass er sich dadurch ändern wird. Ich höre immer wieder das Wort *Frieden.* Sie hofft, dass er endlich Frieden finden wird.

Ab und zu wurde das Verhalten des Bombenlegers auch honoriert. So war er als Mitglied der IRA beispielsweise sehr anerkannt und gehörte zum innersten Zirkel. Man gab ihm das Gefühl, wichtig zu sein. Und diesen ausgetretenen Pfad ist er nun schon in so vielen Existenzen gegangen, dass es ihm leichter fällt, immer wieder die gleiche Richtung einzuschlagen, als irgendetwas anderes zu tun. Doch irgendwann wird er sich ändern. Christina hatte gehofft, dass er es in diesem Leben schon schaffen würde.«

»Kenne ich diesen Mann?«, fragte Christina.

»Nicht aus deinem jetzigen Leben«, antwortete Staci.

Ich bat Staci um Einblick in das Gespräch zwischen Christina und den drei anderen Seelen, die Staci zu Beginn der Sitzung in dem Planungsraum gesehen hatte. Nach einer langen Pause berichtete Staci: »Eine dieser Seelen war dein Vater, Christina. Die anderen beiden sind [in ihrer jetzigen Inkarnation] weiblichen Geschlechts. Die eine ist eine Frau in mittleren Jahren – deine Mutter; die andere ist jung und hat blonde Haare.« Staci sah diese Seelen in der Gestalt vor sich, die sie in ihrer bevorstehenden Inkarnation annehmen würden. »Deine Mutter und dein Vater machen sich große Sorgen um dein Wohlbefinden. ›Bist du auch wirklich sicher, dass du das auf dich nehmen willst?‹, fragen sie dich.

Christina: Ja, das will ich. Ich kann das verkraften. Ich bin eine sehr starke Seele; das wisst ihr doch. Ich werde mit den größten Herausforderungen fertig.

»Die jüngere Frau«, setzte Staci hinzu, »hast du zwei Jahre vor deinem Unfall gekannt.«

»Vielleicht ist es meine Freundin Alice«, vermutete Christina.

»Ihr hattet nicht geplant, ein Leben lang miteinander befreundet zu sein«, erklärte Staci. Es kommt oft vor, dass zwei Seelen vor der Geburt planen, in ihrer nächsten Inkarnation für eine begrenzte Zeit miteinander befreundet oder verheiratet zu sein. Da wir uns hinterher nicht mehr an diese Abmachung erinnern, empfinden wir das Ende einer Freundschaft oder Ehe vielleicht als negativ. Aber das ist es nicht. Wir trennen uns einfach nur von diesem anderen Menschen, weil sich der Plan, den wir gemeinsam verfolgten, erfüllt hat.

»Ich habe das Gefühl, dass sie vor dem Unfall deine engste Freundin war. Vielleicht habt ihr sogar zusammengewohnt?«

»Stimmt«, bestätigte Christina.

»Auch sie fragt dich: ›Bist du sicher, dass du dir das [diese Explosion] wünschst?‹ Und jetzt sehe ich deinen Mann auf euch zukommen. Bisher hatte er euer Gespräch nur beobachtet. Ich sehe, wie er seine Arme um dich legt.«

Ehemann: Ich werde dir diese schwere Bürde erleichtern. Ich respektiere deine Entscheidung, in deinem kommenden Leben vielen Menschen den Weg zu erhellen. Ich werde dich bei deinem Heilungsprozess unterstützen, so gut ich kann, und dir Kraft geben.

»Er küsst dich auf die Stirn und du umarmst ihn ebenfalls. Zwischen euch beiden herrscht sehr viel Verständnis und gegenseitiger Respekt.«

»Als die Bombe explodierte«, sagte ich, an Staci gewandt, »hätte Christinas Mann, der sie von der Arbeit abholte, eigentlich schon da sein sollen; aber er kam zu spät, weil er so sehr in eine Lektüre vertieft war. Könnte es sein, dass einer von seinen oder Christinas Geistführern dafür gesorgt hat, dass er etwas so Spannendes las und deshalb nicht rechtzeitig kam?«

Staci schwieg ein paar Sekunden. »Das ist richtig«, bestätigte sie dann. »Er war in einem anderen Bewusstseinszustand und hatte die Zeit vollkommen vergessen. Ich sehe eine Geistführerin hinter ihm stehen, die das Ganze koordiniert, damit nichts schiefgeht. Diese Geistführerin habe ich übrigens auch bei Christinas vorgeburtlicher Lebensplanungssitzung gesehen.«

»War es Cassandra oder Leona?«, fragte ich.

»Cassandra«, erwiderte Staci, nachdem sie die Antwort ihres Geistführers gehört hatte.

»Könntest du deinen Geistführer bitten, uns auch noch andere Szenen dieses Planungsgesprächs zu zeigen, in denen es darum geht, wie Christina durch ihre Erfahrung innerlich wachsen und ihre Lebensaufgabe erfüllen wird, der Menschheit zu dienen?«

»Jetzt sehe ich den Beginn der Planungssitzung«, berichtete Staci. »Christina sitzt neben ihrem höchsten Geistführer. Außerdem sehe ich auch wieder das Schachbrett vor mir, das in so vielen früheren Sitzungen eine Rolle gespielt hat. Diesmal ist es aber nicht nur ein Muster auf dem Boden, sondern tatsächlich ein Brett. Ich sehe, wie Christina mit ihrem Geistführer spricht, dabei eine Figur auf dem Schachbrett bewegt und mehrere Felder überspringt.«

Christina: Ich habe [in meinen früheren Inkarnationen] große Entwicklungssprünge gemacht. Das wird auch in diesem Leben wieder so sein. Ich will es so; und ich bin auch in der Lage dazu. Ich möchte etwas bewirken und anderen Menschen helfen – egal, wie meine Lebensumstände sind.

»Die beiden sprechen darüber, wie Christina andere Menschen unterrichten, Vorträge halten und Bücher schreiben wird. Diese Vorschläge kommen von ihren Geistführern. Christina sagt: ›Ich möchte auf praktische Art und Weise mit Menschen arbeiten.‹ Es ist von Christinas hoher Intelligenz und ihrer Fähigkeit die Rede, Menschen, Situationen und Familiendynamiken zu analysieren. Diese Fähigkeiten hat sie in verschiedenen früheren Inkarnationen und auch in der Zeit zwischen ihren Leben aufgebaut. Christina legt eine Hand auf ihr Herz und sagt: ›Ich möchte etwas Sinnvolles tun.‹

Sie spricht über ihre Arbeit zur Zeit der Kreuzzüge und der Französischen Revolution, wo sie sich stets im Hintergrund gehalten, aber vieles bewegt hat. Sie hat Menschen versteckt, sie mit Nahrung versorgt und ihnen zur Flucht verholfen.

Christina: So etwas will ich nicht mehr machen. Ich möchte zwar nach wie vor etwas für andere Menschen tun und ihnen weiterhelfen – aber auf andere Weise.

Geistführer: Du könntest dich zum Beispiel in einem Zeitalter inkarnieren, in dem die Welt sich wieder für die Vorstellung öffnet, dass auch unsichtbare Kräfte eine Heilung bewirken können, statt so etwas als Hexerei abzutun.

»Christina erklärt sich damit einverstanden, in ihrem nächsten Leben einen heilerischen Beruf zu ergreifen. Außerdem will sie ihren Mitmenschen helfen, sich selbst zu entdecken und ihren eigenen Weg zu finden.«

Christina: Ich habe mich im Lauf meiner vielen früheren Inkarnationen so gut kennengelernt. Diese Energie hat mir die Kraft gegeben, zu kämpfen und auch andere Menschen zum Kämpfen anzuspornen. Ich will ihnen helfen, das gleiche Selbstvertrauen und das gleiche Maß an Selbstbestimmtheit zu erreichen wie ich.

»Es ist aber auch davon die Rede, dass Christina diesen Prozess erst einmal für sich selbst entdecken musste, bis sie ihn anderen zu vermitteln lernte«, berichtete Staci. »Warst du nach deinem Unfall eigentlich eine Zeit lang bewusstlos, Christina?«

»Ja. Ich habe immer wieder das Bewusstsein verloren.«

»Ich sehe nämlich gerade, dass Geistführer und Mitglieder deiner Seelenfamilie schon in dieser Planungssitzung beschlossen, während dieser Zeit der Bewusstlosigkeit mit dir zu arbeiten. Sie wollten versuchen, dich auf der Ebene deiner Seele an den Sinn und Zweck dieses Unfalls zu erinnern. Und sie haben dir auch deine heilenden Fähigkeiten vor Augen gehalten, um dich daran zu erinnern, dass du damit arbeiten wolltest. Du hast sehr viel Hilfe bekommen.«

»Das stimmt«, bestätigte Christina.

»In diesem Teil der Planungssitzung«, fuhr Staci fort, »sprechen deine Geistführer davon, dass du mit deiner Botschaft sehr viele Menschen erreichen sollst. Sie ermutigen dich, dein Wissen zu verbreiten und den anderen all das zu vermitteln, was du selbst durch deinen Unfall erreicht hast: innere Kraft,

Zielstrebigkeit und das Gefühl, dass nichts unmöglich ist. Und sie sagen auch, dass du, wenn du fünfzig Jahre oder älter bist, etwas tun sollst – zum Beispiel ein Buch schreiben und damit auf Vortragsreise gehen. Hattest du jemals das Gefühl, ein Buch schreiben zu wollen?«

»Ja, das habe ich tatsächlich«, bestätigte Christina. »Ich weiß sogar schon, worüber.«

In diesem Moment fiel mir ein, was Cassandra uns erzählt hatte: dass Christina schon vor ihrer Geburt beschlossen hatte, einen Beitrag zu meinem Buch zu leisten.

»Cassandra hat gesagt, dass Christina und ich zur selben Seelenfamilie gehören und geplant hatten, dass sie den Lesern meines Buches ihre Lebensgeschichte erzählen soll. Kannst du dieses Gespräch auch hören, Staci?«, fragte ich.

Staci schwieg längere Zeit, während sie versuchte, sich auf diesen Teil von Christinas vorgeburtlichem Planungsgespräch einzustimmen.

»Zu eurer Seelenfamilie gehören sehr viele Schriftsteller und Intellektuelle«, sagte sie dann. »Ich sehe dich, Robert, ungefähr vier Reihen hinter Christina und den Seelen und Geistwesen sitzen, mit denen sie spricht. Du hältst Notizblock und Stift in der Hand. Irgendwann stehst du auf und gehst zu Christina hinüber. Dabei schreibst du etwas auf deinen Block. Ich erfahre, dass du schon in vielen früheren Inkarnationen ein Beobachter und Chronist warst, der die Schicksale der Menschen aufzeichnete. Dabei hast du eine sehr feine Beobachtungsgabe entwickelt.

Obwohl du keine besonders wichtige Rolle in Christinas Leben spielen wirst, scheint sie sich sehr darüber zu freuen, dich zu sehen. Du setzt dich neben sie und besprichst mit ihr alle Einzelheiten eures gemeinsamen Plans. Sie klatscht begeistert in die Hände.«

Robert:	Ich würde gerne deine Lebensgeschichte aufschreiben.
Christina:	Oh ja, tu das!
Robert:	Ich werde mehrere Bücher schreiben, und zwar zuerst das Buch, in dem deine Geschichte erscheinen soll – ein Buch über die verschiedenen Inkarnationsreisen unserer Seele. Ich möchte deine Lebensreise beschreiben, um den Lesern zu zeigen, wie das karmische Gesetz von Ursache und Wirkung funktioniert.

Zwar hatte Cassandra uns schon erzählt, dass Christina und ich unsere Zusammenarbeit bereits vor unserer Geburt geplant hatten; trotzdem war es eine überwältigende Erfahrung für mich, Worte zu hören, die ich vor meiner Geburt gesprochen hatte. Außerdem passte diese Botschaft genau zu den Informationen, die ich in Privatsitzungen bei anderen Medien erhalten hatte: Auch dort hatte ich erfahren, dass ich schon öfters als Beobachter auf der Erde gelebt habe, der die menschliche Erfahrung beschrieb.

»An diesem Punkt des Gesprächs sehe ich einen Apfel vor mir«, berichtete Staci. »Du hast diesen Apfel manifestiert, Rob. Er ist ein Symbol für die Samenkörner, die du mit deinem Buch in die Herzen der Menschen legen willst.

Robert:	Ich möchte mit meinem Buch viele Menschen auf die Inkarnationsreisen ihrer Seele aufmerksam machen. Dabei werde ich gleichzeitig auch den tieferen Sinn meines eigenen Lebens entdecken. Deine [Christinas] Geschichte wird den Menschen veranschauli-

chen, wie das karmische Gesetz von Ursache und Wirkung funktioniert und wie viele verschiedene Wege eine Seele gehen kann.

»Zum Schluss umarmt ihr euch. Ihr habt ein Abkommen miteinander getroffen«, setzte Staci hinzu.

»Kannst du uns auch ein Gespräch zwischen Christina und Cassandra wiedergeben?«, bat ich. Daraufhin wiederholte Staci, welche Botschaft Cassandra Christina und mir mit auf unseren irdischen Weg gegeben hatte.

Cassandra: Du [Christina] und ich, wir haben auch schon in früheren Inkarnationen zusammengearbeitet. Unser Ziel war es, den Menschen zu zeigen, dass sie nicht allein sind – dass immer andere Seelen und Geistwesen um sie herum sind, die das alles schon vor ihnen durchgemacht haben und ihnen helfen können. Das gehört zum Kreislauf des Lebens. Es gibt keine Grenze zwischen der physischen Existenz und dem Leben der Seele. Alles ist eins.

Durch deine Bekanntschaft mit Robert und deine Mitwirkung an seinem Buch wirst du den Menschen das Prinzip vermitteln, dass alle Menschen das Gleiche durchmachen, auch wenn ihre Lebenswege sich, oberflächlich betrachtet, sehr voneinander unterscheiden. Es ist ein egoistischer Irrglaube, wenn ein Mensch sich einbildet, der Einzige zu sein, der etwas Bestimmtes erlebt. Wenn man in diesem Sumpf der Selbsttäuschung

> und des Selbstmitleids herumwatet, isoliert man sich vom Fluss des Lebens und der Ewigkeit. So kann man keine Fortschritte machen. Nur durch die Erkenntnis ihrer Einheit kann die Menschheit zur nächsthöheren Bewusstseinsstufe aufsteigen. Das trägt zum Gemeinwohl bei, dem wir alle dienen.

Was mich an Christinas vorgeburtlichen Planungsgesprächen besonders beeindruckte, war das liebevolle Verständnis, das sie der Seele des Bombenlegers entgegenbrachte. Um noch mehr über dieses Thema zu erfahren, fragte ich Staci und ihren Geistführer, wie die anderen Mitglieder seiner Seelenfamilie mit der Seele dieses Mannes umgingen.

»Die anderen Seelen versuchen ihm zu helfen und ihn zu unterstützen«, antwortete Staci. »In der geistigen Welt gibt es keine Werturteile. Die Seelen übermitteln ihm einfach ihre Liebe und erlauben ihm, zu tun, was er tun muss, um sich weiterzuentwickeln.«

»Und was hat Christinas Unfall mit dem karmischen Gesetz von Ursache und Wirkung zu tun?«, fragte ich.

Jetzt channelte Staci ihren Geistführer wieder direkt. »Wie bei vielen anderen Lebensgeschichten in deinem Buch hast du auch hier wieder entdeckt, dass ein Unfall in Wirklichkeit oft gar kein Unfall ist, sondern nur ein schon vor der Geburt vereinbarter und geplanter Bewusstseinswandel einer Person. Sobald die Seelen durch den Schleier hindurchtreten, der die geistige Welt von der Erdebene trennt, vergessen sie die Pläne, die sie vor ihrer Geburt gemacht haben. Durch einschneidende Ereignisse wie beispielsweise einen Unfall sollen sie wieder daran erinnert werden, wenn auch nur auf unterbewusster Ebene. Das Unterbewusstsein ist der Ort, von dem alle Veränderungen ausgehen. Insofern könnte man Christinas Unfall auch als Ursache betrachten, der sie dazu gebracht hat, in ihrem Leben eine neue Richtung einzuschlagen. Wir [Geistführer] bezeichnen so etwas allerdings eher als Erinnerungshilfe.

Im Zustand der Bewusstlosigkeit nach einem Unfall erhaltet ihr Zugang zu eurer Seele und erinnert euch wieder an eure Bestimmung, an das Lebensziel, für das ihr euch vor eurer Geburt entschieden habt. Wenn ihr dann wieder zu euch kommt, hat eure Seele das Samenkorn der gewünschten Veränderung in euer Unterbewusstsein eingepflanzt.«

»Das klingt plausibel«, bestätigte Christina.

Bei Christina bestand diese gewünschte Veränderung darin, dass sie sich wieder an ihren Plan erinnern sollte, einen heilerischen Beruf zu ergreifen.

Weil ich wusste, dass Christina der Welt Heilung bringen wollte und dass viele Menschen, die sich nach einem solchen Heilungsprozess sehnten, ihre Geschichte lesen würden, wollte ich das Thema der Heilung noch ein bisschen näher ergründen.

»Christina hat einen sehr intensiven Heilungsprozess durchgemacht – sowohl in physischer als auch in emotionaler Hinsicht. Sie hat dem Mann vergeben, der die Bombe legte. Wenn ich es richtig verstanden habe, verändert ein solcher Akt der Vergebung die DNA beider Menschen – die des ›Täters‹ ebenso wie die des ›Opfers‹. Kann man das so sagen? Und wenn ja: Wie kommt es dazu?«

»Es findet eine Veränderung auf Chromosomenebene statt«, erklärte Stacis Geistführer. »Wie das funktioniert, wird in der ayurvedischen Heilkunde erklärt. Die verzeihende Person strahlt eine bestimmte Energie aus, die der andere Mensch auf unbewusster Ebene empfängt. Ob er diese Energie der Vergebung akzeptiert oder nicht, ist seine eigene Entscheidung. Oft macht er sich hinterher trotzdem immer noch Vorwürfe und kann sich seine Tat nicht verzeihen; doch er erhält zumindest die Möglichkeit dazu und kann dadurch in seiner Entwicklung weiter voranschreiten.«

»Was genau passiert auf dieser Ebene der Chromosomen, wenn ein Mensch diese Energie der Vergebung annimmt?«

Hierzu beschrieb Staci uns ein Bild, das ihr Geistführer ihr eingegeben hatte: harte Partikel, die von Chromosomen abfallen und durch rundere, weichere Elemente ersetzt werden.

»Dadurch kann die Energie (die ihr manchmal als Chi bezeichnet) wieder besser durch Körper und Geist fließen«, erklärte der Geistführer, »und euch steht mehr Energie zur Verfügung, um euch in eurem Leben zielbewusst weiterzuentwickeln. Diese Energie durchdringt Körper und Geist auf einer noch feinstofflicheren Frequenz als die Zellebene.«

»Hat eigentlich auch Weinen eine heilende Wirkung auf die DNA?«, fragte ich.

»Ja. Aber nur, wenn dieses Weinen ein Akt der inneren Befreiung ist und keine bloße Selbstbemitleidung«, antwortete der Geistführer.

»Und Lachen?«

»Lachen hat eine sehr stark heilende Wirkung. Dadurch wird eine ganze Kaskade von Hormonen ausgeschüttet, die den Körper reinigen, Giftstoffe ausschwemmen und die Zirkulation der Körperflüssigkeiten anregen. Ob Lachen auch etwas auf DNA-Ebene bewirkt? Ja. Es verhindert, dass die DNA durch Giftstoffe verändert wird. Es handelt sich also eher um eine Art Instandhaltung als um eine Veränderung. Manche Krebspatienten machen zwar eine Humortherapie, um sich auf Zellebene von ihrer Erkrankung zu heilen; doch an den DNA-Strängen selbst ändert das Lachen nichts. Es verbessert lediglich die Funktion des Körpers und bringt ihn in eine harmonische Resonanz mit sich selbst.«

»Und was ist mit Wasser?«, fragte ich. »Manche Menschen, mit denen ich gesprochen habe, stellen sich in ihren Visualisationen vor, wie sie in einem reinigenden Fluss baden. Und es gibt auch ein Buch von dem japanischen Wissenschaftler Emoto, der Wasser bestimmte Worte vorsprach, es anschließend gefror und die Wasserkristalle analysierte. Dabei stellte er fest, dass Worte mit einer hohen Schwingung – vor allem *Liebe* und *Dankbarkeit* – die schönsten Kristalle erzeugten. Welche Rolle spielt Wasser beim Heilungsprozess?«

»Wasser durchdringt sämtliche Körperteile und -partikel«, antwortete Stacis Geistführer. »Es nimmt Schwingungen auf und gibt Schwingungen ab. Wasser ist ein Informationsträger.«

»Wenn ein Mensch, der auf physischer oder emotionaler Ebene verletzt wurde, mit Wasser spricht, ihm Gedanken wie Liebe und Dankbarkeit ›einprogrammiert‹ und es dann trinkt – kann das einen physischen oder emotionalen Heilungsprozess in Gang setzen?«

»Ja. Solche Worte erfüllen das Wasser mit einer Lebenskraft, einer Energie. Und wenn man dieses Wasser anschließend trinkt, nimmt man diese Lebenskraft in seinen Körper auf, sodass er sich leichter von Giftstoffen befreien kann.«

Ich hörte Stacis Stimme an, dass sie allmählich ermüdete; denn es kostete sie immer sehr viel Energie, ihren Geistführer zu channeln. Daher beschloss ich, ihn nur noch um ein paar abschließende Kommentare zu bitten und unsere Sitzung dann zu beenden.

»Was würdest du Menschen raten, die von einem Bombenanschlag hören oder lesen und deshalb Angst bekommen oder den Attentäter verurteilen?«

»Für so einen Anschlag gibt es immer einen Grund«, erklärte Stacis Geistführer. »Wie weit ein Mensch in seiner seelischen Entwicklung fortgeschritten ist, erkennt man daran, inwieweit er aus negativen Dingen etwas Positives machen kann. Wenn man an allen Situationen immer nur das Negative sieht und sich in seinen Gedanken von Ängsten und Werturteilen leiten lässt, erkennt man die innere Wahrheit eines solchen Ereignisses nicht. Man sollte immer darüber nachdenken, wie man seine Zeit am sinnvollsten nutzen kann – egal, ob man gerade im Rollstuhl sitzt oder einen Marathonlauf macht. Alles hat eine positive und eine negative Seite. Das ist die Dualität, die auf der Erde herrscht. Ohne dieses Negative kann man das Positive nicht erfahren und hätte auch keine Motivation, sich etwas Positives zu wünschen – denn dieses Ziel verliert man ja aus den Augen, sobald man durch den Schleier zwischen der jenseitigen und der diesseitigen Welt tritt.

Wer einen Menschen, der in der Welt ›Schaden‹ anrichtet, deshalb verurteilt, sollte wissen, dass jedes Unglück einem positiven Zweck dient. Unglück ist also nur eine Illusion. Wer bestimmte Weltereignisse negativ bewertet, macht es sich zu einfach und durchdenkt die Sache nicht bis zum Ende. Alles hat einen tieferen Sinn.«

»Ich werde immer nur das Gute, Lichtvolle sehen.«

Diese schlichte Aussage, die Christina vor ihrer Geburt über ihr kommendes Leben gemacht hat, bedeutet viel mehr, als es auf den ersten Blick scheint. Denn mit diesen Worten hat sie ihre Absicht bekräftigt, sie selbst zu sein – ihr wahres Wesen auf der Welt zu verwirklichen. In dem Licht, das sie in anderen Menschen (auch in dem Bombenleger) sieht, spiegelt sich ihr eigenes inneres Licht wider.

Die wichtigste Aussage dieses Buches besteht darin, dass wir nichts anderes sind als Liebe. Das ist das wahre Wesen unserer unsterblichen Seele, und es zeigt sich in unseren vorgeburtlichen Lebensplänen, in denen unser größter Wunsch immer nur darin besteht, anderen einen Dienst zu erweisen. Außerdem erkennt man es an den mitfühlenden Worten und liebevollen Gesten, die die Seelen bei der Planung ihrer künftigen Inkarnationen miteinander austauschen.

In unserer wahren Heimat, der nicht-physischen Dimension, gibt es nichts anderes als Licht. Ohne das »Kontrastprogramm« der Dunkelheit wissen wir dieses Licht, von dem wir ständig umgeben sind, gar nicht richtig zu schätzen. Und ohne negative Empfindungen, die einen Gegensatz zu unserem wahren Wesen der Liebe bilden, können wir nicht erkennen, wer wir in Wirklichkeit sind. Also planen wir Inkarnationen, in denen wir unsere wahre Identität vergessen in der Hoffnung, durch schwierige Lebenssituationen zur Selbsterkenntnis zu gelangen.

In der geistigen Welt, in der es nichts als Licht und Liebe gibt, haben wir einander nichts zu verzeihen. Denn dort bringen wir immer nur unser wahres Wesen – Liebe – zum Ausdruck. Keine Seele, die weiß, dass sie nur aus Liebe besteht, würde jemals etwas anderes manifestieren und damit die Notwendigkeit zur Vergebung erschaffen.

Doch auch Vergebung ist ein Ausdruck von Liebe. Ohne die Chance, jemand anderem zu verzeihen, könnten wir diesen speziellen Aspekt der Liebe nicht kennenlernen. Also vereinbaren wir vor unserer Geburt, dass bestimmte Seelen in ihrem irdischen Leben Dinge tun werden, die der Vergebung bedürfen; und anderen Seelen fällt die Aufgabe zu, sich in der schwierigen Kunst des Verzeihens zu üben.

Eine solche Vereinbarung haben auch Christina und der Bombenleger miteinander getroffen. Christinas wahres Wesen hat nichts mit dem Zorn und den Schuldgefühlen zu tun, die sie zu Beginn ihrer Entwicklung durchlebte; ihr wahres Wesen besteht in der Liebe und der Vergebung, die aus jenen Empfindungen erwachsen sind. Und auch der Bombenleger ist in Wirklichkeit nicht der brutale Typ, als den wir ihn uns vielleicht vorstellen. Er ist nicht die hasserfüllte Persönlichkeit, die die Bombe in den Briefkasten steckte, sondern jene Seele, die vor ihrer Geburt sagte: »Ich wollte niemals jemanden umbringen, verletzen, verstümmeln oder sonst irgendwie schädigen.« Und hinter seinem Wunsch, »sich Gehör zu verschaffen«, steckt in Wirklichkeit nur das Bedürfnis, in seiner physischen Inkarnation mit dem gleichen liebevollen Verständnis behandelt zu werden, das Christina ihm damals in der geistigen Welt entgegenbrachte.

Dieser Unfall war für Christina eine Chance, sich an ihr wahres Wesen zu erinnern. Ein Teil dieser Erinnerung stieg während ihrer Bewusstlosigkeit nach der Bombenexplosion in ihr auf; und das war auch so geplant gewesen. In diesem Zustand der Bewusstlosigkeit erinnerten ihre Geistführer und die Mitglieder ihrer Seelenfamilie sie an ihren Plan: zunächst sich selbst zu heilen und ihr Leben dann der Heilung anderer Menschen zu widmen.

Somit ist Christinas Lebensplan der Plan einer Lichtarbeiterin – einer Seele, die vor der Geburt beschließt, sich an ihre innere Weisheit zu erinnern, um, wie Cassandra gesagt hat, »diese Erkenntnis, dieses Mitgefühl und diese innere Schönheit allen anderen Menschen zu vermitteln, die gerade das Gleiche durchmachen«. Doch um mit ihrem Licht das Leben anderer Menschen erhellen zu können, musste Christina dieses Licht erst einmal wiederentdecken. Dadurch stieg sie auf eine höhere Schwingungsebene empor, auf der sie andere Menschen innerlich aufbauen und heilen kann. Denn das schafft sie nicht mit ihren Worten oder Taten, sondern nur mit ihrer Energie; und die Macht dieser Energie ist aus ihrer inneren Wandlung erwachsen. Nur indem Christina in der Persönlichkeit des Bombenlegers die Schönheit seiner Seele erkennt, kann sie anderen Menschen, denen Unrecht getan worden ist, helfen, zu verzeihen; nur wenn sie echte Dankbarkeit empfindet, kann sie dieses Gefühl auch in verbitterten Menschen zum Leben erwecken.

Christina kann ihren Mitmenschen diese Fähigkeiten vermitteln, weil sie selbst es geschafft hat, jemandem eine Tat zu vergeben, die leicht tödlichen Hass im Herzen eines Menschen wecken kann. In Wirklichkeit macht dieser Akt der Vergebung und nicht ihr Beruf Christina zur wahren Heilerin. Obwohl ein Mensch in einer solchen Situation leicht sein Herz verschließen könnte, hat sie ihres weit geöffnet.

Wenn Sie der Welt auch gern Licht und Heilung bringen möchten, aber glauben, dass die äußeren Umstände – zum Beispiel niedriger sozialer Status, Krankheit oder Behinderung – Sie dabei einschränken, machen Sie sich keine Sorgen: Sie werden gehört. Sie werden gesehen. Die Welt weiß, dass Sie da sind. Und auch dort, wo Ihre Stimme nicht hindringt und Ihre Füße Sie nicht hintragen, spüren alle Seelen Ihre Gegenwart – und zwar auf Ebenen, die der bewussten menschlichen Wahrnehmung nicht zugänglich sind. Und Ihre Wirkung reicht noch viel weiter, in alle Dimensionen hinein – selbst in jene, die weit von Ihnen entfernt zu sein scheinen, obwohl sie es in Wirklichkeit nicht sind. Mit Ihrem Licht und Ihrer Vergebung, mit der Liebe Ihrer Seele und der Heilung, die Sie dadurch bewirken, erreichen Sie sämtliche Wesen in der physischen und der nicht-physischen Dimension.

Christina hat sich vor ihrer Geburt vorgenommen, Ihnen Hoffnung und mehr Bewusstheit zu bringen, damit Sie diese Hoffnung und Bewusstheit eines Tages an andere Menschen weitergeben können. Und wenn Christina irgendwann wieder in die geistige Welt zurückkehrt, werden die Auswirkungen ihrer jetzigen Inkarnation auf der Erdebene trotzdem immer noch spürbar sein. Mit all unseren Inkarnationen hinterlassen wir Spuren, die noch lange Zeit danach sichtbar sind. Ein Teil unserer Energie lebt in den Gedankenformen weiter, von denen Cassandra gesprochen hat; und der Widerhall dieser Energie ist überall in Zeit und Raum zu spüren und beeinflusst nicht nur die Menschen, die jetzt gerade auf der Erde leben, sondern auch alle folgenden Generationen.

Wenn wir begreifen, welch unauslöschlichen Eindruck wir in der Welt hinterlassen, wird uns auch klar, wie groß unsere Verantwortung ist. Christina war sich dieser Verantwortung schon vor ihrer Geburt bewusst und hat deshalb ein Schicksal auf sich genommen, das eine sehr heilsame Wirkung auf die Menschheit haben würde. Und vielleicht hat auch der Bombenleger inzwischen begriffen, welche Rolle er in ihrem Lebensplan spielte, und dadurch zu innerem Frieden gefunden. Vielleicht hat er seine Schuldgefühle überwunden und sich seine Tat verziehen. Sicherlich würde er sich selbst ganz anders sehen, wenn er wüsste, dass er in Wirklichkeit ein sehr hoch entwickeltes Lichtwesen ist und Christina dazu verholfen hat, der Welt Heilung zu bringen! Wenn er zu dieser Erkenntnis gelangt, kann er auch Christinas Vergebung annehmen – und diese Energie ist so stark, dass sie bis auf die Ebene der menschlichen DNA vordringt.

Wenn wir nach unserem Tod in die Geisterwelt zurückkehren und uns an die Lebenspläne erinnern, die wir gemeinsam mit anderen Seelen, die uns in diesem Leben »Unrecht« taten, vor der Geburt geschmiedet haben, erkennen wir auch das Licht dieser Seelen wieder. Doch bis dahin besteht unsere schwierige Aufgabe darin, dieses Licht zu erkennen, solange wir noch in einem physischen Körper leben. Das können wir tun, indem wir uns vor Augen halten, dass alle Menschen in unserer Umgebung in Wirklichkeit unsterbliche Seelen sind, die nur flüchtige, vorübergehende Rollen auf der Bühne der Erde spielen. Genau wie der Bombenleger sind all diese Menschen Teil eines größeren Plans, der uns häufig verborgen bleibt. Und doch können wir daran glauben, dass jeder Mensch, der uns begegnet, ein Funke des göttlichen Lichts ist – ein liebevolles himmlisches Wesen, mit dem wir in Wirklichkeit eins sind. Alles andere ist Illusion. Wenn wir immer nur das göttliche Licht in anderen Menschen sehen, erinnert uns das an unseren eigenen göttlichen Ursprung.

KAPITEL 8

Schluss

Inzwischen sind drei Jahre vergangen, seit ich mich auf die Reise begab, aus der dieses Buch entstanden ist. Auf diesem physischen und zugleich metaphysischen Weg haben mir viele tapfere Menschen ihre Geschichte erzählt. Aber ich habe nicht nur von diesen Frauen und Männern, sondern auch von den weisen Geistwesen, mit denen ich sprach, eine Menge gelernt. Jedes dieser Erlebnisse hat mein Herz berührt und mein Leben bereichert.

In diesem Prozess ist mir etwas sehr Wichtiges klar geworden: dass wir nicht nur aus unserem Körper bestehen. Auf den ersten Blick scheint das eine sehr banale Erkenntnis zu sein. Doch für Menschen wie Jason ist sie von großer Tragweite. Wenn ein Behinderter seine physische Existenz für das einzige Leben hält, das er besitzt, kann ihn das in einen tiefen Abgrund der Verzweiflung stürzen. Wenn er dagegen erkennt und *erfühlt*, dass er in Wirklichkeit eine unsterbliche Seele ist, ändert sich dadurch sehr viel an seinem Leben. Und wenn er dann auch noch erfährt, dass er seine Behinderung selbst geplant hat, begibt er sich möglicherweise auf die Suche nach dem Sinn, der hinter diesem Schicksal steckt. Das erleichtert ihm sein Leiden, und an die Stelle seiner inneren Leere tritt Erfüllung.

Ich habe durch die Arbeit an diesem Buch begriffen, dass alles im Leben einen höheren Sinn hat. Ich habe mehr Zuversicht, Vertrauen und Bereitschaft entwickelt, mich diesem sinnvollen Fluss des Lebens hinzugeben, auch wenn ich nicht weiß, wo die Strömung mich hintragen wird. Mir ist klar geworden, dass unsere Welt trotz des herzzerreißenden Leides, das in ihr herrscht, ein schöner Ort ist. Ich spüre die Süße des Lebens – überall. Manchmal versperrt der Schmerz mir den Blick darauf; aber sie ist trotzdem immer noch da und liegt allen Problemen und Lebensumständen zugrunde.

Es muss uns letztlich nur gelingen, diese innere Schönheit in unseren Lebenskrisen zu entdecken.

Als ich noch nichts über vorgeburtliche Lebensplanung wusste, hatte ich Mitgefühl mit anderen Menschen, die es im Leben weniger gut getroffen zu haben schienen als ich selber, beispielsweise mit Obdachlosen. Doch inzwischen weiß ich, dass diese Leute ihr scheinbar »grausames« Schicksal oft selbst gewählt haben. Deshalb empfinde ich tiefen Respekt vor ihnen und frage mich: Was will dieser Mensch aus seiner Situation lernen? Welchen Beitrag will er zum Wohl der Menschheit leisten? Ich sage mir: Vielleicht ist das genau die Erfahrung, die diese Person braucht, um ihr Ziel zu erreichen. Mit Sicherheit muss man ein sehr tapferer Mensch sein, um so einen schwierigen Lebensplan zu verwirklichen. Und obwohl ich nicht weiß, warum die Seele sich diese schwierige Situation ausgesucht hat, ist mir doch klar, dass das Fundament dieses Lebensplans Weisheit und Liebe ist. Vielleicht, sage ich mir, hat der Obdachlose dieses Leben auf sich genommen, damit ich und andere Passanten ihm Hilfe anbieten oder einfach ein freundliches Wort an ihn richten können, um auf diese Weise das Mitgefühl ihrer unsterblichen Seele zu entdecken.

Und so ist mir allmählich klar geworden, dass kaum etwas

auf der Welt so ist, wie es zu sein scheint. Als ich noch nichts von unseren vorgeburtlichen Lebensplänen wusste, habe ich alles im Leben für bare Münze genommen. Doch durch mein Gespräch mit Jon habe ich begriffen, dass eine Seele sich beispielsweise entscheiden kann, in ihrer nächsten Inkarnation an AIDS zu erkranken, um ihren Mitmenschen mehr Toleranz beizubringen. Durch mein Gespräch mit Pat ist mir klar geworden, dass eine Seele planen kann, alkoholabhängig zu werden, um ihre Spiritualität wiederzuentdecken. Und seit meiner Bekanntschaft mit Sharon frage ich mich manchmal, wenn ich die unerschütterliche Liebe vieler Eltern bewundere: Habt ihr die Probleme eurer Kinder vielleicht vorausgeplant, um uns zu zeigen, was wahre Liebe ist?

Da, wo ich früher Werturteile fällte, erkenne ich jetzt in allem eine göttliche Ordnung. Wo ich früher Fehler und Schwächen entdeckte, sehe ich jetzt nur noch Vollkommenheit – die Vollkommenheit von Lebensplänen, die sich genau so entfalten, wie es vorgesehen war. Diese Vollkommenheit zeigt sich nicht nur in schwierigen Situationen, sondern selbst in den unbedeutendsten Ereignissen unseres Lebens. Jedes Blatt, das vom Baum fällt, jeder Grashalm, der sich im Wind neigt – nichts geschieht durch Zufall, alles läuft nach einem göttlichen Plan ab. Immer.

Und mir ist auch bewusst geworden, dass wir alle eine göttliche Bestimmung haben, einen Daseinszweck, der nicht nur unsere Lebenslektionen umfasst, sondern weit darüber hinausgeht. Wir planen schwierige Situationen in unserem Leben also nicht nur voraus, um uns an unsere wahre Identität als unsterbliche Seelen zu erinnern, sondern auch, um die individuelle Essenz unseres Wesens mit anderen Menschen zu teilen. Jon lehrt seine Mitmenschen Toleranz, Doris bringt der Welt ein wenig Heilung, und Jennifer erteilt uns Lektionen in aufrichtiger Kommunikation. Bob bereichert unser Leben mit seiner Güte und Freundlichkeit, Penelope mit ihrem Mitgefühl für die Schwachen dieser Welt, Sharon mit ihrer unermüdlichen Tapferkeit. Valerie zeigt uns, dass Liebe niemals endet, Jason inspiriert uns mit seinem Durchhaltevermögen und Christina hilft uns, selbst in scheinbar völliger Finsternis noch einen Lichtschimmer zu erkennen.

All diese tapferen Seelen sind auf die Welt gekommen, um hier ihr wahres Wesen der Liebe zu verwirklichen.

Epilog

25 Jahre nach dem Attentat kehrte Christina an den Ort zurück, an dem ihr Leben sich für immer verändert hatte.

Es war ein warmer Herbsttag und der Duft von Orangenblüten lag in der Luft. Studenten schlenderten fröhlich plaudernd über das Universitätsgelände. Manche saßen unter Eukalyptusbäumen oder Palmen, sie dachten nach oder träumten vor sich hin.

Christina betrat das Gebäude, in dem sie früher einmal gearbeitet hatte, und ging zu den Briefkästen im Kellergeschoss. Manche waren leer, andere voller Briefe und Zeitungen. Jemand kam herunter, um seine Post zu holen. Er griff in einen Briefkasten, zog ein paar Umschläge heraus und verschwand.

Christina stieg wieder die Treppen hinauf ins Erdgeschoss, durchquerte die Eingangshalle und verließ das Fakultätsgebäude. In der Ferne ragten die Gipfel des Santa-Ana-Gebirges in die Höhe wie stumme Wachtposten. Goldene Sonnenstrahlen lagen auf den Gebirgshängen und die Freudengesänge des Windes hallten von den Wänden der Canyons wider.

An meine Leser

Wenn Sie die Lebensgeschichten, die ich in diesem Buch erzähle, berührt haben, schreiben Sie mir bitte. Und wenn Sie mir für mein nächstes Buch zum Thema der vorgeburtlichen Lebensplanung gern *Ihre* Geschichte erzählen möchten, lassen Sie es mich wissen.

Ich freue mich, wenn Sie mir folgende Fragen beantworten: Auf welche schwierigen Lebenssituationen soll ich in meinem nächsten Buch eingehen? Was für Fragen soll ich beantworten? Was kann ich tun, damit das nächste Buch noch hilfreicher für Sie wird?

Sie erreichen mich unter der nebenstehenden E-Mail-Adresse. Bitte teilen Sie mir auch mit, ob Sie auf meiner Mailingliste stehen wollen. Oder besuchen Sie mich auf meiner Homepage: www.CourageousSouls.com.

An alle Medien und Channel

Sie sind herzlich dazu eingeladen, an einem meiner nächsten Buchprojekte zur vorgeburtlichen Lebensplanung teilzunehmen; denn ich habe vor, noch eine ganze Reihe von Büchern über dieses Thema zu schreiben. Falls Sie Ihre Talente dafür zur Verfügung stellen möchten, nehmen Sie bitte Kontakt mit mir auf.

Robert Schwartz
CourageousSouls@yahoo.com

Dank

Zunächst möchte ich den vielen Menschen, die mir ihre Geschichte erzählt haben, von ganzem Herzen danken. Ohne sie hätte ich dieses Buch niemals schreiben können. Es erfordert nicht nur Mut, sondern auch innere Größe, seine Lebensgeschichte in aller Öffentlichkeit preiszugeben. Die Bereitschaft dieser Menschen, so ehrlich über ihre allergrößten Schwierigkeiten zu sprechen, hat mich sehr beeindruckt.

Außerdem danke ich Deb DeBari, Glenna Dietrich, Corbie Mitleid und Staci Wells dafür, dass sie ihre Zeit und Energie und ihre erstaunlichen Talente für dieses Buchprojekt zur Verfügung gestellt haben. Mit ihrer Sensibilität und ihrem Mitgefühl haben diese vier Medien das Leben aller Menschen verändert, mit denen wir im Rahmen unserer Arbeit an diesem Buch sprachen. Und auch mein eigenes Leben hat sich dadurch gewandelt. Ich bin stolz darauf, dass ich mit euch zusammenarbeiten durfte. Es hat mir sehr viel Freude gemacht.

Marilu Wilson Peña danke ich für ihre wunderbaren Channelings, für ihre Großzügigkeit und die liebevolle Ermutigung. Judy Goodman sage ich danke für das Wissen und die Erkenntnisse, die sie mir vermittelt hat.

Bei Carol Bergmann möchte ich mich für ihre Freundschaft, ihre Herzlichkeit und dauerhafte Unterstützung bedanken. All das hat mir mehr bedeutet, als du dir vorstellen kannst. Vielen Dank für deine liebevolle Begleitung bei diesem Buchprojekt.

Sue Mann danke ich für die sorgfältige redaktionelle Bearbeitung meines Manuskripts, Jared McDaniel für seine meisterhafte Umschlaggestaltung und Jill Ronsley für das wunderschöne Layout (beides im amerikanischen Original, Anm. d. Übers.). Edna van Baulen bin ich dankbar für ihre begeisterte Unterstützung und dafür, dass sie die Mitschnitte der Channeling-Sitzungen abgeschrieben hat.

Ich danke vielen weiteren Menschen für ihre freundliche Hilfe: zum Beispiel Katelyn Daniels, Marissa Milagro, Kathy Long, den Mitgliedern der Ashland Writers Group (vor allem Beth Hyjek für unseren Gedankenaustausch) sowie Ellen und Doug Falkner.

Und schließlich bedanke ich mich bei allen Geistführern, Engeln, Meistern und anderen Geistwesen, die meinen Weg erleuchtet haben, für ihre Weisheit und Liebe. Die Arbeit an diesem Buch habe ich als echte Partnerschaft empfunden und sie war eine wundervolle Entdeckungsreise. Vielen Dank, dass ihr sie gemeinsam mit mir unternommen habt.

Anhang

Anhang A: Die tapferen Seelen

Jon Elmore
Jonelmore3rd@net-wizardry.net

Doris
wordsvoices@capital.net

Jennifer Stewart
jstewart15@cfl.rr.com

Penelope
peepingthoughts@gmail.com

Bob Feinstein
harlynn@panix.com

Sharon Dembinski
sharondo317@yahoo.com

Pat
Patrickgene33@sbcglobal.net

Valerie Villars
vvillars@bellsouth.net

Jason Thurston
scilifechanges@yahoo.com

Christina
soulcomplete@gmail.com

Wir bitten um Verständnis dafür, dass nicht versprochen werden kann, dass alle E-Mails persönlich beantwortet werden. Darüber hinaus bitten wir Sie, Ihre E-Mails ausschließlich in englischer Sprache zu verfassen.

Anhang B: Die Medien und Channel

Medien, die an diesem Buchprojekt mitgewirkt haben

Deborah DeBari
Ncgrpres@aol.com

Glenna Dietrich
mysticalrae@meltel.net

Corbie Mitleid
www.firethroughspirit.com
corbie@firethroughspirit.com

Staci Wells
www.staciwells.com
RevStaci@yahoo.com

Medien, die zu diesem Buchprojekt beigetragen haben

Judy Goodman
www.judygoodman.com
JudyKGoodman@aol.com

Marilu Wilson Peña
www.energiesofenlightenment.com
eoe@energiesofenlightenment.com